SV

Reto Hänny
Am Boden des Kopfes

Verwirrungen
eines Mitteleuropäers
in Mitteleuropa

Suhrkamp

Erste Auflage 1991
Suhrkamp Verlag Frankfurt am Main 1991
Alle Rechte vorbehalten
Druck: Friedrich Pustet, Regensburg
Printed in Germany

für Eva

*Nie damy się – Wir lassen uns nicht unter-
kriegen*

Graffito, Gdańsk, Herbst '89

*In Wirklichkeit macht allein die Literatur
es uns möglich, in unserer Welt zu leben,
und zwischen uns und der Katastrophe steht
eine schmale Barriere von Büchern, keine
Meisterwerke, sondern bescheidene, für ein
Spottgeld übersetzte Bücher: die zahllosen
Bücher, denen wir seit Ramses' Zeiten unsere Angst vor dem Tod, unseren Durst zu
töten, unsere Furcht vor der Zukunft an-
vertrauen.*

Giorgio Manganelli

*Am boden des kopfes
gesprächsfetzen
abfälle eines gedichts*

Zbigniew Herbert

GEOGRAPHIE I Sonnenkringel, die schräg durch sich lichtende Baumkronen fallen und über den Parkboden und die Kieswege tanzen, über die offenen, sich im Wind bauschenden Mäntel und die weit schwingenden Röcke der Flanierenden und nebenan auf der Bank über das entspannte Gesicht der dösenden Alten, die, obwohl es Sonntag ist, aber man kann ja nie wissen, ihre abgewetzte Einkaufstasche auf dem Schoß hält; leer zwar.

Nun bin ich also in Warszawa.

Nachdem ich drei Wochen lang als lesender Autor quer durchs Land von Veranstaltungsort zu Veranstaltungsort getingelt, als Reisender in Sachen Literatur aus einem wahrscheinlich doch recht fernen, randständigen Land, das sich aus der Geschichte ausgeklinkt hat, meinen Verpflichtungen nachgekommen bin. Selbst die Vorstellung hier an der Uni ist geschafft, besser als erwartet; ja, die hitzige und witzige Diskussion, die von der Literatur bald zu Solidarność als Mutterbrust und mystischem Ganzen, der vereinigenden und einenden Kraft, die sich nun aber, wenn man schon staatlicher Bürokratie überdrüssig sei, auch von der Vereinnahmung durch die Kirche zu emanzipieren habe, gewechselt hat und von einer Schweiz ohne Armee – »die Probleme möchten wir haben!« stoppte mich einer, als ich mich in Emphase zu reden drohte; er mochte ja recht haben, und doch: grundsätzlich ist gegen eine Demokratie, in der ich als Bürger selbst bei der Abschaffung von Gott ein Wörtchen mitreden kann, nichts einzuwenden – zu intellektuellem Engagement als Ausdruck intellektueller Eitelkeit führt (in der Schweiz im eigenen Schein sich gern gegenseitig sonnend, eher sich selbst rühmend als den Interessen verpflichtet, für die man die Unterschrift im Kreise mehr oder minder Großkopfeter unter Aufrufe und Verlautbarungen zur Lage der Nation setzt, gutgemeinte, ohne Zweifel, die manchmal den Eindruck erwecken, man wolle damit jene der sieben Weisen zu Bern noch übertrumpfen; in Polen, auch wenn der Kreis ein anderer ist, sind es vermutlich ebenfalls immer die gleichen), hat mich in der Gewißheit bestätigt, hier in Warszawa, vor dem vom teuflischen Lachen des Professors angestachelten frechen Haufen, nicht in Watte hineingeredet zu haben, nicht, wie etwa in Kraków, vor den bläßlichen, unschuldig dreinschauenden Mädchen, deren Gesichter die ganze Zeit über kein Anflug von Regung getrübt, kaum die Spur eines Lächelns gekräuselt hatte, das zudem eher meiner Ungeschicklichkeit und wachsenden Verlegenheit als meinem Text gegolten haben mochte, ahnungslos vor einer Klasse Taubstummer gelesen zu haben, vor jungen Frauen unter der Fuchtel einer mürrischen Zuchtmeisterin, in deren Reihen, in die hintersten Bänke verdrückt, sich gleichfalls stumm noch zwei pikkelstrotzende Jungen dumpf brüsteten.

Nach drei Wochen Reisen in Sachen Literatur darf ich jetzt also hoffen, endlich angekommen zu sein, mit ein paar Tagen Zeit, planlos wach zu streunen, konstruktiv zu gammeln, ohne vorgegebenen Verlauf, so als werde jeder Schritt erst beim Machen entschieden, wenn ich sehe, wohin er mich führt, und diese Entdeckung wäre dann, wie Del Giudice schreibt, nichts anderes als der Anfang, nach dem man gesucht hat – und wann hat man schon die Zeit zu entdecken? nicht jedenfalls, wo einen, von Bergen umstellt, unter dem rigiden Regime von Frau Mißgunst und Herrn Neid, dem in helvetischen Breiten allerunangenehmsten Pärchen, der Kleinkram beißt –, ehe es wohl oder übel wieder zurückzukehren heißt ins Vertraute, das man gern für einige Zeit mißt.

Bislang auf der Reise, zwischen meinen Abstechern nach Kraków und Gdańsk, war mir Warszawa nichts als ein unangenehmer Umsteigeort:

Vom Flughafen kommend am ersten Tag Zeit für den flüchtigen Blick in einige Schaufenster: Im einen, unweit der Schweizer Botschaft, fünf schlichte Fläschchen irgendeines billigen Duft- oder Haarwässerchens, die Farbe der Flüssigkeit wechselnd zwischen hellblau und giftigem Hellgrün, mit einem guten Dutzend Lippenstiften, den Verpackungshülsen zumindest, in zwei ebenfalls unterschiedlichen Sanguin-Tönen, vielleicht haben sie aber nur ungleich lang im Fenster gestanden, auf weißem Grund nach einer ausgetüftelten Geometrie in der Diagonalen ausgerichtet, die Strenge dadurch aufgebrochen, daß eins der Fläschchen und zwei der Schminkpatronen, die bei voll herausgedrehtem Stift tatsächlich Patronen gleichen, im Unterschied zu den aufrecht gestellten anderen gekippt, gleich gestürzten Schachfiguren, in leicht voneinander abweichendem Winkel flach liegen: New-Wave-Styling auf polnisch, vielleicht; Ausdruck, vielmehr Ästhetik des Mangels; im Gegensatz zur Kommerzialisierung der Kargheit, dieser sündhaft teuren *arte povera* aus Überdruß am Überfluß.

Nach wenigen Stunden Zwischenhalt, mich in Mokotów in der Wohnung eines Bekannten etwas ausruhend, wenn's hoch kam zusammen mit Bekannten anschließend kurz in einem Restaurant in der Innenstadt, unter lauter Fremden, die sich in solch feinen Lokalen rund um den Globus zu gleichen scheinen, hieß es, mit neu gepacktem Koffer im Wagen, ohne viel zu sehen, zurück ins Zentrum gefahren zu werden, um dort – die Zeit eilt, und man ist bereits leicht verspätet – nach einem raschen Schwenk über den inmitten betonierter Öde, umgeben von einem Baustellenwirrwarr für das zum jetzigen Zeitpunkt, im wirtschaftlichen Zustand, in dem sich das Land befindet, vielen völlig unverständliche Luxusprojekt der Metro, mit spitzer Nadel in den Glast ragenden oder die Wolken kitzelnden, ungeheuer sperrigen Kulturpalast, eine gigantomanische Zuckerbäckerei der Nachkriegszaren – das gut brauchbare, wenig geliebte und letztlich erst noch selbst bezahlte Geschenk der Sowjetunion, wie Ana mir erklären wird, für das ein halbes Quartier hätte geopfert werden müssen, wenn nicht ohnehin alles in Trümmern gelegen wäre und man sich mit Abräumen hätte begnügen können –, wiederum im funktionalistischen Neonaquarium des Hauptbahnhofs untertauchen zu müssen: *Warszawa Centralna*, wie sich die Station *Roma Termini* hier nennt; hinunter auf die Perrons, ins Gewühl der Reisenden und Ganoven oder der reisenden Ganoven, um die Stadt im Expreß-Zug wie durch Mausgänge, die erst weit ab vom Bau, weit draußen in den Schlafstädten, ans Tageslicht treten, unterirdisch zu verlassen; beim Einsteigen mit Glück heil davongekommen im Gedränge.

Wenn's mal keines geben sollte, ist rasch eins geschaffen, wie jenes im Zug nach Toruń, wo man sich, erst halbwegs auf dem Trittbrett, plötzlich inmitten eines vor und zurück wogenden Knäuels befunden hat, das gleichzeitig aus- und einsteigen zu wollen vorgab, und man sich der Zudringlinge, die einem hartnäckig am Hintern herum tatschten und nicht erfolgreicher vorn mit geübten Fingern ungeniert in den Ausschnitt der Lederjacke grapschten, nur zu erwehren wußte, indem man tüchtig zu fluchen begann, so, als befände man sich auf einem Perron in Palermo, und – um die Hände frei zu bekommen, hatte man seine Koffer kurzerhand fallen gelassen – ihnen auf ihre langen, teils mit recht unguten Ringen geschmückten Finger schlug; der kurze Handel – das wird seinen Erfolg ausgemacht haben – unterstützt durch den auf polnisch aufgebrausten Professor K., meinen ansonsten so ruhigen Begleiter, und die drängelnden Fahrgäste waren plötzlich, sie mußten sich für ein anderes Reiseziel entschieden haben, wie vom Erdboden verschwunden. Ohne daß man um Brieftasche und Portemonnaie, das einem Schweizer Wichtigste, erleichtert worden wäre, rekapituliert man im Park abschließend die Szene.

Zugfahren in der Staatsbahn, in der ersten Klasse der *Polskie Koleje Państwowe,* die uns so gut wie nichts kostet, während sie den Einheimischen, die mit nur einer Währung auskommen müssen, unerschwinglich ist, macht Spaß: man erlebt etwas.

Verglichen mit dem Beginn der Reise nach Toruń und mit den dreieinhalb Stunden Stehen in Richtung Lublin auf dem Flur vor den Abteilen, in deren einem, sinnlos es aufzusuchen, ein Platz reserviert wäre, von Schachteln, prallen Nylontaschen und mit Riemen gesicherten Koffern umstellt, eingekeilt zwischen rüpelnden, Radeberger rülpsenden, durch krumme Geschäfte euphorisierten Rückkehrern vom Polenmarkt in Berlin, wo die Marktfahrer auf dem Stück sandigen Brachlands zwischen Mauer und Landwehrkanal entlang der Magnetbahn südlich des Potsdamer Platzes, der immer schon ein Paradies für Schieber jedweder Couleur – was Diplomaten zustande bringen, kriegt man selber vielleicht auch noch hin – gewesen ist, auf jener illegalen, von der *taz* eben noch als schillernde Ost-West-Begegnungsstätte gefeierten Freihandelszone, die, obzwar das *Grundbuchamt Tiergarten* mit einem Schild auf dem Umzäunungsgitter unübersehbar in markigem Kontordeutsch, gleich noch auf polnisch ergänzt, warnt: *Das Handeln und Parken ist auf diesem Grundstück nicht erlaubt! Handel i parkowanie jest na tej posesji zabronione!,* täglich Tausende von Händlern anlockt, die sich jedoch an grauen Regentagen, wenn der Platz in Pfützen zu ersaufen droht, als trostlose, von Mißmut zerfurchte Oase entpuppt, auf der sich die blanke Not und das Elend Osteuropas ein Stelldichein geben, während eines verlängerten Wochenendes von der Butter über schadhafte Pelze aus dem Familienbesitz, von unsäglichen Nippes, allerhand aus Staatsbetrieben abgezwackten Werkzeugen und irgendwie irgendwo ergatterten West-Zigaretten bis hin zur kurzberockten, jetzt hochhackig aus dem offenen Zugfenster in den milden, dunstigen Herbsttag brütenden, platinblond aufgemöbelten Freundin, deren natürliche Haarfarbe am Scheitel und zwischen der verdrückten Dauerwelle bereits wieder durchschimmert, dem Meistbietenden zu Spezialpreisen alles angeboten und angedreht hatten, gegen Waren getauscht, die hier in Polen oder weiter östlich, in der Ukraine, dreht man nur die Kurztour, die nicht auf Umwegen bis nach Istanbul führt, wieder gewinnmaximierend verhökert werden: was dabei herausschaut, *un pugno di dollari,* auf abenteuerlichen Wegen in Dollars, die grenzüberschreitende Ost-Währung, umgerubelt, von eben diesen feinen Herren, die sich, im

Arbeiter- und Bauernstaat großgeschurigelt, jetzt, in der Übergangszeit von der verplanten Miß- zur asozialen Marktwirtschaft (wo Stalins Diktat – daß Analphabeten nichts als diktieren können, weiß man – flink mit jenem der Deutschen Bank vertauscht wird), zumindest als solche gebärden, zum Beispiel, indem sie die mit durstiger Kehle gehöhlten Bierflaschen eine um die andere aus dem Fenster schmeißen, nicht wahllos, nein, mit Vorliebe auf im Eilzugtempo durchfahrene Bahnhöfe, lachend die Treffer kommentierend, oder indem sie sich zwischenhinein mächtig anstrengen, den Fahrgast, welcher ihr Treiben, aus seiner Lektüre aufschauend – allein mit einem Buch hat er sich aber bereits verdächtig gemacht –, zu auffällig verfolgte, zusammen mit der platinblonden, von den notorisch gleich *stonewashed*-Jeans-uniformierten, ungewaschenen Burschen auf dem Gang vor den Abteilen hin und her gepufften quietschenden, hinter Dęblin einzig noch lallenden und mit eingeknickten Beinen aus dem Fenster lehnenden Besoffenen, einer Jungen mit häßlichen roten Händen, für eine Kurznummer auf der Zugtoilette zu animieren: Best Qualitätsware! Gud Preis, gud Preis, Mister! Take the chance! – wieder und wieder in den nicht enden wollenden Stunden zwischen Warszawa und Lublin, in denen man, zur eigenen Überraschung, erste Anzeichen, in solcher Umgebung zum entschiedenen Antialkoholiker zu werden, an sich beobachtete –,

verglichen mit all dem, war die Fahrt nach Kraków im gleichfalls bis auf den letzten Platz gefüllten – immerhin sitzt man! – und glücklicherweise überheizten Abteil geradezu langweilig.

Entweder ist es überheiß oder man friert, daran hat man sich zu gewöhnen; im Zug wie in den Hotels: Mag es draußen auch sommerlich warm sein, die Heizungen glühen, ohne daß die Radiatoren zu drosseln sind; und falls es an Radiatorventilen mangeln sollte, in den Hotels war zumindest keines zu entdecken, so fehlt es wenigstens nicht an Kohle; was man über Energieknappheit und dergleichen hat unken hören, müssen nichts als bösartig in Umlauf gesetzte, die zur Planwirtschaft geschönte Mißwirtschaft diskreditierende Gerüchte sein und die vor Tankstellen tage- und nächtelang um Benzin anstehenden kilometerlangen Autoschlangen optische Täuschungen eines von der Reise verwirrten Geistes, Ökologie eine Krankheit vom Überfluß verhätschelter Westler.

Nachdem als letzter ein Soldat oder Milizionär zugestiegen war – mir kam es vor, als hätte der sich so, wie er in seiner schäbigen verwaschen grünbraunen Uniform, in knapper Jacke mit zu kurzen Ärmeln, die ausgebeulten Keilhosen in klobigen Schaftstiefeln steckend, gegenüber auf dem Mittelsitz saß, am liebsten unter dem Sitz verkrochen –, versiegte selbst der wortkarge Dialog zwischen jenen beiden, die sich, noch vor mir eingestiegen, gangwärts gegenübersaßen. Das Abteil döste vor sich hin. Mit Ausnahme des übers ganze Gesicht strahlenden Jungen mir gegenüber am Fenster, der bald nach Abfahrt ein Computer-Keyboard ausgepackt hatte, nur ein Keyboard, und danach die halbe Strecke darauf spielte, imaginäre Texte in die Tastatur tippend, Tabellen und Kalkulationen, in einem Zifferngezwitscher Gewinne summierend, die er nicht einmal aus dem Fernsehen kennen dürfte, dann wieder, nachdem er eine Zeitlang ausgiebig in seiner Nase gepopelt und den Ertrag begutachtet, ehe er ihn weggesteckt, mit dem Räder-Geratter um die Wette für längere Zeit einfach Rhythmen klakkend, schienen sich alle vom gleichen Interesse in die Nacht hineintragen zu lassen: Nach getaner Arbeit möglichst rasch nach Hause zu kommen. Die beiden Herren, in aus der Nähe besehen ordentlich abgewetzten Anzügen, vielleicht zurück von nicht enden wollenden ermüdenden Sitzungen in irgendwelchen Gremien oder schlecht gelüfteten Ministerien.

Der eine von ihnen, sein Aktenköfferchen auf dem Sitz nebenan, wenn er wie erschreckt verlegen aus dem Dösen hochfährt und seinen Kopf vorreckt, sich die Fingernägel putzend, bis er wieder seine Beine übereinanderschlägt, erneut einnickt und dann eine Strecke weit, zwischendurch leer schluckend und ab und zu, ohne die Augen zu öffnen, die Position des Kopfes korrigierend und ihn im Polsterwinkel bequemer zurechtrückend, weiterschnarcht, leise und unregelmäßig, als gelte es, Hindernissen auszuweichen, sie vorsichtig zu überwinden, mit schlaffem Mund und schwer fallender Unterlippe, indes die ergrauten Haarbüschel in seinen Nasenlöchern – mich kitzelt's – bei jedem Atemzug vibrieren; ein Gesicht, bei dem Kinn und Stirn gleichermaßen auf der Flucht sind und das so zur Schau gestellt, in einer Mischung zwischen Vogel- und Fischprofil, direkt Lavaters *Physiognomik* entsprungen, als Karikatur einer Karikatur wirkt, getragen von einem starken Halsstumpf, der in einem schlaff in den Polstern lehnenden massigen Oberkörpersack mit fallenden Schultern steckt, welchen die bestausgepolsterte Mode wenig Kontur zu verleihen imstande. Aber, kenne ich den Herrn nicht? Wenn ich ihn aus meiner Lektüre aufblickend so anschaue, erinnert er mich, mir nach und nach sogar sympathischer werdend, unwillkürlich, und zwar immer deutlicher, an Professor Pnin, der mir auf der Reise, auf dem Flug von Zürich nach Warszawa und danach zwischendurch noch gelegentlich Gesellschaft geleistet hat und nun diskret in meinem Gepäck mitreist. Und wie jener endet er eher enttäuschend, in ein paar spindeldürren, verschämt übereinandergeschlagenen Beinen mit fast femininen Füßen; die heruntergerutschte Socke des übergeschlagenen Beines läßt anstelle entblößter Haut einen Streifen der weißen Unterhose unter dem Hosenaufschlag hervorschauen. Und genau wie Professor Pnin dürften ihn seine vornehm schlichten schwarzen Halbschuhe, einzig von den Spuren des Tages gezeichnet, ebensoviel gekostet haben wie seine gesamte übrige Garderobe, überlege ich, eine Warschauer Schuhauslage vor Augen.

Der andere der Herren, auffallend aufrecht dasitzend, wie ein braver Schüler, seine molligen, dicken Hände, die Finger gespreizt, reglos auf den vom Hosenstoff prall umspannten Schenkeln, mit ruhig in die Polster zurückgelehntem Kopf seinen Blick bei halb geschlossenen Augen, ohne daß er etwas zu sehen scheint, wie um sich irgendwo festhalten zu können, unverwandt auf das Gepäcknetz ihm gegenüber gerichtet.

Ohne Halt bis Kraków ...

Seit dem frühen Morgen bin ich jetzt bereits unterwegs, auf eigenen Füßen auf der Suche nach der Stadt, der ich nur näher zu kommen meine, wenn ich sie erwandere. Auch wenn man dabei rasch einsehen lernt, wie riesig sie ist, wie leicht man sich drin verläuft, und bald froh ist, die Straßenbahn nehmen zu können – mit Gewohntem verglichen kostet sie kaum etwas, so wenig, daß hier eigentlich jeder zum Umsteigen auf den öffentlichen Verkehr animiert sein müßte – wenn allerdings, wie in einem Wagen der Linie 15, welche Mokotów am Kulturpalast vorbei die Marszałkowska lang mit Żoliborz verbindet, über der Tür als *Cena*, als Fahrpreis, fünfzehn Złoty angegeben werden, so mag das durchaus der verschlüsselte Ausdruck für das Alter des Wagens sein oder aber die sichtliche Mühe der Maler bekunden, beim Anschreiben der Preise mit der Zeit Schritt zu halten, denn die Einzelfahrt kostet jetzt ja bereits sechzig, falls der Aufdruck auf dem Schein stimmt, den man, sich an der Haltestelle nach einem Fahrscheinautomaten erkundigend, mit der Bemerkung, das nächste Mal solle man es an einem der mit *Ruch* überschriebenen Schalter versuchen, von einer Dame geschenkt erhalten hat und nach dem Einsteigen, wie diese es einem vormacht, ordnungsgemäß entwertet, indem man ihn im Wagen in einen an einer Griffstange befestigten Apparat schiebt und beidseitig locht; aber selbst wenn der Fahrpreis nächsten Sommer, die Zeiten ändern sich nun mal, vierhundertachtzig betragen sollte, bald bestimmt noch mehr, selbst dann wird's für uns immer noch fast nichts sein, rechnet man, wir werden den Aufschlag tatsächlich kaum spüren und darum vom Wandel wenig mitkriegen; als Westreisender zumindest schmerzte einen selbst das im Verhältnis zum Fahrpreis ungeheuer saftige Bußgeld nicht sonderlich, ja Schwarzfahren könnte mir hier wieder Spaß machen, betrüge die Buße, die man hinzulappen hat, umgerechnet doch nicht einmal das Dreifache des von zu Hause gewohnten Fahrpreises;

man sich zwischendurch also ganz gern eine Strecke weit in den klobigen altmodischen Wagen, deren lottrige Türen an den Stationen gleich irgendwelchen exotischen Samenkapseln regelrecht aufplatzen, um bei der Anfahrt, untermalt von einem schrillen Klingelzeichen, ebenso unvermittelt wie Vorrichtungen urtümlicher Tötungsapparate lärmend zuzuklappen und in die Verrieglung zu knallen, kräftig durchrütteln läßt, verblüfft, daß die Einheimischen, in den Gängen vielfach frei stehend oder aber.mehr formhalber mit einer Hand in die von der Decke schlenkernden Halterungsriemen gehängt, es schaffen, all die Stöße und das unberechenbare Schlingern abzufangen, vielmehr: diese besondere Schüttelbewegung, eher eine nicht abreißende Abfolge harter Schläge, der man sich in Ost-Berlin etwa noch im Sechsundvierziger vom Fischmarkt in Richtung Pankow, auf dem Weg zu Freunden, die Chaussee-Straße lang am Dorotheen-Friedhof vorbei, wo man in Gedanken kurz den fehlenden Hut lüftet, über die Invaliden-Straße und den Prenzlauer Berg hoch, aussetzen kann und die man in Zürich nur noch aus Beschreibungen der Fahrt mit dem alten Sechser kennt, gewandt zu parieren wissen, sogar fähig, Zeitung zu lesen, ohne daß sie, locker hin und her schwankend, dauernd an die neben ihnen stehenden Mitfahrenden prallen oder es sie wie mich, als ich es ihnen gleichzutun versuche, um nicht oder erst recht aufzufallen, in Ermanglung einer Zeitung, die mir auch wenig weiterhülfe, den Stadtplan studierend, von der ersten brüskeren Richtungsänderung überrumpelt, über jene auf den harten Sitzgelegenheiten kippt.

Lärmte die Bahn ungefüge und klepprig nicht derart über die vom Frost und der Zeit verworfenen Schienen und Weichen dahin, hörte man dazu, so es sie noch gäbe, das laute Knarren der im tristen Regendüster ein Gefühl sonniger Helle vermittelnden Holzbänke, schön wie jene, die in Berlin, nachdem die ehedem von der DDR betriebene, von den BVB im Ostteil der Stadt mit allen Mitteln gepäppelte S-Bahn, hüben zuerst Opfer des kalten Krieges, später noch der autogerechten Stadt – augen-

20

fällig etwa auf einer Fahrt vom Ostkreuz, dem meistbefahrenen S-Bahnhof, zum verwaisten Westkreuz –, wie um sie endgültig zu killen, letztes Jahr vom Westen, durch die BVG, übernommen worden ist, bald nach Übernahme aus den rot-beigen Wagen gerissen werden und zusammen mit dem eigentümlichen, ungeachtet der Mauer und aller Sperranlagen in den Zügen aus dem Osten in den Westteil gelangend quer durch die Stadt regelmäßig bis an den Wannsee hinuntergefahrenen, sich hartnäckig in den Kleidern der Fahrgäste festsetzend die fünfziger Jahre evozierenden Duftgemisch aus abgestandenem Braunkohlemief, kaltem Schweiß und einem Desinfektionsmittel, dessen Name mir entfallen ist, verschwinden, Ramsch zu weichen haben, Weiche vortäuschenden Kunststoffgebilden mit Überzügen in scheußlichsten Farben, von verwaschenem Altrosa über ein zartes Blau bis zu undefinierbarem Moosgrün, welche, fleckig schier, eh man sie benutzt, nach einer einzigen Fahrt vom Zoo zur Friedrichstraße und zurück, vorwiegend abends, wenn Penner um einige Pullen Nachschub aus dem Intershop reisen und die Szene unterwegs ist, tagsüber zum Bravsein erzogene Kids plötzlich ausgelassen Feierabend spielen, verdreckt und zerschlissen sind, rettungslos abgegriffen jedenfalls.

Nach einigen Stunden ziellosen Umherstreifens – was will man schon sehen, wenn es soviel zu sehen und mit anderswo Geschautem zu vergleichen gibt – schmerzt mich der Rücken vom Gehen; ich spüre die Füße, mein Kopf rauscht.

Der schillernde Herbsttag kommt mir jetzt sehr gelegen, ein Wetter – unglaublich sommerlich ist's für Oktober –, das zu Verschnaufpausen einlädt. Das goldene

Laub steigert die durchsichtige Bläue, läßt den Himmel über einem höher, weiter, offener erscheinen.

Hier bricht der Tag früher an, ist mir am Morgen aufgefallen, erst recht Tage zuvor in Lublin, und zeitiger dämmert es wieder: man hat sich also ein ganzes Stück ostwärts begeben; nach Mitteleuropa. –

Wo liegt eigentlich Polen?

In Kraków, auf dem Platz um die Tuchhallen, einem der schönsten Plätze Europas, beim Eindämmern, wenn es dort von Volk wimmelt, ehe er ein paar Stunden später der Nacht gehört, habe ich mich wie in Italien gefühlt, in die frühen sechziger Jahre versetzt, in einen nicht von Neon und Konsumwut verschandelten Süden – und durch noch etwas, allerdings nicht auf Anhieb, es mitzubekommen braucht seine Zeit, werde ich hier unweigerlich an den Süden erinnert, und als unbedarfter Flaneur hofft man dabei, nicht einfach einigen *idées reçues* auf den Leim zu gehen, wie sie der große Nörgler aus Croisset seinen von Vorurteilen infizierten Zeitgenossen einst aus dem Blut destilliert hat: charakteristisch hier wie dort eine sprühende, den übersättigt Trägen immer wieder leicht neidisch das Staunen lehrende Erfindungskraft, die jede Lücke, jeden Mangel als Resultat einer feindseligen Umwelt auszuschlachten und zum Nutzen umzudeuten versteht.

In Lublin, knappe fünfhundert Kilometer nahe der Gegend von Tschernobyl, wo zu den Hunderttausenden noch Hunderttausende evakuiert werden müßten, selbst wenn es längst zu spät ist, weil sich in den verseuchten Landstrichen durch die Verstrahlung bereits das Immunsystem der Bewohner verändert hat, und wo die an Blutkrebs kranken Kinder in den Spitälern am Rande der Zone – verselbständigter Erfindergeist hat Tarkowskijs

Gesichte überholt – dreieinhalb Jahre nach der Katastrophe wie uralte Greise in die Kamera glaren –;

in Lublin, wenn es mir gelang, das vor der Stadt liegende Majdanek und dessen Wachttürme und Stacheldrahtverhaue, dessen mit deutscher Gründlichkeit säuberlich aufgereihte Baracken und Öfen mit den in Sichtweite der Häuser unentwegt rauchenden Schloten zu vergessen, dessen immensen Aschehügel am Horizont vor allem, der sich mir, seit ich ihn dort am Ende des Lagers gesehen habe, auf Spaziergängen durch die Stadt unvermittelt vor die heruntergekommenen Fassaden schiebt, zusammen mit Bildern des Gettos, wähnte ich mich dem Galizien von Bruno Schulz nah, sann in den luziden Spätherbsttagen, in einer Jahreszeit, die, wie er in seinem *Abriß einer allgemeinen Systematik des Herbstes* erklärt, »in unserem Provinzklima jene langwierige, parasitenhaft wuchernde Form annimmt, die sich unter der Bezeichnung *chinesischer Herbst* weit in die Tiefe der farbigen Winter erstreckt« und nichts anderes als »eine eigenartige Vergiftung des Klimas durch Miasmen jener überreifen, in den Museen zusammengepferchten Barockkunst« darstelle, seinen *Zimtläden* nach, dem *Sanatorium zur Todesanzeige,* kurz: Schulzens Drohobycz, in das ich nie kommen werde, auch wenn ich je dorthin gelangen sollte; und abends, zurück von einem Abstecher über Land nach Kasimierz, die Rückfahrt in die Länge gezogen durch unzählige mit Rüben beladene im Trott vom Feld heimwärts rüttelnde Pferdefuhrwerke, denen auf der Landstraße wieder und wieder auszuweichen war, beim Eindunkeln, ehe es nach Warszawa zurückzufahren gilt, ein letztes Mal durch die Altstadt schlendernd, deren große Vergangenheit zu der Stunde in einer lastenden Stille von den falben Fassaden bröckelt,

vom *Brama Grodzka,* dem großen Tor, dessen Giebel-
aufsatz das Monogramm des letzten Königs schmückt
und das einst, um Unerwünschte aus der Unterstadt
auszusperren, rasch bis auf ein kleines Türchen geschlossen werden konnte, hinaus zur Burg, von wo der Blick
nach Nordwesten auf den mit einer potemkinschen Häuserzeile neu umbauten ovalen Platz der *Zebran Ludo-
wych,* der *Volksversammlungen,* das Zentrum des ehemaligen Gettos, schweift, schiebt sich mir in einem
Windstoß, als Signal einer fernen nahen und doch ewig
fremd bleibenden Welt, zu den übrigen Bildern und,
diese überlagernd, ein Satz aus der *Ballade vom Schneien*
ins Gedächtnis, den Gerhard Meier seinem Baur in Erinnerung an nächtliche Gänge durchs Quartier der Ostju-
den in den Mund legt: »Hier gab's Schneidereien, Sattler-
und Schreinerwerkstätten, altertümlich ausgestattet und
ärmlich, was einen an Galizien denken ließ, an Kaiser
Franz Josephs Galizien, wo Leutnant Trotta umgekommen ist und wo's Herbste gibt, die mit Chopin zu tun
haben müssen, dessen Mazurken Hans gespielt hatte,
über dem Stoffladen, während der Wirt der Brauerei, die
Hände in die Hüften gestützt, die Erntefuhren über-
wachte, die im Trab eingebracht werden mußten, weil es
ziemlich steil aufwärts ging zur Tenne hin.«

Und Gdańsk? Und Toruń?

Wieder was anderes.

Und Warszawa?

Andrzej Szczypiorski wird es mir später so erklären:
Einer aus Moskau, der nach Paris will, und ein Pariser auf
dem Weg nach Moskau kommen nach sehr langer Fahrt
morgens in Warszawa an, und beide glauben, sie wären
bereits am Ziel ...

Ich bin nun in Warszawa.

Aber es ist ja alles fast wie im *Tiergarten* zu Berlin – und dafür ist man hierhergefahren? – Ja, zuerst mag es einem zumindest ähnlich scheinen, und doch ist's anders; am Licht allein liegt es nicht, also muß es an den Menschen liegen, an ihrem lockeren Gang, bei den jüngeren zumindest – und da man nichts als vom Anstehen gekrümmte Geduckte erwartet hat, irritiert dieser Gang, widerspricht den Klischees, die ich gespeichert habe. Keine Spur von *Alex*-Gräue, denn mit der irrigen Befürchtung, hier eine östlichere, wenn Beobachtungen in Berliner Polen-Kneipen nicht trügen, zwar etwas balkanisierte DDR anzutreffen, hat man sich auf die Reise gemacht. Und nichts von *Zürcher Bahnhofstraße,* wo man täglich einem elegant herausgeputzten Modejournal bei der Einübung des unnatürlichen Gangs zusehen kann und in Gedanken jemanden verschüttete Suppe aus dem Rinnstein löffeln sieht, trübt und verspannt die wachen Gesichter der im Łazienki-Park Lustwandelnden.

Warszawa, rechtfertigt man seine Irritation, wird nur auszuhalten sein dank solcher Parks, dank der vielen grünen Lungen, welche hier die Monotonie und die Tyrannis des rechten Winkels immer wieder aufbrechen, so, daß es anfänglich, etwa wenn man vom Flughafen kommt, Mühe bereitet zu sehen, wo die Stadt beginnt – leichter fiele es, bemühte man sich darum, zu sehen, wo sie, sich im masowischen Land verlierend, endet: sehr weit draußen in gräßlichen Vorstädten, auf den *Malediven,* wie eine Studentin, nach ihrer Wohnadresse gefragt, scherzen wird, in austauschbaren Kästen zur Intensivhaltung von Menschen, der größte braucht nicht so lang zu sein wie jene Sperrmauer, vor der ich in Oliva bei Gdańsk gestanden bin, welche über einen Kilometer weit ohne eine Unterbrechung durch die Landschaft kriecht, mit einigen Parabolantennen für den Satellitenempfang da und dort auf den Balkonen als den einzigen Unterscheidungsmerkmalen in der völligen Gleichförmigkeit.

PARK ŁAZIENKOWSKI Über einen herbstlichen Teich, auf dem ein Gondoliere, die veritable Kopie jener von San Marco, mit trägen Ruderschlägen zu Gesang aus dem Transistor seinen arg überladenen, mit rotem Baldachin überdachten Kahn steuert, blickt man hinüber zum Sommerschlößchen, zum *Palast auf der Insel*, der sich effektvoll auf künstlich aufgeschüttetem Grund zwischen den Ufern präsentiert, nach der Zerstörung von 1944 sorgfältig restauriert.

Hat der Park nach dem Krieg genauso ausgesehen wie die baumlose Steppe des *Tiergartens,* durchsetzt mit den Überresten zuschanden geschossener Monumente: eingesammelt, was sich einschmelzen ließ, übriggelassen armlose Helden, die Köpfe zersplittert nebenan im Gras?

Vor der Orangerie, hinter deren Jugendstil-Glasfront Besucher durch Dschungel und Kakteenwälder schlendern, und hier auf der Terrasse dieses Mini-Sanssouci, spielen sich, kaum beachtet und ohne daß sich eine Schar frech auf den imposanten Leibern herumschwirrender Spatzen durch das nackte Gehabe im geringsten beeindrucken ließe, mit barocker Leidenschaft mythische Liebesszenen ab: umgeben von leeren Tischchen – an denen auf weißen Korbstühlen eine Mädchengruppe zwitschert, drei Damen mit Schleierhütchen ihre mitgetragenen Stullen auspacken und sich verliebte Pärchen ungeniert und selbstvergessen der Sonne hingeben , raubt ein zottiger Satyr mit schwellenden Muskeln eine Nymphe,

27

während nebenan eine andere, die Quellnymphe Salmacis, will ich meinem Kunstführer glauben, unentwegt dabei ist, einen arg verschorften Hermaphroditen zu verführen.

Weit und breit nichts Uniformiertes; weder Bedienung noch Aufsicht.

Vor dem wildromantischen Hintergrund knorriger Bäume, die aus einem Gemälde von Caspar David Friedrich hierher verpflanzt worden sein könnten, ein Halbrund abgebrochener Säulen – man delektierte sich früher an künstlichen Ruinen, hat Döblin in den Notizen seiner Reise durch Polen 1924 festgehalten –: das antikisierende königliche Freilufttheater, dessen von Säulen umstellte, unmerklich schräg ansteigende Bühne, vom Zuschauerhalbrund durch einen Wasserarm getrennt, ebenfalls auf einer künstlichen Insel liegt; die Tribünen, die oben von einem Kranz Statuen begrenzt werden, welche, sei es, weil es dem Winter zugeht, sei es, um sie vor weiterem Verbröckeln zu schützen, hinter Bretterverschlägen und in dicke Blachen verpackt den Blicken entzogen bleiben, sind zu dieser Sonntagnachmittagsstunde, obwohl die Bühne leer ist und es auch nicht den Anschein macht, als sollte sich daran bald etwas ändern, gut gefüllt:

Worauf warten diese Zuschauer, oder gibt sich ganz einfach jeder seiner eigenen Vorstellung hin?

Wie oben im Park vor dem Chopin-Denkmal – das, von den Nazis zersägt, geraubt und zu Munition eingeschmolzen, längst ersetzt wieder da steht, wo es einstmals, in versunkner Zeit, gestanden hat –, vor dem die auf Bänken und Balustraden ums Teichrund Versammelten, welche still, ruhig in sich versunken, wie wenn sie spürten, daß jener nicht damit zufrieden war, wenn »seine Hände, ob ihrer Fertigkeit, von andern Händen beifällig beklatscht werden«, und so, als störte sie der über die *Ujazdowskie-Allee* rauschende Verkehr nicht – oder kommt es nur mir so vor? –, jetzt den Klängen zu lauschen scheinen, die ihnen ihr Meister, am Stamm einer sturmgepeitschten Weide lehnend, deren zurückgeknickte Äste einer ins Laub greifenden knöchernen Hand gleichen, vom hohen Sockel herab in exaltierter Pose auf unsichtbarem Flügel improvisiert:

Zum Auftakt, aber nicht Vorspiel zu irgendeinem Hauptstück, einige *Préludes,* höfischen, barocken Leerlauf wie klassische Absicherung verhöhnende Stenogramme, scheint mir, die mit dem, was ihr Name gemeinhin assoziiert, nichts mehr gemein haben, Aphorismen zu zwei Händen vielmehr, die, melancholisch und lieblich, dann wieder von düsterer Traurigkeit, das Ohr bezaubern und das Herz zerreißen, die Takt für Takt die Legende vom süßlichen, romantischen Träumer widerlegen, *lento* einsetzend, beispielsweise in a-Moll, mit ostinatem Murmeln einer zweistimmigen Baßfiguration, aus der sich, mit geringen Abweichungen und immer neuen harmonischen Verdüsterungen von Tonstufe zu Tonstufe wandernd, viermal ein beklommener Ruf erhebt und verweht; dann, wechselnd zu Des-Dur, *sostenuto,* wird im Geflecht der Begleitstimmen, über denen im Diskant eine feine, tröstliche Kantilene schwingt, in Achteln auf der Mittelachse im Harmoniegefüge unablässig der gleiche Ton repetiert, unausgesetzt immer dieses eine As, beziehungsweise ein Gis, im nach cis-Moll umgedeuteten Mittelteil, bis er in manischer Besessenheit metallisch pocht und klopft – wer wollte hier einzig Regen hören –, ehe der Spuk sich entfernt, nach Glockenschlägen unvermittelt zurückfindet in die Kantilene und austropft in den tröstlichen Anfang, um nach schneidenden Akkorden in b-Moll *presto con fuoco* zu explodieren, Fetzen eines rebellischen Sturmgemäldes – kurz wirbeln dazu graubraune, karminrote und grünorange lodernde Laubschauer durch den Park –, in rasendes Unisono mündend, mit trotziger Entschlossenheit *molto agitato, allegro apassionato* vorgetragen, und nach mehreren Abstürzen, in den letzten Takten zweimal wie von Ansätzen zur Klage unterbrochen, das zweite Mal krampfartig wiederaufgenommen in einem verfälschten, zuckenden Rhythmus, moduliert nach d-Moll, häßlich, verwaist, verzweifelt, ja grotesk und unharmonisch, wie die Zeitgenossen mäkelten, in drei grimmigen Schlägen verhallend, an diesem Herbsttag – der sich »köstlich amüsiert, indem er die Helden alter Geschichten unter dem verrauchten und honigfarbenen Himmel spazierenführt, in der späten Süße des Lichts« – über die kleine Distanz von hundertfünfzig Jahren aus Mallorca, wo der Pole, aus der elektrisch aufgeladenen, überhitzten Atmosphäre der Pariser Salons geflüchtet, sich zur Zeit, als er seine *Préludes* schrieb, fasziniert anfangs von der Landschaft, dann abgestoßen von der Unwirtlichkeit der Lebensbedingungen, krank bis zum Blutsturz, daß er, wie seine Gefährtin berichtet, bei der Rückreise dann aufs Schiff getragen werden mußte, mit George Sand zusammen in jenem fürchterlichen, verregneten Winter 1838/ 39 aufgehalten, hierher ans Teichrund herübergeweht, aus dem »Traumreich der Poesie«, wie Heine sagt, so daß man, an diesem zur Neige gehenden Sonntagnachmittag, ehe es auf den Zug zu eilen gilt, im *Łazienki-Park* unter lauter sich entspannt der Wärme hingebenden Unbekannten ringsum auf die imaginäre Musik horchend, gewissermaßen eben zusammen mit Heine, der in Paris einstmalen, nach vergeblichen Versuchen, seine Paralyse zu heilen, aus irgendeinem Kurort zurück, nur mehr ein Schatten seiner selbst, das Gesicht hinter Bart und blauer Brille verborgen, seiner elenden Matratzengruft entflohen, »als Sonntagskind, das er sei, die Gespenster auch zu sehen, welche andere nur hören«, das Glück gehabt hatte, Chopin, als Schatten sein Geistesverwandter wie »der Liebling jener Elite, die in der Musik die höchsten Geistesgenüsse« suchte, im Salon irgendeiner schönen, edlen Fürstin, vielleicht im Hôtel der am Exil leidenden Belgiojoso – »die ideale Gestalt, ist sie dennoch nur das Gefängnis, worin die Seele eingekerkert worden«, wie Heine einem Freund schreibt, »... aber dieser Kerker ist so schön, daß jeder wie verzaubert davor stehenbleibt und ihn anstaunt« –, improvisieren zu hören, derart hingerissen von Chopins Spiel, daß es Heine, alles rundum wie auch sein eignes Spiegelbild vergessend, in seinem »fabelhaften Heimweh« geschienen, als besuche ihn »ein Landsmann aus der geliebten Heimat und erzähle die kuriosesten Dinge, die, während meiner Abwesenheit, dort passiert sind«, den Spieler unterbrechend manchmal, wie es eben Heine schon gerne getan, fragen möchte: »Und wie geht's der schönen Nixe, die ihren silbernen Schleier so kokett um die grünen Locken zu binden wußte? Verfolgt sie noch immer der weißbärtige Meergott mit seiner närrisch abgestandenen Liebe? Sind bei uns die Rosen noch immer so flammenstolz? Singen die Bäume noch immer so schön im Mondschein? ...«

Dazu, während Wind auf der Wasseroberfläche spielt, Kräuselschraffuren in den Spiegel haucht, die Herbstsonne über Gesichter streichelt und sich im Laufe des Spiels nach und nach tiefer neigend in den gegen die Straße zu schadhaften Buchshecken verfängt, störrische, querköpfige *Mazurken, Polonaisen;* jene in fis-Moll etwa, deren erste Takte, auf die Rückseite der 5000 Złoty-Note gestochen, den Leuten täglich rascher durch die Finger rinnen.

Zum Abschluß des Intermezzos wilde *Scherzi*: unter Blumen eingesenkte Kanonen, laut Schumann, der sich gefragt, in welchem Gewand der Ernst denn erscheinen solle, wenn schon der Scherz in dunklen Schleiern umgeht . . .

Denkmälern von der Bevölkerung verehrter Heerführer, Dichter so gut wie Musiker: gefeierter, nicht selten ins Exil gezwungener Aufständischer, begegnet man in Warszawa fast Schritt auf Tritt, wo man geht und steht; und alle sind sie säuberlich im Stadtplan verzeichnet – in meinem Zürcher, dem Geschenk einer Bank, sind es Banken.

Aber hätten wir in der Schweiz überhaupt Denkmäler?

Ja. Zu Altdorf, im Smog, schickt sich Tell an, mit geschulterter Armbrust, unserem Güte-Siegel, das Raser und Schießwütige zu ihrem Symbol vereinnahmt haben, aller Aufmerksamkeit zum Trotz, die ihm zuteil wird, unbeachtet gegen die Verkehrslawinen, die das Tal ersticken, protestieren gehen zu wollen. Über Luzern schnarcht ein Löwe, die bourbonische Lilie in den Klauen: *Helvetiorum fidei ac virtuti*. Anderswo stirbt Winkelried, ein mit den Armen umschlungenes Speerbündel als stachligen Strauß im Schoß, während seine Kameraden mit Morgensternen über ihn hinweg auf den unsichtbaren Feind eindreschen, derweil im Rathaus gegenüber Volksvertreter über die Köpfe der Betroffenen hinweg ungestört den Boden, den sie in

Jodelliedern inbrünstig als Heimat besingen, den Lobbymaklern für Atommülldeponien verscherbeln.

Und in Zürich?

Kein Keller brütet auf dem Paradeplatz über republikanischen Gedanken; nicht einmal als schrulliger Wicht verharmlost, in der Pose des müden Staatsschreibers, mit dem Schweißtüchlein in der einen Hand, zwischen Zeige- und leerem Ringfinger der andern den Stummel eines erkalteten Stumpen geklemmt: so, wie ihn Kellers Künstlerfreund radiert hat, jener Stauffer-Bern, der sich ausgerechnet in eine Zürcherin hatte vernarren müssen, in eine aus bestem Stalle (ihr Vater, Alfred Escher, Stammvater heutiger Geldoligarchie – oder Oligophrenie? –, Boß der Zürcher Baumwollsäcke und Erbauer des Gotthardlochs; der Gatte der Holden ein Sprößling aus dem Stall des nicht minder reputierten Bundesrates Welti), die ihm äußerst schlecht bekommen sollte – was aber wiederum ein Gutes hatte: Dem Bohemien, der aus purem Größenhunger sich an einer solid Verheirateten vergriff und, liebesdusselig seiner Lydia gutgläubig die ungehörigsten Worte von den Lippen leckend, in seinem total unschweizerischen Schöpferrausch, den die helvetische Gesellschaft mit gesundem Empfinden fürs rechte Maß als Beleidigung des Systems zum Wahn deklarierte, mit ihr als Krönung der Frechheit nach Italien durchbrennend, von der im Nerv getroffenen, an der ihr angetanen Schande irregewordenen Klasse über diplomatische Kanäle verfolgt, im Stiefel unten, bis er mürb geworden, in Irrenanstalten und mit Mördern zusammengekettet hinter Gefängnismauern versenkt wurde, brauchte so – man sparte eine Stange Geld dabei – kein Denkmal gesetzt zu werden. Wo

33

führte das hin, wollte man jeden Selbstmörder, der sich in der Türe geirrt hat, ehren.

Expatriiert sozusagen, ruht der Hitzkopf zusammen mit Böcklin, einem weiteren Freund des Staatsschreibers, auf dem Campo Santo degli Allori zu Florenz: *gebrochen nach schwerem Kampf* – »gleichsam vor ein Kriegsgericht gestellt und zum Tode verurteilt – wie ein Landesverräter«, so Paul Nizon in seinem *Diskurs in der Enge:* »In Stauffers Weltanspruch fühlte sich das auf Opportunität und praktische Vernunft ausgerichtete, jedem Abenteuer abholde, zutiefst unspekulative und anti-utopische, auf bewährtes Mittelmaß bedachte Schweizer Wesen beleidigt, ja geradezu bedroht.«

Und Büchner?

Musil? Glauser? Robert Walser?

Und Joyce?

Bewahre! Wo letzterer einst am Geländer gelehnt, auf dem Platzspitz, beim Zusammenfluß von Sihl und Limmat, wird allmorgendlich der Abschaum des Konsums weggespritzt.

Da und dort in einer Seitengasse, auf die Außenhaut eines ausgestopften historischen Gebäudes geklebt, verschämt eine Tafel: *Hier wohnte ...*; und mit Glück findet man den einen oder anderen dann zwischen anderen Namenlosen auf dem Friedhof, domestiziert, ohne Aufhebens in die Reihe gezwängt. Eingekaufter Tod. Wie es sich für Nekropolis geziemt. Und da oder dort auf Plätzen, gleichfalls an den Rand des Geschehens versetzt, ein paar klobige Krampfer, schwergliedrig die Muskeln zeigende Turner, sich den Waffenrock überziehende versteinerte Soldaten.

Wie steht's in Ruch? – Neben dem Sänger trauter Heimat ein Krieger, der sich die ihm aus der Bauchhöhle durchs Panzerhemd quellenden Därme zusammenhalte, falls er recht orientiert sei, meint Janusz.

Wie in Chrysopolis? Denken Sie mal nach. – Bedauerlicherweise, muß mir Janusz, mein Cicerone durch Warszawa, gestehen, als wir darauf zu sprechen kommen – und dies Eingeständnis ist ihm sichtlich peinlich –, bedauerlicherweise kenne er die Stadt nicht.

Zeit also, daß ihm die einschlägige Literatur zukommt.

Sobald ich zu Hause bin, werde ich ihm Guido Morsellis geschickterweise als Roman getarnten, leider wenig bekannten Traktat *Dissipatio humani generis* senden. –

In Chrysopolis, wo sich die gesamte Bevölkerung, ohne die geringsten Spuren ihrer selbst zu hinterlassen, abgesehen vom Müll ihrer als Reliquien übrigbleibenden Artefakte, über Nacht, offenbar durch Verdunstung oder Zerstäubung, in nichts aufgelöst haben soll; laut Morsellis Beobachter, der sich voller Erstaunen, das bald Schrecken gewichen, zu dieser Feststellung gezwungen gesehen, da er, aus dem Gebirge, aus dem Kurort Widmad, wo er, den Ärzten, Psychiatern und Therapeuten entflohen, als Folge fortgeschrittener Wohlstands- und Beziehungsverwahrlosung im Angesicht furchteinflößender Schroffen und Wände einige Zeit mit Selbstmordabsichten gekämpft hatte, bis er sich während eines nächtlichen Spaziergangs, auf dem es hätte passieren sollen, tief in einer Berghöhle, welche ihn von aller Unbill draußen, den Auswirkungen eines seltsamen, alles entscheidenden Nachtgewitters, abschirmte, vor dem entscheidenden Sprung, der Schlußlösung, als fünfundachtzig Kilogramm lebende Substanz nicht wie vorgesehen gehorchten, nur derart fürchterlich den Schädel anhaute, daß er, zu seinem Glück – oder Unglück –, benommen für Stunden liegenblieb, wieder in die Stadt am See zurückgekehrt, auf seinem Arbeitstisch als letzte Meldung einen Fax der, laut Morselli, wenig seriösen *Voice of Europe: A favorite Polish joke goes, we feign to work, the State feigns to pay us,* nicht nur die Redaktion der staatstragenden Zeitung, seinen Arbeitsort, nein, die gesamte Stadt völlig verwaist vorgefunden haben will:

Kein Mensch weit und breit aufzutreiben. Die Börsentempel »tot wie die Atrien von Baalbek«. Anstelle der gewohnten, großstädtisches Gehabe vortäuschenden Hektik und der für einen Flecken dieser Größe, der sich in Prospekten als Weltstadt preist und zu längst versunkenen Zeiten – es klingt wie die Sage von Atlantis – zu den geistigen Hauptstädten Europas gezählt haben soll, erstaunlichen Aggressivität friedliche Ruhe. Geldpest und Zerstörung – so Morsellis Gewährsmann, ein höchst suspekter Zeuge, der unumwunden gestanden hat: »Ich liebe Chrysopolis nicht, ja, ich kann es nicht ausstehen. In dieser Stadt habe ich meinen Antityp entdeckt, die triumphale Durchsetzung all dessen, was ich ablehne; ich habe sie zum Mittelpunkt meiner Verabscheuung der Welt erwählt; ein *caput mundi* im negativen Sinn. Meine *fuga saeculi* war Flucht aus dieser präzisen Lokalisierung des Jahrhunderts« – und das behauptet ausgerechnet, wer als einziger überlebt haben will! –, Geldpest, Süchte und alle sonstigen das Bild beeinträchtigenden negativen Erscheinungen, bis hin zu den flinken Taschendieben, die im Flughafen und am Hauptbahnhof, einem seit der Eröffnung der S-Bahn wenigstens unterirdisch zum Durchgangsbahnhof gewordenen Sackbahnhof, manch ankommenden Reisenden mit überraschenden Späßen zu unterhalten vermochten, sind überwunden. Wo der Wucher blühte, beginnt es zu grünen, sprießen von Putzkolonnen unbehelligt Gräser aus dem bröckelnden Beton der Pflastersteinfugen, kurz: die intakt gebliebene Architekturlandschaft, das, was vorausgegangene Spekulation von ihr intakt gelassen hat, was der kalkulierenden Vernunft der Stadtplaner standzuhalten vermocht hat, ist zum Biotop geworden. Die Oper etwa, wegen deren Facelifting sich bunt vermummte Gestalten, zum Unmut derer in Pelz und Nadelstreifen für sich Raum fordernd, einst einen Sommer lang mit uniform Vermummten geprügelt, ehe ihr zehn Jahre später, nach einer behaupteten politischen Wende von blauäugig zu rotgrün, von der im Dickicht der Sachzwänge kaum etwas zu spüren war, als Zeichen neuer Kulturfreundlichkeit der Geldhahn gedrosselt wurde, ein bißchen, so weit es sich halt machen ließ, sanfter als anderen Instituten, die nicht mit einer so kräftigen Lobby aufwarten können, haben nach jenem Frühsommertag ihre Gewohnheiten ändernde Greifvögel zum Horstplatz erkoren, wobei sie das sinnlose Blinken der Ampeln nicht zu stören scheint, die am Quai, einer der Einfallschneisen, den ausbleibenden Verkehr regeln, bis sie wegen durchbrennender Birnen nach und nach erlöschen. Auf den Treppen der Notenwaschanstalten, in deren Sakristeien das Gold weiter still vor sich hinglänzt und wo seit dem Verduften der Wechsler, nachdem ihr Gesang, das Gekläff ungezogener Keifer am Ring, verstummte und die Monitoren erblindet sind, auf Fensterbrüstungen zwischen verwildernden Geranien Krähen nisten, paaren sich die Katzen. Auf dem Paradeplatz scharren und gackern, umschwirrt von im Staub badenden Spatzenschwärmen, Hühner im Dung, der von Brüstungen, geneigten Atlas-Häuptern und hochgestemmten Karyatiden-Busen tropft, nach *truffes du jour*. In den umliegenden Gassen und den Schanzengraben entlang äsen Ziegen; vor dem Wohnmuseum, einem Patriziergebäudekomplex, der vor Jahren, dem Erweiterungsbau einer Waschanstalt im Wege, aus den Fundamenten gehoben auf Rollen an den neuen Standort gekarrt worden war und festgemauert in der Erden dasteht, als hätte ihn bereits Merian hier gestochen, stellen Böcke Geißen nach. Gegen den Fluß zu, vor dem *Storchen* und dem Hotel *Schwert,* wo, wie das steinerne Gästebuch an der Fassade prahlt, von Goethe bis Casanova (der zwar unterschlagen wird) die Größen eines untergegangenen Europa logierten, ehe sich das erste Haus am Platze zur Samenhandlung gemausert, zeigen sich eines Morgens, die Löwen werden nicht lang auf sich warten lassen, Sumpfochsen – ist die Goldstadt am Ende auf dem besten Wege zurück zu jener *Dreckstadt,* als die sie Johann Jakob Bodmer, der zur Verklärung seiner Heimat Sänger in die Provinz an idyllische Gestade gerufen, in einem Brief tituliert hat? –, derweil vorn am See, beim Bellevue, eine Herde Wildschweine die Wiese umwühlt, die früher im Frühjahr jeweils von Pferdehufen aufgerissen worden ist ...

In Chysopolis, am Rande jener Festwiese, auf der in Zeiten großer Not, als die Anbauschlacht während des letzten Krieges Früchte zeigte, die großen helvetischen Strategen sich in ihr Réduit ins Urgestein verkrochen und der Sohn des Generals zur Sicherstellung der einheimischen Wirtschaft Lager-Baracken ins Reich lieferte, Kartoffeln gezogen worden waren und wo sich laut Morsellis Zeugen – wenn man bedenkt, daß dem Autor, die Mappe mit vernichtenden Verlagsgutachten zu seinem Bericht vor sich auf dem Tisch, nichts blieb, als sich eine Kugel in den Kopf zu jagen, mag sich zeigen, wie fragwürdig er ist – nach dem Verschwinden der Bevölkerung eben Wildsäue suhlen, schämt sich, besser, schämte sich das Jahr über (zumindest noch, als ich unterwegs zum Flug nach Warszawa, während Arbeiter des Gartenbauamtes sich anschickten, nach irgendwelchen Festivitäten die Wiese vom Unrat zu befreien, an jenem Platze entlang gefahren war), eine etwas steife, in die Breite gegangene Schönheit: Ihren Hintern dem Platz zukehrend – und tippt sie sich nicht mit dem Finger an die Stirn? –, wendet sich die Schöne fröstelnd ab, nicht ihrer Nacktheit wegen, nein, aus Scham, wegen des vermummten Schabernacks, der hier Jahr um Jahr den kaum recht ergrünten Rasen havariert, wenn pünktlich wie eine Uhr jeweils am dritten Montag im April aus lieblich gelegenen Seegemeinden und den Hügel herab (der, entgegen chrysopolischer Tendenz, zwar Berge von Gold zu horten, sie aber eisern zu verschweigen oder zu verniedlichen, von den sich wie Ochsenfrösche blähenden Bewohnern *Berg* genannt wird) unflätig in die Stadt einfallende Banden netter Herrschaften, Banker und Immobilienrambos, welche zu Mohren oder Beduinen aufgemotzt – Zeit, daß ein paar Tuareg sie gelegentlich aus den Sätteln kippten – oder getarnt als steife Biedermeier, denen einige 48er gelegentlich heimzünden sollten, hinter dem Rücken der Nackten gleich in die Jahre gekommenen verfressenen Reitern der Apokalypse, die sich zwischendurch in Müsli-Diät-Kliniken entschlacken lassen, mit leicht krummen, vom vielen Sitzen etwas zittrigen Beinchen, die durch Militärdienst, Fitneß-Parcours in Geheimdienstkatakomben und täglich hartes Jogging in Niesel, Nebel und durch nasses Schneegestöber für diesen Ritt so weit zu stählen sind, daß man sich, um am Sattel nicht den Steiß wundzuscheuern, verbissen in die Stcigbügel zu stemmen vermag, auf gutmütigen, geduldig für die

Knallerei abgerichteten Gäulen nach einer nicht enden wollenden, dem Auswärtigen stinklangweiligen, nichtsdestotrotz für Stunden von der Polizei unbehelligt den innerstädtischen Verkehr lahmlegenden Demonstration höchst albern im Kreis um einen inmitten des Platzes mit Benzin angesteckten Holzstoß herumgaloppieren, für die Kondition der netten Herren erstaunlich ausdauernd. Den Rasen maltraitierend, der ohnehin draufginge, da Jahr für Jahr wenig später der National-Zirkus anrückt und den Platz nutzt, daß er danach umgepflügt werden muß, sprengen die lauten ungezogenen Kohorten mit knatternden Standarten Runde um Runde um ihren qualmenden Holzstoß, auf dem, wie durch Rauchschwaden hindurch auszumachen ist, eine gemästete, schneeweiß gewandete zwitterhafte Puppe, die einem geradezu verwegenen Einfall überbordender chrysopolischer Phantasie zufolge – als Krönung der Ausgelassenheit, wenn man will, denn es darf nicht vergessen werden: in Chrysopolis hat der äußerst gestrenge Reformator, ehe er nach Entrümpelung der Tempel von seinen fundamentalistischen Streitern begleitet in die Schlacht schritt, nicht vergeblich das Feld beackert – mit Feuerwerkskörpern, Donnerschlägen und Nonnenfürzen bestückt ist, ihrem unausweichlichen Ende entgegensieht. Das Reiterspektakel um den lodernden Holzstoß mit der zum Flammentod verdammten Puppe obendrauf (besonders feinfühlige Beobachter, die mehr als nur das Gras wachsen zu hören vorgeben, wollen als Festmusik für diese symbolische Hinrichtung, man kann es nicht glauben, die entsetzlichen Klänge eines aus deutschen Provinzen abgehauenen, steckbrieflich gesuchten Revoluzzers – wobei entschieden in Abrede gestellt wird, daß es sich um einen Vorfahren des kürzlich nicht wiedergewählten Stadtpräsidenten handelt – vernommen haben, Musik, die jener tonangebende Revoluzzer, welcher längere Zeit, bis es auf dem *Grünen Hügel* zu einem, wie es heißt, allseits leicht peinlichen Zwischenfall gekommen sei, welcher im nachhinein, direkt ein Glück, den willkommnen Grund lieferte, daß die Stadt dem die Gastfreundschaft mißbrauchenden Tonmeister nicht an centralem Platz einen Stein zu setzen brauchte, an Chrysopolis' Gestaden tätig war, auf eine uralte isländisch-germanische Sage geschrieben hat: jenes Gestampfe, mit welchem der megalomane Musikhochstapler in seiner sich endlos hinschleppenden Schreiorgie, damit die arg geforderten Riesinnen und Riesen zu Atem kommen können, als Zwischenspiel holde Jungfräulichkeit auf Feuerrossen über die Himmel rasen läßt) findet angeblich statt, um in der ungastlichen Gegend den Winter zu vertreiben: Ein glänzender Einfall in einer Stadt, in der rund ums Jahr der Frost regiert, die, als sie noch bevölkert war, trotz aller Aufgeräumtheit, aller Konsumhappiness, das Ambiente einer Tiefkühltruhe auszeichnete ... Was solls: An den Minuten, die vom großen Zeiger auf der Uhr von St. Peter, der, wie jedes Kind lernt, größten Europas, vom Einläuten des wohlverdienten Feierabends an, dem Sechsuhr-Läuten – *Pingpong! there's the Belle for Sexaloitez!* weiß der Ire, der im schnupfenfreundlichen Chrysopolis sein Glück suchte, vom Fendant aufblickend seiner Anna Livia zu kommentieren –, abgestrichen werden, bis jenem mit im Biswind klirrenden Standarten umrittenen Symbol chrysopolischer Behäbigkeit auf dem flammenden Holzstoß oben Hut samt Kopf hochgeht und unter frenetischem Applaus der auf dem weiten Platze dicht an dicht gedrängt der Hinrichtung beiwohnenden Menge, in Begeisterungsstürmen, wie sie das Jahr über nie aufgebracht werden, mit wüstem Krachen – denn die schwerstkalibrigen Fürzchen hat Buchhalter Z., der pflichtversessene Schöpfer der Puppe, extra aufgehoben, um sie gut plaziert in deren Kopf und Kragen zu verpacken – auseinanderbirst und als Funkenregen niedergeht, soll abzulesen sein, wie lange das Regime des Winters noch dauert.

Zeit ist jedoch eine höchst relative Größe ...:

Die in die Breite gegangene Schönheit indes, naturgemäß ohne von dem Firlefanz und Macho-Gehabe als Frau nur die Spur Ahnung zu haben, schämt sich, diskret abgewandt, am Rande des Platzes Jahr um Jahr, bis in schöner Regelmäßigkeit hinter ihrem Rücken Wochen nach Ostern die Peinlichkeit vom neuem losgeht – mich erstaunt es, daß dennoch keine Spur von Gram ihre Züge trübt; im Gegenteil. Seltsamerweise verleiht das Drum und Dran ihrer Patina immer schöneren Glanz.

In Zürich, um darauf zurückzukommen, in Zürich, der *Stadt der schönen Geschäfte,* wie der Slogan des Poststempels lautet, mit dem, auch wenn weder der Verkehrs- und Verschönerungsverein noch der Gewerbeverband, noch die Vereinigung Bahnhofstraße etwas damit zu tun haben wollen, verständlicherweise, denn die hier getätigten Geschäfte verlangen nach äußerster Diskretion (als Test: wer ein guter Kunde ist, und sei er der ausgepichteste Gauner, einer jener Geier, die jeden, der sie Geier heißt, vor Gericht zerren und ihren Profit, mit dem Elend der Sucht gemacht, den schmutzigsten, der sich mit ihr machen läßt, waschen lassen, erhält Blüten, die ihm beim Bündeln versehentlich in seine Koffer gerutscht sind, ohne daß die Polizei etwas zu erfahren braucht, entwertet diskret zurück), auf Briefen in alle Welt um Kunden geworben wird: zur Illustration, breitformatig wie im

Kino zu alten Zeiten – der letzte Saal mit einer Leinwand, die diesen Namen verdient, hat vor ein paar Jahren einer Bankfiliale zu weichen gehabt –, umjagen Möwen, als wär's eine Staffel Kampfjets der *Patrouille Suisse,* im Formationsflug das Wahrzeichen der Stadt,

in Zürich, ennet der Limmat beim Bürkli-Platz, wo der vergoldete Laufsteg, kein Boulevard Haussmann ist's, hinter der Nationalbank vom Verkehrsstrom gekappt stillos in den See kippt, in Sichtweite der Salz- und Pfefferstreuer auf Zwinglis kulturentrümpelter Zwingburg, hebt Ganymed, die Rechte sehnsüchtig hochgereckt den tief über der Stadt lastenden Nebel kitzelnd, mit der Linken seinen Raubvogel fütternd, damit dieser ihn endlich zu den Göttern entführe, einfach nie und nimmer ab.

Während Hans Waldmann, jener Stadtobere, der ursprünglich Schneider gewesen war, dann Gerber, und in jungen Jahren, als Haudegen und Raufbold übelster Sorte bekannt, ehrbaren Bürgermädchen nachstellte, ehe er eine reiche Witwe heiratete, was ihm beim Aufstieg sehr geholfen; später, sich zum reichsten Zürcher emporgehandelt, dessen militärische Karriere in den Burgunderkriegen ihren Höhepunkt erreichte, beteiligte er sich, mit der Ritterwürde aus der Schlacht bei Murten zurück, an europäischer Politik, bezog von vielen Fürsten Pensionen, ehe er es als Zunftmeister zum Bürgermeister schaffte, dessen selbstherrliche, despotische Politik sich in reger Bautätigkeit spiegelte, in strengen Sittenmandaten, an die er sich nicht hielt; Anlaß zu seinem Sturz war jedoch ein Ratsbeschluß, wonach alle großen Bauernhunde zur Schonung des Wildbestandes hätten abgetan werden sollen, ein Beschluß, mit dem er das Landvolk derart erbitterte, daß es seine Absetzung erzwang und

nach obligater Folter seine Hinrichtung, etwas voreilig,
dünkt einen, denn bereits kurz nach seinem unrühmlichen
Tod, das Wort *gericht* war rasch aus dem Grabstein
gemeißelt, begann die Wut des Volkes in Sympathie,
später in Heldenverehrung umzuschlagen, so daß dem
Despoten in unserem Jahrhundert, 1937, schließlich das
gebührende Denkmal gesetzt werden konnte, ein anfänglich nicht unumstrittenes Standbild, vor dem die Mitglieder der Kämbelzunft, um ihren ehemaligen Zunftmeister
zu ehren, Sechseläuten für Sechseläuten einen mächtigen
Kranz niederlegen –; während dieser Waldmann, der
gewissen Zürchern einst einen Kopf zu lang gewesen
war, gegenüber der Wasserkirche zur Freude der Touri-
sten, einer Horde von Japanern, die zu Füßen des Denk-
malsockels, als Hintergrund die an Föhntagen jeden
Neuling das Staunen lehrende Alpenkulisse oder, je nach
Perspektive, Wasserkirche und Groß-Münster, fürs Sou-
venirbild anstehen, seinen scheuenden Gaul zügelt, dirigiert am andern Ende der Nobelmeile, am Bahnhofplatz,
ein Wirtschaftsmagnat aus dem letzten Jahrhundert, als
die *NZZ*, pointiert ausgedrückt, gegen das Finanzimpe-
rium des Escher-Clans, der sich, ein kluger Zug, um ihn
gefügig zu halten, den im nachhinein berühmt gewordenen Staatsschreiber gedungen hatte, mit den damaligen
Radikalen zusammenging, den Verkehr, kein geringerer
ist es als Zar Alfred I., dem inzwischen die Tauben
ungeniert übers Haupt kacken, derweilen sich einen
Steinwurf weiter vor dem Warenhaus *Globus* Pestalozzi
vergeblich müht, mit schützendem Arm die Kinder vom
Konsum abzuschirmen.

Aber nicht nur die Denkmäler, nein, noch etwas ist in
Warszawa anders, auffallend – warum bemerke ich es erst

jetzt: die Krähen sind es. Scharen von Krähen bevölkern den Park; schwarz ihre Köpfe und Flügelansätze, grauschwarz, wie mit Staub gepudert, ihr Gefieder. Einzeln meist, oder in kleinen Gruppen beieinander, jede in ständigem Kontakt mit der anderen, über den ganzen Park verteilt, so als wollten sie diesen regelrecht durchkämmen, stolzieren sie durch Rabatten und Laub, über Kieswege und Hecken entlang, hacken und stochern in allem herum, versuchen alles zu knacken, was sich ihren meißelartigen stahlgrauen Schnäbeln bietet. Keck; ohne Scheu.

»Sie kommen als Vorboten des Winters aus Nordosten, und sie verlassen uns erst wieder, wenn's taut«, erklärt mir die alte Frau nebenan auf der Bank, die zu dösen schien und mich doch längst beobachtet hatte, lange bevor ihr aufgefallen war, wie ich diesen Vögeln nach und nach mehr Aufmerksamkeit schenkte als dem sanften, goldenen Laubregen und den durch die Alleen Flanierenden.

Woran hat sie gemerkt, daß ich Deutsch spreche? Ich hatte doch einen polnischen Stadtplan von Warszawa studiert. Habe ich, mich weitab über mein zu reiches Nest ärgernd, etwa halblaut zu mir selber gesprochen?

Ich hätte sie besser gefragt, wie diese Vögel heißen.

NATIONALGALERIE Janusz hat mich heute über diese Vögel aufgeklärt. »Wie die heißen? Wissen Sie es nicht?«, hat er etwas verdutzt zurückgefragt.

Vor dem Haus der Partei, die es nur noch auf dem Papier gibt und die sich bald in unzählige Gruppen aufgesplittert haben wird, von denen schließlich kaum eine das Wort Partei, diesen absoluten Mißklang, im Namen tragen dürfte – den letzten Kommunisten, den er gesehen, um 1956, was danach folgte, die gesamte Nomenklatura bis heute, eingeschlossen die Vertreter des Genossenschaftsunwesens, sich aus den Reihen der in den Parteigremien nicht länger brauchbaren Kader rekrutierend, um in den Genossenschaften immer noch effizient genug gegen die Interessen der Mitglieder zu wirken, seien nur sture anpassungsfähige Nutznießer von Privilegien, kärglichen, verglichen mit jenen, die Aufsichtsratsmandate im Westen einbringen, sei Gomułka gewesen, meinte Andrzej Szczypiorski, und der Witz über die mit Prämien belohnte Anwerbung neuer Partei-Mitglieder, den ich gehört hätte (bei einem wird dem Werber der Jahresbeitrag erlassen, bei zweien der Mitgliedsbeitrag auf Lebenszeit, und schafft es einer, drei neue anzuwerben, bekommt er amtlich bestätigt, selber nie Mitglied der PVAP gewesen zu sein), stimme zwar, entspreche aber dennoch nicht der Realität –;

vor dem *Dom Partii,* einem dieser martialischen stalinistischen Tempel mit vorgeklebter Fassade, unter dessen mächtigem, von drei Säulen getragenem jochähnlichem Portikus eine Gruppe grau gekleideter Herren geschäftigen Schritts aus dem Innenhof heraus an den Wachen vorbei auf die eine ganze Gebäudeseite einnehmende Treppe zusteuerte, die Stufen herab fast mechanisch nahm und so rasch, wie sie in Erscheinung getreten, über improvisierte Bretterstege hinter verstaubten Zierbüschen ums Eck in die *Nowy Świat* verschwand, zum Essen vielleicht, schräg über die Straße, ins *Szwajcarski* – anderntags erst, ein dreifaches Kreuz ist's, als ich, vom *Plac Trzech Krzyży* kommend, dort der Häuserzeile entlang schlendere, am Dancing *Paradis* vorbei – *remont,* wie ich erfahre: aber daß dieses, wie es sich präsentiert, in Renovation sein muß, wäre sichtbar ohne das Schild in der Tür –, werde ich Januszs Hohn begreifen: Mein *Schweizerhof* rechts neben einem wenig einladenden, verstaubten Modegeschäft entpuppt sich als *bar mleczny,* der ausgebleichte Karton, hinter blinder Scheibe, in deren Rußbelag Regen Trauerspuren gewaschen hat, schief im Fenster lehnend, auf dem mir dies in veralteter, häßlicher Futura, in weißer Schrift auf lila Grund, mitgeteilt wird, zerstreut jeden Zweifel, und *szwajcarski* übersetzt mir mein Taschenwörterbuch kurz und bündig als Schweizerkäse: das Lokal betretend, den Eingang beinahe mit dem zum *Złota Rybka* verwechselnd, dem *Goldenen Fischlein* im Haus Nummer sieben nebenan an der Ecke, einer Säuferkneipe mit Tradition, laut Januszs gestrigem Kommentar, verstehe ich: die *Milchbar* muß bessere Tage gekannt haben; ob die Portionen immer noch so groß sind wie ehedem, als sich herumgesprochen, das Lokal liebedienere der Nomenklatura, vermag ich, da mir Vergleichsmöglichkeiten fehlen, nicht festzustellen; wenn ich sehe, was aufgetragen wird, hege ich meine Zweifel . . .;

vor dem Haus der Partei, in dem es – welche Wohltat! –

nicht eine einzige Uhr geben soll, bis vor kurzem nicht, wo Uhren aber auch gar nicht nötig waren, denn wozu nach der Zeit schauen, solange diese ohnehin still steht,

Vor diesem Palazzo di Prozzo, als wir uns, aus der gleich daneben liegenden *Nationalgalerie* kommend (welche in einem Gebäudekomplex zusammen mit dem Museum der polnischen Streitkräfte untergebracht ist: durch die Geschichte desavouierter Funktionalismus aus den Dreißigerjahren, in dessen Innenhof und dahinterliegendem kleinem Park ein Arsenal Weltkriegs- wie Vorkriegsrequisiten samt einer ordentlichen Kollektion Warschauer-Pakt-Waffen vor sich hinrosten: urtümlich anmutende Lafetten und Kanonen jeglichen Kalibers, von der Flabwaffe bis zur Dicken Berta, in deren Mündungen man zum Schutz vor dem Regen Holzpfropfen getrieben hat; Stalinorgeln samt dazugehörigen Geschoßbatterien; Barken mit von Minen aufgeschlitztem Bug neben legendären Panzerwagen und klapprigem Fluggerät, aus dessen Rümpfen es einst Zerstörung geregnet; daneben, als Prunkstücke, zwei mehr oder minder havarierte MiG, die den Kindern jetzt gleichfalls als Turn- und Spielgeräte freigegeben sind), auf der Straße bei einer Zigarette von den Historismus-Schwarten und dem waffenstarrenden Hof erholten – nach so viel Wucht verträgt selbst der Nichtraucher eine *Carmen,* rechtfertigt man seine Rückfälligkeit –, hatte ich Janusz, nach deren Namen fragend, auf eine Schar dieser eigenartigen, mir im *Park Łazienkowski* aufgefallenen Vögel hingewiesen, die auch auf dem aufgerissenen, zur chaotischen Baustelle verwandelten Vorplatz des Parteigebäudes, hinter Abschrankungszäunen neben einem verwaisten, leicht schiefen Wachhäuschen zwischen den aufgeschichteten Bodenplatten im Sand herumstocherten:

»Wendehälse«, meinte er, »ganz einfach. Noch nie davon gehört? Die müßte es bei euch in Zürich bestimmt auch geben.«

Scheint er meine Frage falsch verstanden zu haben? Aus falscher Höflichkeit, weil ich weiß, daß er auf dem einen Ohr schlecht hört – die Folge irgendwelcher Knallexperimente, die er als Bub angestellt hat –, frage ich nicht nach.

Zudem will mir ein Bild nicht aus dem Kopf, ein unsägliches Schlachtgetümmel; kaum hundert Jahre alt, schon speckig; im Gegensatz zu den alten Italienern, zu Piero della Francesca, Paolo Uccello oder Carpaccio, deren Fresken uns aus der Zeit vor mehr als einem halben Jahrtausend klar und ungeheuer direkt anfallen, ein stumpf nachgedunkelter Schinken. Ob es sich dabei um Jan III. Sobieskis Kampf auf dem Kahlenberg vor Wien handelt, der Sieg über die Türken ausgerechnet dank tatarischer Reiterei herbeigesäbelt, die sich, jahrhundertelang der Todfeind der Polen, für einmal in polnischen Reihen streitend, unter König Sobieski, im Bündnis mit den Rotten des Kaisers den bedrängten Wienern zu Hilfe eilend, plötzlich auf die gute Seite geschlagen hatten – und wie zum Dank dafür braucht der Tourist heute von Warszawa nicht allzu weit nach Osten zu fahren, nicht bis Kasan und zu den Moscheen von Samarkand, nein, es genügt, sich ein Stück in Richtung russische Grenze, nach Bohoniki und Kruszyniany, in die Gegend von Sokólka, Raum Białystok, zu begeben, um eine aus Holz gezimmerte, über die Jahrhunderte und alle Wirrnisse hinweg erhalten gebliebene Moschee, die weiter benutzt wird, zu finden und, von einem Einheimischen geführt, barfuß zu betreten oder über malerisch auf Hügeln angelegte Friedhöfe schlendernd am Rande der beiden Dör-

49

fer, wo die Verstorbenen den Namen nach direkt aus Sienkiewiczs Trilogie *Mit Feuer und Schwert, Sintflut, Herr Wolodyjowski* stammen und sich die Lebenden auf dem Markt mit Ali, Murza, Ismail, Mustafa, Jakub und Yahia, Ramazan oder Raszyd ankeifen, im hoch wuchernden Gras und Unkraut auf Grabsteine zu stoßen, die zu arabischer und polnischer Schrift hinzu das Zeichen des Halbmonds tragen: eine Attraktion eigentlich, in Mitteleuropa, gerade in Polen, Bauern anzutreffen, die sich gen Mekka verneigen –; oder ob der Öl-Schinken das noch weiter zurückliegende Gemetzel von Grunwald verewigt, wo polnisch-litauische und mit ihnen verbündete masowische Truppen den Expansionstrieb des Deutschen Ritterordens unter einem gewissen Ulrich von Jungingen gestoppt haben sollen, indem sie, wie es die Legende will, mit Hilfe der allgegenwärtigen Muttergottes, die *Bogurodzica* auf den Lippen ins Gefecht stürmend, dessen Heer buchstäblich am Boden zerrieben – just an der Stelle, wo die achte deutsche Armee unter Hindenburg ein halbes Jahrtausend später, im August 1914, in einer der angeblich fürchterlichsten Einkreisungs- und Vernichtungsschlachten des Ersten Weltkriegs – wurde dabei gesungen? – die Russen in die Knie gezwungen haben will, laut Ludendorff, der jenes Gemetzel in Erinnerung an einst erlittene Schmach dort angesiedelt haben will, manifestiert durch ein gigantisches Reichsehrenmal, das 1945 von zurückweichenden deutschen Truppen – mit welchem Lied auf den Lippen? – im Zorn, oder aus Scham, gesprengt wurde: Gemetzel bleibt Gemetzel; und ob Kahlenberg oder Grunwald, eigentlich spielt das für mich keine Rolle.

Je näher man drinnen im großen Saal der Nationalgalerie an die Leinwand herantrat, hinter sich, wie man, durch knarrendes Parkett irritiert, sich umwendend nach geraumer Zeit, zum Glück nicht zu spät, bemerken wird, die schönsten Pastelle von Wyspiański, Schwertlilienkompositionen und Blätter mit zarten, pflanzenhaft verschlungenen Fabelwesen, desto genauer, *realistischer* herausgearbeitet erschien noch das kleinste unbedeutendste Detail; jedem Blutstropfen hat die Liebe des Malers gegolten. Anders: Statt Natur in abstrakte Zeichenstrukturen zu zerlegen und daraus das Bild aufzubauen, Strukturen, welche von der Vorstellung mit dem nötigen Abstand ins Gewünschte rückverwandelt würden, die gewünschte Wirkung erzielten, hat sich Matejko, dem Bilder in kleinerem Format nicht so gründlich danebengegangen sind, hier in nachahmendem Bemühen im Kleinkram verloren. Dem Betrachter hilft's wenig, daß er sich vor dem Bild an einem niederen, mitten in den Raum gestellten Stehpult festklammern kann, einer aluminiumgerahmten Tafel, die ihn – ähnlich, wie es die für den Bergwanderer an besonders exponierten Aussichtspunkten vor die Gebirgskulisse montierten Panoramaschaukästen mit dem Gipfelgewirr versuchen – mit markanten, in falschem Maßstab aus dem Gewoge herausgepickten und beschrifteten Köpfen, den Hauptdarstellern der Schlächterei, über das Gewühl schwer unterscheidbarer aufeinanderstechender, ineinander verbissener, einander umjagender Körper auf dem Bild orientieren möchte. Statt daß das Ganze nach außen als überzeugende Komposition wirkt, zerfällt der sich in tonnenschwerem Rahmen über die ganze Saallänge erstreckende Schinken mit zunehmendem Abstand, das Dargestellte ins Gegenteil kehrend. Absicht? –

»Der Maler war kurzsichtig, hat aus Abstand also nichts überprüfen können; ob er sich aus Armut keine

Brille leisten konnte oder Eitelkeit ihm verbot, eine zu tragen, weiß ich nicht«, erklärt mir Janusz, »hinzu kommt: er hat ein zu kleines Atelier besessen; weil der Mann aber von der Größe nicht lassen mochte, ist ihm nichts anderes geblieben, als seine Helgen, die Leinwand während der Fleißarbeit sukzessive abrollend, streifen- und stückchenweise zu malen; das Resultat haben Sie eben gesehen...«

»Kruk, kruk!« krächzt er plötzlich, hüpft und klatscht in die Hände, als fröre ihn.

Die Vögel vor dem Haus der Partei schwirren widerwillig aus dem Sand und von den Brettersteggen hoch, die zwischen die Steinplattenstapel ausgelegt sind, segeln, wie um uns auszulachen oder auszuschimpfen, gleichfalls krächzend geradewegs über unsere Köpfe hinweg und lassen sich, ohne lange zu kreisen, drüben, jenseits der *Aleja Jerozolimskie,* die frechsten auf dem Mittelstreifen neben kreuz und quer auf den stillgelegten Straßenbahngeleisen geparkten Autos zwischenlandend, in der schmalen Grünanlage nieder, mit ein paar Sprüngen zwischen zerzausten Trauerweiden aushüpfend, um nach kurzem Herumstolzieren ihre Arbeit im falben, mit Unrat übersäten Gras wieder aufzunehmen, als gälte es, nach dem Vorplatz des Parteigebäudes nun diesen Kleinstpark zu durchforschen, der sich hinter dem breiten, menschenleer noch überdimensionierter scheinenden Gehsteig und dem Wartehäuschen einer Busstation – da die Linien momentan nicht bedient werden, stünde man erfolglos an – sanft zu einer Bankreihe an der *Ulica Smolna* ansteigend, rechts begrenzt von einer Gaststätte mit zweifelhaftem Ruf (im gleichen Block untergebracht ein *Salon Komputerowy* von *Pol soft* und unten drin, in einem vorgelagerten Pavillon, die *Digital-Bar Rozryw-kowy* neben der *Kaprys-Disco,* und so, wie die Etablissements mit ungeschlachten, jeder Typographiekunst spottenden Leuchtschriften nervös in den Nachmittag zucken, kann das Vergnügen nur ein höchst digitales sein; der klassisch gestaltete Eingang von *Ars Polona* in dieser Hauszeile wirkt daneben um so verlorener), der Allee entlang bis zur *Nowy Świat* hinzieht, zu einem Kiosk, wo sich Janusz auf dem Herweg, geduldig anstehend – mich hätte das Angebot nicht in die Kolonne zu fügen vermocht – Zigaretten besorgt hatte, und hinter diesem Kiosk durch einen künstlich aufgeschütteten Hügel, begrünter Kriegsruinenschutt vielleicht, mit einem schwarzen Denkmal für irgendwelche Aufständische abgeschlossen wird.

»Ah, diese herrlich frischen Herbsttage! Riechen Sie? Bislang war selbst die Luft verstaatlicht, staatlich verstunken; jetzt mangelt's an Treibstoffen, und bald wird's nur noch stinken. Ja, es ist schon etwas davon zu spüren – aber Ihnen als Schweizer kann das kaum auffallen. Jedenfalls: Schön kühl ist's. Etwas Kühle tut Polen gut. Nur: die Polen vertragen sie so schlecht. Nichts Neues«, und während ich mir eher vorzustellen versuche, wie dieses Land durch den bevorstehenden Winter kommt, mich dabei an eine nicht sonderlich ermutigende Eintragung erinnernd, die ich gestern nacht in Kazimierz Brandys' *Warschauer Tagebuch* der Jahre 1978 bis 1981 gelesen habe, das, obwohl ich, nach dessen Stellenwert fragend, gern überhört werde oder man sich zu meiner Überraschung in Unverbindlichkeiten flüchtet, schnöde Ausflüchte meist, der Vorwurf etwa, Brandys wäre zu individualistisch, zu wenig gesellschaftsbezogen, zu katholisch – das ausgerechnet in einer katholischen Hochburg –,

neben Döblin mein zweiter Baedeker ist: »Dieses Land«,
beginnt die brandschwarze winterliche Reflexion, »das
man mit inneren und äußeren Verschwörungen erschreckt, wie leicht ist es zu besiegen, es genügen zwanzig Grad Frost und fünfzig Zentimeter Schnee«, schlägt
sich Janusz schlotternd die Arme um den Leib. –

»Übrigens, die Straße hier, eher eine die Stadt von
West nach Ost durchschneidende vielspurige Rennbahn,
jedenfalls sobald der Verkehr nächstes Jahr, wenn die
Arbeiten vorn an der Brücke abgeschlossen sein werden,
hier wieder richtig rollen wird, hat früher, benannt nach
einem unserer zahllosen nationalen Gedenktage, an denen wir uns durch das Jahr hangeln, *Aleja 3 Maja* geheißen; unter den Nazis, versteht sich, nochmals anders wie
so manches – die *Szucha* etwa, die heutige *Aleja 1 Armii
Wojska Polskiego,* jene Straße, wo im Untergeschoß des
Ministeriums für Volksbildung und Erziehung, eines
prächtigen, aus Piłsudkis Obristenzeit stammenden Vor-
Nazi-Baus, einer der schlimmsten Gestapo-Folterkeller
eingerichtet gewesen war, hat damals richtigerweise
Straße der Polizei geheißen; aus der *Puławska* war die
*Feldherrenallee geworden, und statt im Park Łazien-
kowski,* im *Łazienki,* hatte man sich im *Seegarten* zu
verlustieren; selbst in Seitenstraßen mußte man sich neu
zurechtzufinden lernen: draußen in Mokotów, wo Sie
bei Freunden untergebracht sind, wären Sie eines Tages
statt durch die *Chocimska* plötzlich durch die *Neumann-
straße* gegangen, während der größte Platz naturgemäß
nach dem Beller benannt war – und die *Jerozolimskie* hier
hat vom Zentralbahnhof bis zur Kreuzung mit der *Neuen
Welt* beispielsweise eben *Reichsstraße* oder, nach einem
anderen Plan, den ich kürzlich auf dem Trödel gefunden
habe, *Bahnhofstraße* geheißen, von dort zum Fluß, die

direkte Verbindung zum freundlich gesinnten Feind, *Ostlandstraße,* und deren Bezeichnung war vom Widerstand durch Auswechseln der Schilder nächtens öfter in *General-Sikorski-Allee* umbenannt worden (zur Vergeltung konnten die hochmusikalischen, unerbittlich kultivierten Herren Besatzer, die sich mutwillig selber aus dem Verband der Zivilisierten entlassen hatten, wieder ein paar Hundert Gefangene aus dem *Paviak* an die Wand stellen und abknallen lassen, ihre Heldentat von der *Kommandantur* in gewohnter Manier auf zweisprachigen, den Leuten ungefragt an die Hauswände gekleisterten *Bekanntmachungen* stadtweit angekündigt – *Durch das Feldkriegsgericht wurden: die Witwe Eugenia Wlodarz und die Studentin Elisabeth Zahorska zum Tode verurteilt, wegen Attentat gegen deutsche Wehrmachtsangehörige bezw. Sabotage, Abreißen von Plakaten,* hat die Bevölkerung beispielsweise in Goethes Idiom lesen dürfen, kaum daß die Herren da waren), ehe die Straße nach dem Krieg wieder den alten Namen zurückbekam, weichselwärts, bevor es über die kaum gebaut im Ersten Weltkrieg auch bereits gesprengte, neu errichtet erneut zerstörte und nach dem zweiten Krieg vergrößert aufgebaut jetzt wieder zu renovierende, längst wiederum dem von den Polen so heiß geliebten Reiter-Fürsten Józef Poniatowski, ihrem Pepi, geweihte Brücke (den Nazi – sie stand eben wieder fertig da, als sie ankamen – die *Neue*) nach *Saska Kępa* geht, als Kompromiß heute sogar beide Namen nebeneinander: der Hauptdamm, von der Station *Powiśle* dort vorn am Böschungsabbruch bis zur eigentlichen Brücke als Viadukt weitergeführt, auf dem sich die Bauarbeiter, seit Jahren mit der Reparatur der Einfahrtstürme und Flachbauten, mit Neorenaissance und an die Neuzeit anzugleichender Statik beschäf-

tigt, ans Geländer gelehnt eine *Popularis* reinziehend den
Bewohnern in den Blocks, denen der Putz wegblatert
und wo Regen im obersten Geschoß die Wände wäscht,
ebenaus im vierten Stock beim Fernsehen zusehen können, heißt *Aleja Jerozolimskie;* der *3. Mai* reicht grad
noch für die schmalen Seitenstreifen, die Straßenstummel
tief unten durchs ehemalige Schwemmland, am Abbruch
in Treppen zur Station hoch auslaufend, am entgegengesetzten Ende, vorn gegen die Wisła, durch die neue, über
einen Damm geführte Ufer-Schnellstraße gekappt. –

»Der 3. Mai«, versucht Janusz mir auf die Sprünge zu
helfen, denn meine Ratlosigkeit, verdutzt wie ich angesichts des von ihm erwähnten und doch jedem Kinde
geläufigen Datums vermutlich dreinschaute, wird ihm
nicht entgangen sein, »dieser 3. Mai erinnert ans Jahr
1791 ...«

»Aha. – Auch hier stehen also Feste bevor. Sogar an
erst zweihundert Jahre Zurückliegendes darf man sich
erinnern. Andere, von bunten Freßpyramiden umstellt,
verschanzt hinter Bollwerken blutroter Lendenstücke,
strengen sich gegenwärtig an, daß ihnen zu siebenhun-
dert Jahren nichts einfällt ...«

Was in der Schweiz aber, als ob dadurch im verordneten Jubeljahr bei der Festballerei – eine Feier ohne Knallerei ist keine eidgenössische Feier – nur ein Schuß weniger Munition verknallt, ein einziger gegrillter *Chlöpfer*
weniger verzehrt und ein Bier weniger durch die vom
Trutzgegröle aufgekratzte, erhitzte Kehle gespült, als ob,
wenn die Zelte stehen und die Fahnen hängen, nicht die
gleich markigen, zum Heulen unerträglichen Sprüche
geklopft würden, Eidgenossen landauf landab Anlaß zu
schalem und in erster Linie – den Festbrüdern, *Hast noch
der Söhne, ja ...,* muß das ein wahres Gaudi abgeben –

selbstzerfleischendem Gezänk bietet: wie wenn der Begriff *Kulturboykott* nicht bereits ein Graus wäre (nicht weniger das aus tiefbraunem Schatzkästlein gekramte, unbekümmert, ohne das geringste Würgen im Hals geschluckte Wort *Kulturschaffende*, eine unsägliche, nichts denn Denkfaulheit manifestierende Schubladen-Anschrift, mit der man sich und seinesgleichen abzuheben glaubt, vom Barbaren, von wem denn sonst, sich indirekt jedoch freiwillig einer Norm unterstellt, seine Zurechtstutzung eingesteht und akzeptiert, und die man besser, statt sie munter wiederzukäuen, auf Herkunft und Bedeutung hin untersuchte – »reißen Sie den Boden der Baracke auf«, wie Thomas Bernhards Erzähler den Fuhrmann in *Watten* auffordert, »und Sie werden furchtbare Entdeckungen machen«; ein Blick ins *Wörterbuch des Unmenschen* wäre bei der Untersuchung sehr hilfreich), rufen Kulturschaffende, diese Pflanzenpflanzer oder Kulturkultoren aus der Retorte von Dr. Pleonasmus, diese weißen Schimmel also, allen voran solche, die vorgeben, mit Sprache umzugehen – man traut sich kaum zu behaupten, die mit Sprache arbeiten –, zum Kulturboykott auf: Gut; vom Strukturwandel, der auf diesem Rumpfkontinent Europa rund um Helvetien im Gange ist, noch verunsicherter als die um die Zukunft ihrer tödlichen Spielzeugfabriken bangende, sich ihre Verunsicherung hartnäckig nicht eingestehende Politikerkaste, der nach und nach wohl schwant, daß der gemeinsame Wille, reich zu werden, bald nicht mehr genügen könnte, kippt die Verunsicherung der Intellektuellen offen in Ratlosigkeit um. In der Vorstellung, sich damit gegen die jahrzehntelange staatliche Überwachung und Bevormundung zu wehren, nachdem deren Ausmaß in der ganzen Widerlichkeit unübersehbar zutage getreten ist,

57

auch wenn bürgerlichen Politikern nichts Besseres einfällt, als das aufgeflogene Schlamassel gleich in gewohnter Arroganz mit allerhand Ablenkungsmanövern zu
bagatellisieren, beginnen, kaum haben sich ein paar der
als Librettisten zur Staatsfeier Geladenen zu deren Boy-
kott zusammengerauft, unter den Geladenen landesweit
inquisitorische Gewissensprüfungen, Listen werden angelegt, auf die Pulte Säumiger, in die Postkästen derer, die
dem flotten Aufruf nicht flugs nachkommen, flattern
Nötigungsbriefe, das Versäumte nachzuholen, ehe die
Schubladen nach großer Scheidung – die Guten im
Kröpfchen, Böse ins Töpfchen – geschlossen werden, die
Frage, in welcher Gesellschaft sie lebten und ob sie es sich
leisten könnten, zu stehen, wo sie sich mit ihrem Abseits-
stehen hinstellten, wird gestellt, wieder einmal, und zeigt
das allein keine Wirkung, schmeißt man ihnen telefonisch offen oder anonym Schmutz um die Ohren,
Fraktionen kündigen sich gegenseitig die Treue auf und
drohen mit Kirchenspaltungen; während die einen in
peinlicher Selbstüberschätzung der Öffentlichkeit, der
Kultur bestenfalls Tapete ist – die sie schaffen, sind ihre
Täter –, heldenhaft, doch nicht einfach so, nein, indem
sie, wo es nur geht, um Auftritte buhlen, sich ins Scheinwerferlicht vordrängeln, in keiner anderen Absicht, als
jetzt und in aller Zukunft das Nicht-Auftreten zu proklamieren, in bedeutsamen Reden unentwegt das Nicht-
Mitmachen zu begründen, ein Jahr lang ihre Traktätchen
und Episteln zu verweigern drohen, werden andere, die
sich weniger lauthals melden – könnte ja sein, daß sie mit
Staatsfeiern, in welcher Form auch immer, grundsätzlich
nie etwas am Hute hatten –, als Renegaten und Mitma-
cher geächtet. Kurz, was in Helvetien jetzt, nachdem den
Hinterstletzten dort endlich aufgegangen ist (ganz so, als

ob durch die paar öffentlichen Skandale der letzten Zeit eine Glaskugel mit drin eingeschlossener idyllischer Landschaft geschüttelt und statt des weißen Schnees, Schnees von gestern, mit einem Mal ein paar Flocken Ruß und Dreck aufgewirbelt worden wären), daß sich die Weste der Musterdemokratie CH nach knapp hundert-fünfzig Jahren ordentlich bekleckert präsentiert, Anlaß bietet zu intellektueller, vor Pathos bebender Aufregung – Aufregung um eine Sache, die, so ernst sie ist, in ihrer anmaßenden Lächerlichkeit, wenn man sich durch Staatsfeiern schon Termin- und Stundenplan diktieren läßt, einzig Hohn und Spott verdiente –, vielleicht, weil in der Isolation, in der durch traumhafte Gebirgskulissen verbretterten Enge, tatsächlich keine anderen Horizonte mehr auszumachen sind; und all das – aber bekommt die traurige Posse dadurch mehr Pfiff? –, nachdem sich an-fangs, durch den in Aussicht gestellten Batzen gelöckt, männiglich etwas für die hehre Feier ausgeheckt hatte, Kritisches, wie es der Ruf verlangt, dem ein verschwore-ner Kreis rühriger Oberlehrer und andere Angestellte, die sich vom Gros der normalen Chrampfer – das der schweizerdeutsche Ausdruck für Schaffende – fein säu-berlich abgrenzen, so angestrengt gerecht zu werden versuchen: Hier in Polen ist's ins Leere geredet, mag man auch, weil's einen bis hierher nervt, immer wieder dazu ansetzen. Nicht einmal ein Lächeln vermag ich Janusz damit zu entlocken; tröstlich.

»Überrannt von preußischen, russischen und österreichi-schen Truppen ...

der Preuße, aus dem Park von Sanssouci an den ange-stammten Platz zurückversetzt, seit einigen Jahren wie-der in Berlin Unter den Linden, während schräg nebenan vor Schinkels Neuer Wache, als ob ein anderer Preuße, bevor er sich, des Drills satt, in einer Senke am Wannsee aus dem Staube Brandenburgs gebracht, über die Führung von Marionetten in den *Berliner Abendblättern* nicht das Nötige geschrieben hätte, immer noch und immer wieder perfekt eingedrillt die Stechschritt-Performance abrasselt, auf hohem Sockel in Standbildmanier seinen Gaul zügelnd; vor sich, zu Lebzeiten an nichts so sehr interessiert wie an der beispiellosen Vermehrung von ›Roß und Reisigen‹, als Schutzschild Militär; hinten, unter den Arsch des grünspanigen Rappen geschart, die Intellektuellen: Scheiß auf die Intelligenz, kann das wohl nur heißen – aus den Polen unerfindlichen Gründen feiert die Geschichtsschreibung ausgerechnet diesen Fritz, der weder mit dem Gut noch mit dem Blut seiner Untertanen sonderlich sparsam umgegangen ist, haben Majestät doch geruht, mit Tschindarassabumm pp. Krieg um Krieg anzuzetteln, als *Friedrich der Große* – aber blutige Kriege wie teure Bauten galten damals, heutige absolutistische Machtinhaber, hier wie dort, bräuchten nur offener zu ihren Vorbildern zu stehen, als erlaubte, wahrhaft königliche *Passionen* –,

der Preuße, wie gesagt, ursprünglich mit anderen Vorstellungen anrückend, hat der vorbildlich verbildete Zwingherr, der als erstes das Tabakskollegium samt der preußischen Roheit seines Vaters abgeschafft, um es durch ein Schnupftabakskollegium von Schöngeistern zu ersetzen, doch geschrieben, er halte es *nicht* für angebracht, diese Provinzen mit Waffengewalt zu gewinnen: da beim Tod des jeweiligen Königs Polen jedesmal durch Parteikämpfe zerrissen werde, müsse man sich das zunutze machen und ›um den Preis seiner Neutralität bald eine Stadt, bald ein anderes Gebiet erwerben, bis man alles geschluckt hat. Erwerbungen mit der Feder‹, hat der sich mit kultiviertem Flair zierende Flötist gemeint, der sich, welch ein Vorzug, seine Arien und hingestelzten Märsche, die er zu pfeifen beliebte, selber setzte, ›Erwerbungen mit der Feder‹ – er hatte die Dinge dabei gar nicht so falsch eingeschätzt – ›sind solchen mit dem Schwert allemal vorzuziehen: man setzt sich weniger Zufällen aus und schädigt weder seine Börse noch seine Armee‹ – und hätte er sich an seine schönen Vorsätze gehalten, die Verehrung Goethes wäre ihm länger sicher gewesen, denn die erkaltete, wie jener sich ausgedrückt hat, weil der König, wahrlich ein höchst kultivierter Mann, immerhin hat er Voltaire Asyl geboten, ›seine Armee ganz *unnütz* aufopferte‹ . . .

Wie dem auch sein mag und Preuße hin oder her: Ohne Kriegserklärung von den Truppen der *Drei Deutschen* auf Polens Nachbarthronen überrannt worden, um danach am Tische von den gefräßigen, sich schnell handelseinigen Herrschaften aufgeschnitten und verspeist zu werden wie ein Dreikönigskuchen, ihren Großmachtsgelüsten geopfert gleich einem Turm auf dem Schachbrett, der in den Augen der Spieler keine Funktion mehr hat – was im Rückblick betrachtet bei jenen, die auf den weißen Vogel und die zwei Farben schwörend sich unter dem Adler mit goldenen Krallen scharten, wobei zumindest zu fragen wäre, ob jener zunehmend zerzauste Vogel, der in einer Art Dauermauser seitdem fortwährend Federn läßt oder lassen muß, auch wenn er, schließlich noch um die Krone amputiert, im Bewußtsein seiner Verehrer weiterhin und nach wie vor majestätisch gekrönt seine mächtigen Flügel spreizt, heute noch einen goldenen Schnabel verdient, mit der polnischen Mentalität verquickt, aus jeder Niederlage Kraft für neue Hö-

henflüge zu schöpfen, trotzdem zu jener recht fatalen
Überlegenheitshaltung geführt hat, an der viele Polen bis
heute kranken. Gottseidank, bleibt einem da zum Trost,
sind sie kein allzu großes Volk, stellt Polen keine gar so
potente Nation dar. Angenehm klein direkt, verglichen
mit unseren lieben Nachbarn, gemessen zumal an deren
Einbildung, wenn man sich zum östlichen, dem Riesen,
mit dem's sichtlich abwärts geht, die beiden im Wider-
streit liegenden westlichen, so zusammengerauft, wie es
der Mob – die Dompteure, arg mitgenommen, aus Roll-
stühlen von Tribünen aus die jahrelang geknechtete ge-
knetete Masse dirigierend, brauchen dem nur ein klein
wenig mehr Leine zu lassen – dort mancherorts markig
herbeiröhrt, wiederum als einen denkt: diese beiden
heute so unglücklich getrennten ungleich mächtigen
Zwillinge im renovationsbedürftigen Doppelhaus, welche jenes treffliche Morden, das letzten Endes in einem
heillosen Desaster endete, blamabel ist's, und zur unse-
ligen Teilung der zuvor von Bismarck bis Hitler etliche
Jahrzehnte lang unzertrennlichen Provinzen führte, selber vom Zaun gerissen hatten, dazu hatte es, wie man
weiß – wenn nicht, wird es einem immer wieder beige-
bracht –, einzig dieses einen importierten Übermenschen
und einiger ihm dumpf ergebener Handlanger bedurft,
mit denen heute eigenartigerweise niemand verwandt
sein will; aber warum auch, warum sollte es beim Natio-
nal-Sozialismus anders sein als beim real existierenden,
der wie jener das Gemeinschaftswerk einer Führungsriege, ihrer schrecklich gründlichen Zudiener und nicht
zuletzt eben der unendlich vielen strammen Gehorsamen
ist, zu denen danach naturgemäß niemand je gehört hat,
selbst wenn alle von ihnen erzogen worden sind ...«

»Wie sich die Stimmung im Westen in kürzester Zeit

entwickelt hat, weiß man; wenn ich den Kommentar auch nicht verstehe, darf ich mir hier ja die Fernsehbilder dazu Tag für Tag ansehen. Den Ton künftiger Melodien hat man aus Dokumentarfilmen im Ohr: Deutschland ... einig Vaterland! ...«

»Von wegen«, klemmt Janusz die Hymne im Ansatz ab, »spinnefeind werden die sich bald wieder sein; wie eh und je; wie zu Zeiten der Fürsten, Markgrafen und Herzöge. –

Aber nicht nur der Mob: auch manch einflußreicherer Tölpel, der, die Gnade der späten Geburt für sich reklamierend, dahersalbadert, was das Zeugs hält, ihr mächtigster mit bester Aussicht, als Null in die Geschichte einzugehen, in schwarzrotgoldnem Wahn liebenswürdigerweise vergessend, daß bis eben an einem umfassenderen, viel farbigeren Haus gebaut oder zu bauen vorgegeben wurde – einem Haus mit vielen Zimmern, hoffentlich, und nicht einer öden Markthalle von Irland bis Sizilien –, kann, wenn man verfolgt, was im Vorfeld des in Polen anstehenden Kanzlerbesuchs so alles zusammengetrumpft wird, bei der unpassendsten Gelegenheit nicht unterlassen, nachzuplappern, daß zusammengehören müsse, was zusammengehörte. – Es erstaunt mich nicht, daß Mazowieckis Gesicht im Hinblick auf jene bevorstehende Visite täglich tiefere Furchen zeichnen. Der Kanzler, für nicht wenige in diesen Tagen aus einem Lachobjekt zum Haßobjekt mutiert, läßt sich ja mit geradezu traumwandlerischer Sicherheit keine Gelegenheit entgehen, dankbar in alle denkbaren Näpfchen zu trampeln: Herrliche Aussichten. –

Nebenbei, was Polen betrifft, um Birne Birne sein zu lassen: spätestens seit eine illustre Jury in Berlin Kieślowskis *Kurzer Film über das Töten* mit dem Europäischen Filmpreis beehrte, darf sich Polen, Außenstehenden wird schwerlich vorstellbar sein, wie dankbar wir dafür sind, offiziell wieder zu Europa zählen.

Zum richtigen, von Rom hergeleiteten; neben dem, als nicht so unwesentlicher Teil, selbst wenn über dessen Grenze oder Grenzen seit jeher gestritten wird, das von Byzanz geprägte durchaus noch existierte. Davon hat sich der Westen allerdings früh abgekapselt; damals bereits, als die europäische Malerei der Renaissance, die, mit Giotto als Übergang, auf die italienische Gotik folgte, auf Cimabue und den großartigen Duccio – ihm gelang laut Herbert vielleicht als letztem ›die Synthese zweier wichtiger und einander entgegenstehender Kulturen, einerseits des byzantinischen Neohellenismus mit all seiner Hieratik und seinem Antinaturalismus, anderseits der westeuropäischen, genauer der französischen Gotik mit ihrer Exaltation, ihrem Naturalismus und ihrer Neigung zur Dramatik‹ –, die Verbindung mit den weiten Gebieten der verstorbenen Kulturen Europas und Asiens an Nil, Euphrat und Tigris zerriß: ›Das Monstrum des Naturalismus‹ befreiend, wurde sie, wie Zbigniew Herbert es als *Barbar in einem Garten* ausdrückt, ›ein schwungvolles, aber lokales Abenteuer‹ ...

Was will ich aber einem, den es ständig nach Süden, nach Siena zieht, wie Sie mir in der Galerie unter einem gotischen Triumphkreuz gestanden haben, lang über Duccio erzählen, über dessen Comic auf der Rückseite seiner *Maestà,* über den anschließend in der Kunst vollzogenen Bruch mit Byzanz und den Niedergang der europäischen Malerei. Die Gotik in unseren Breiten, vor allem die aus Schlesien – auch, was durch die Jahrhunderte so alles folgte –, dürften Sie noch vor Augen haben; die expressive Pietà etwa, an der Sie sich vorher nicht sattsehen konnten –

Ziehen wir uns auf weniger gesichertes Terrain zurück, auf Polen: In der ganzen europäischen Geschichte finden Sie kaum eine Parallele zu den polnischen Wirrnissen, zu diesem von Machtblöcken eingekeilten malträtierten Landstrich; selbst Frankreich ist in der Niederlage von Waterloo und nach dem Wiener Kongreß nicht auf solche Weise verraten worden. Überrannt von den lieben Nachbarn, unter dem Schock der Aufteilung des Landes, die im Restgebiet einigende Reformbereitschaft geweckt hat, das Gefühl eines verbissenen patriotischen Zusammenhalts – vielleicht tatsächlich ein typisch polnisches Phänomen, dieses eigentümliche Gesetz: Je heftiger man auf die Rübe kriegt, desto aufrechter und geeinter versucht man dazustehen –, konnte sich Polen nach jahrelanger mühsamer Diskussion im Sejm als erstes Land im damaligen Europa in besagtem Jahr, am 3. Mai 1791, endlich dazu durchringen, sich eine Verfassung zu geben ...«

»Nach und nach hat man selbst in abgelegeneren, verwinkelten Orten wie unseren eidgenössischen, vor allem in deren Untertanengebieten, etwas von einer Französischen Revolution vernommen –«

»... die zu jener Zeit nach der amerikanischen, welche einen Völkermord nicht verhindern konnte – bis heute wird einem vorgeführt, daß nur ein toter Indianer als guter Indianer gilt –, bestimmt fortschrittlichste: Eine Verfassung, welche, wie das Geschichtsbuch trocken konstatiert, Montesquieus Lehre von der Gewaltenteilung berücksichtigend und Rousseauschen Ideen von der Volkssouveränität huldigend das Wahlkönigtum, die Hauptquelle der Korruption, aufhob und das Land, mit weiteren Adelsprivilegien aufräumend, in eine konstitutionelle Demokratie hätte überführen können ...«

»Durchaus wert«, meine ich, »danach eine Straße zu benennen.«

»Eine schöne Konstitution. Ja. Wenn es nicht bereits im Jahr darauf einigen Fürsten im Lande gefallen hätte, sich unter dem frenetischen Applaus der feinen Petersburger in einem *Hilfeersuchen,* weder dem ersten noch dem letzten, für *ihre* polnische Freiheit einzusetzen und mit der Zarin eine Konföderation einzugehen: Die vielgerühmte, unselige Katharina II., jene strebsame, gebildete Göre aus dem Hause Anhalt-Zerbst, die sich anderswo, solang es sie nicht tangierte, gerne liberal gab und selber schriftstellernd andauernd in verzwickteste Lustbarkeiten verstrickt den geistigen Führern der französischen Aufklärung scharwenzelte ...«

»Erstaunt es, daß sie wiederum als *Große* gefeiert wird?«

»... ließ zur *Pazifizierung,* weil sie die ›französische Pest‹ an der Weichsel nicht tatenlos hinnehmen wollte, von ihrem Obergünstling Potemkin beraten, prompt russische Truppen ins Land einmarschieren, einmal mehr – gegen die dann, im Stich gelassen von den Preußen, welche zu jenem Teil, den sie sich bereits einverleibt hatten, ihren weiteren zu holen gedachten, der glühendste Freiheitswille im mutigsten Aufstand nichts mehr auszurichten vermochte.

General Kościuszkos Appell, sein vor Überzeugung dröhnender Aufruf – was machte der Pole ohne Pathos; dennoch: wer hat die Sentenz nicht heimlich auswendig gelernt? –: ›Die Zeit ist gekommen, das Maß des Unglücks und der Leiden ist voll‹ – hat Kościuszko 1794 gerufen –, ›die Zeit des endgültigen Schicksals Polens, die

Epoche, in der ein einziges Ziel, eine unbezweifelbare und keinem Streit unterliegende Absicht die Herzen und Geister vereinen muß und keinen Polen außerhalb der allgemeinen Verbindung lassen darf, es sei denn die bekannten Verräter, die ihrer eigenen Denkweise unsicheren Staatsbürger. Der derzeitige Aufstand der Nation will Polen die Freiheit, die Unversehrtheit und Unabhängigkeit zurückgeben; er überläßt es einer weniger belasteten Zeit und dem Willen der Nation, zu entscheiden, unter welcher Regierung sie dann leben will ...‹ – ein aktueller Satz, wenn man bedenkt, was sich gegenwärtig, seit den Gesprächen am Runden Tisch anfangs Februar und den ersten halbwegs freien Wahlen im Herbst, in Polen so alles tut.

Aber wenn kein Geringerer als Pepi die Angelegenheit mit gerecktem Degen absegnete, unser Prinz Pepi, der begehrte Dandy, welcher einst als Oberbefehlshaber polnischer Kolonnen Warschauer wie Pariser Salons in Aufruhr versetzte, denn auch unter dem kleinen Korsen soll er sich, ehe er in der Elster baden ging, nicht übel geschlagen haben, und dafür heute – wofür denn sonst? – als stolzer Römer von herkulischer Gestalt ...«

»Wie ist es um den Lorbeerkranz bestellt?«

»... im Ehrenhof des Palais Koniecpolski bequem im Sattel auf hohem Sockel seinen Rappen zügelnd Wache schieben darf, vor dem jetzigen Sitz des Ministerrats, wo die Vertreter der Opposition die Regierungsriege zum Knobeln an den Runden Tisch gezwungen, an dem schon einmal ein *Pakt über Freundschaft, Zusammenarbeit und gegenseitigen Beistand* geschlossen worden war, der Warschauer Pakt eben; ja, wenn Pepi, seine Linke auf den Sattelknauf gestützt, in der Rechten den Degen, mit dem er auf ein Ziel vor sich zeigt – wenn nicht in die Zukunft,

so weist er auf das imposante, meist geschlossene Eisen-
gitter zur Straße hin, auf die dem Gitter entlang Flanierenden, und zählt hinter diesen den über die *Krakowskie
Przedmieście* brausenden Verkehr; oder er will, während
sich eine Taube auf seinen gestutzten Locken niederläßt,
aufgebracht am Tor rüttelnde Eindringlinge beschwich-
tigen, Geduld zu üben und nicht überstürzt den Palast zu
stürmen –, jedenfalls: wenn Pepi die Sache abgesegnet
hatte, mußte bei den Unterredungen ja etwas heraus-
schauen.

Kościuszkos Appell wiederum vermochte seinerzeit
zwar ein Großteil seiner Landsleute im Reststaat zu den
Waffen zu rufen; gegen die Übermacht der Russen unter
dem Kommando von Suworow, jenem Haudegen, dem
die Bekanntschaft mit verschneiten Bergregionen, wie
einem in Gipfel vernarrten Schweizer, der sich, wenn er
darauf angesprochen wird, als Bündner kapriziert, bekannt sein dürfte, allerdings weniger gut bekommen
sollte, vermochte ein verwegenes, jedoch zu schwaches
Heer nach Anfangserfolgen auf Dauer nichts auszurichten; trotz der Unterstützung durch Sensen schwingende
Bauern aus dem masowischen Hinterland nicht, die einen
Erfolg ebensowenig herbeizufechten vermochten wie die
der eigentlichen Kavallerie als Flankenschutz beigeord-
neten Ulanenkohorten, Kavalleristen von Geist und Ge-
blüt, reaktionär bis auf die Knochen, ihrem sarmatischen
Wahn verfallen, von den Barbarenstämmen abzustam-
men, die sich, einst den Hellenen trotzend und siegreich
gegen das Römerreich kämpfend, als unübertrefflich
leuchtendes Beispiel mit geradezu zentaurischen Taten
der – wie Witkacy sie nennt – rossigen Offiziersjugend
voran sagenhaft tapfer in die Schlacht stürzten, von den
Generälen Chłopicki, Chłapowski, Skrzynecki und Graf

Pac befehligt – doch halt: das waren die Säbelrassler eines späteren Aufstandes, jenes von 1830/31 ...

Fest steht – um das Kapitel 3. Mai endlich abzuschließen: Nach fast tausend Jahren Geschichte hatten die Polen 1795, nach der dritten Teilung, die für lange Zeit letzte Schlacht in ihrem eigenen Land gefochten – und verloren.

Aus für die *Rzeczpospolita szlachecka*.

Polnische Legionen unter Dąbrowski, des Kriegens nicht müde, ließen sich danach in Italien, mit glühendem, heute jedem Polen geläufigem Schlachtruf für Napoleon ins Messer rennend, die Schädel spalten. Nach Lunéville jedoch, sobald der Kaiser seinen Sieg gefeiert und der Friede ausbrach, wollte er sie wiederum los haben, und wenn's nur ums Dreinschlagen ging, mochten sie ihm seinetwegen – warum eigentlich nicht, los hatte man sie – einen Negeraufstand zu St. Domingo ersticken ... Von einer Verlobung ist mir nichts bekannt. Vielleicht finden Sie Näheres zu dieser Episode bei Döblin«, erläutert Janusz:

»Kościuszko durfte bis zum Abgang der Zarin ein paar Jahre Rußland von der wenig bekömmlichen Seite kennenlernen, ehe er sich im Exil, in der Schweiz, für viele Polen schon darum die Inkarnation der Freiheit, als Nationalheld sterben legen konnte; als ein Gescheiterter mehr in langer Galerie. –

Was, da reisen Sie mühsam durch halb Europa und verpassen zu Hause Sensationen, will sagen: Sie kommen hierher und waren nicht mal, direkt vor Ihrer Haustür, im Polenmuseum zu Rapperswil?« zerfeixt Janusz seine Geschichtslektion, tief Luft holend, ehe er fortfährt:

»Der König durfte oder mußte 1795, nach der dritten

und, wie es aussehen mochte, endgültigen Teilung, ab-
danken.

Mit ihm Polen als Staat.

Oder wie es Zbigniew Herbert in einem Gedicht zu-
sammenfaßt, auch wenn der Titel an den 17. September
1939 erinnert, als der polnische Staat nach dem Einmarsch der Hitlers Wüten behilflichen Roten Armee ein
weiteres Mal zu existieren aufgehört hatte:

Tornister voll Niederlagen blutrote Felder der Ehre
und das stärkende Wissen: wir sind – sind allein.« –

Die Krähen (die eigentlich Graudohlen seien, wie ich von
einer Hobbyornithologin, einer Sekretärin der Botschaft, die sich mit dem Studium von Vögeln vielleicht
allfälliges Heimweh vertreibt, später erfahre), die Krähen, dem Haus der Partei gegenüber immer noch an der
Arbeit, auf dem Mittelstreifen wie vor allem jenseits der
Jerozolimskie-Allee in der falben Grünanlage zwischen
zweifelhafter Gaststätte und trostlos trotziger Pietà für
die Partisanen der Volksarmee – *Denkmal für die Opfer*
von Gastronomia, wie die Gedenkstätte vom Volksmaul
geheißen werde, weil die schwarz angelaufene Siegesgöt-
tin, einen schändlich gemordeten Jüngling im Arm, mit
pathetisch hochgerecktem Palmwedel dem Lokal vis à
vis, dessen Leuchtschrift ihr nachts so unverschämt
durch den kleinen Park entgegen blinke, den Kampf
ansage –, haben sich durch Januszs vertrackten Ge-
schichtsexkurs nicht stören lassen. So leicht sind sie nicht
aus ihrer Ruhe zu bringen. An Abfall mangelt es nicht;
unbeeindruckt wird also weitergestochert – und weg-
gehackt, wer einem dabei zu nahe tritt.

»Aber«, und während die Schatten langsam wachsen
und sich darüber ein Himmel spannt, daß man meint,

man schaue in ein im Abendlichtglast leicht gekräuseltes Meer, hebt Janusz nach einer Verschnaufpause gar zu singen an – wobei er sich bewußt zu sein scheint, daß mit seinem Gesang nicht groß Staat zu machen ist: *»Jeszcze Polska nie zginęła póki my żyjemy!«* –

»Ja, noch ist Polen nicht verloren, solang wir leben!« röhrt, nein, vielmehr krächzt er in einem wahren Krakowiak der Grimassenschneiderei im Wettstreit mit den Vögeln, die er mit seinem Gelärme nun doch aufzuschrecken vermag: Zuviel ist zuviel, scheinen sie zurückzuwettern, wenn sie entnervt hochfahren, als erste jene zwei, welche krakeelend, ihren Unmut herauswürgend, dann wieder keck schnäbelnd auf dem Dachträger eines quer über den Mittelstreifen geparkten Fiat Polski geturnt haben und bei ihrem aufgeregten Start vor Ärger zu unguter Letzt dessen Heckscheibe verscheißen; danach, als hätten die ersten beiden Zeichen gegeben, heben sich auch die andern aus der Anlage, werfen sich aus den Bäumen hoch, Laubschauer auslösend, schwärmen kreischend durcheinander, treiben als Wolke wild flatternder schwarzgrauer Fetzen weichselwärts davon.

»Polen als Nation – bereits die Hymne zu Ehren Dąbrowskis wird es so gemeint haben: Als Nation, ›die in ihrem von Millionen Bajonetten umfriedeten, mit den Siegeln dreier großer Reiche dreifach versiegelten Grab unbeirrbar fortfuhr zu atmen, zu sprechen, zu hoffen – und zu leiden‹, wie einer unserer bedeutendsten Autoren in einer Erzählung sagen läßt«, ergänzt Janusz in Betrachtung des Schwarms, der, sich langsam beruhigend, vorn über den Brückenköpfen kreist, an dessen einem mir Janusz auf dem Herweg ein Schablonen-Graffito gezeigt hat, die vom Foto bekannte Silhouette der nackten Monroe, den Maurern hinterher auf den kaum trockenen Putz gesprayt, wie mir schien.

»Bekannt der Trick, andern die Worte ins Maul zu legen – und beliebt, wenn man sich vor dem Pathos im eignen Mund scheut.«

»Die Worte eines gewissen Józef Teodor Konrad Korzeniowski übrigens; als Verfasser von *Almayers Wahn* und *Herz der Finsternis* weit über Polen hinaus nicht unbekannt. In vieler Augen ein Schuft, ein abtrünniger Verräter, und das nur, weil er sich, 1857, oder wie sich sein Vater, ein Radikaldemokrat, auszudrücken pflegte: ›im 85. Jahr der moskowitischen Unterdrückung‹ in diesem Grab geboren, die Freiheit genommen hatte, Polen, ohne zeitlebens allerdings ganz von ihm loszukommen, in jungen Jahren den Rücken zu kehren und erst einmal zur See zu fahren.«

Ähnlich wie Joseph Conrad – daß mein geliebter Engländer eigentlich Pole gewesen war, ist mir bislang entgangen; aber was ist denn schon Polen? etwas für Schwärmer im 19. Jahrhundert – ähnlich wie Conrad sollte es, überlege ich, auch jenem anderen Aufmüpfigen mit dem ganz und gar unpolnischen Nachnamen ergehen, der das Land mit zwanzig verließ, des 31er Aufstandes wegen vermutlich verlassen mußte, es niemals mehr sehen durfte und, obwohl ein gefeierter Pianist, in Paris in mondänen Salons dahinkränkelnd, schließlich an Heimweh, nein, am *Żal*, der, wie Janusz meint, wenig heilvollen Verbindung von Schmerz, Trauer, heimlichem Groll und Aufsässigkeit, um nicht zu sagen polnischer Verbissenheit, wie an einer tief in ihm fressenden Wunde eingegangen sein dürfte.

Falls es noch eines Arguments gegen den vermeintlichen Salonkonformisten bedarf, so genügt ein altes:

Man bräuchte sich nur in den Schlußsatz der Sonate op. 35 zu vertiefen. Ein Wahnsinnshauch, für den bereits Schumann den Begriff Musik ablehnt – eine »Sphinx mit spöttischem Lächeln« sei es, hat er gemeint.

»Oder man kann sich die beiden Préludes in es- und b-Moll ansehen: von den Schwärmern, welche sich an jeder halbbatzigen *Götterdämmerung* ergötzen und der sich in höchsten Tönen überschlagenden *Königin der Nacht* huldigen, als fade Virtuosenstücke verschrien, gewähren diese rasend dahinhuschenden Musikfetzchen wenig tröstlichen Einblick in eine leidenschaftdurchtobte Seele, die zu Empfindungen und Regungen fähig war, welche eine zu schwache Physis nicht mehr lange zu tragen gewillt sein sollte. – Ich mag dessen Musik«, betont Janusz. »Erwarten Sie von einem Polen eine andere Antwort? – Wie die von Liszt übrigens, der von den Virtuosen-Scheltern ebenfalls scheel angesehen wird ...«

»Am Ende, weil sie sich in ihrer Sehnsucht nach klassischer Absicherung, das Ohr in zirkligen Schrittchen zwischen dem ewigen Vivaldi – nichts gegen Vivaldi – und dem, wie Gould meinte, arg überschätzten Mozart spazierführend um den späten Beethoven bereits Bogen schlagend nicht an Liszts eigentliche Werke, an die h-Moll-Sonate etwa, jene Fusion von Überlegung und Weißglut, in der das schier Unmögliche, das Übereinanderkopieren der Sonatensatzform mit den Sätzen einer Sonate, versucht wird, herangetrauen, geschweige denn an das Spätwerk, jene fahlen Stücke, die nicht mehr überreden, kaum noch überzeugen möchten – ›darf man so was überhaupt schreiben, darf man es anhören?‹, soll sich einer von des Meisters Schülern angesichts der Partituren ohne Trost entsetzt haben.«

»Ja, ich mag Chopin, auch wenn ich nicht Pole genug

bin, um für ihn den Rest der Musik herzugeben. Und, erstaunlich eigentlich, ich mag dessen Musik, obwohl sich hier in Warszawa jährlich aus aller Welt herbeigereiste Junggenies, einander gegenseitig betäubend, in einem abgekarteten nervösen Tasten-Wettstreit in hohlem Gebahren nach dem Motto *Lauter, schneller, besser* mit ihr zu überdonnern versuchen. Natürlich gibt es dabei Ausnahmen – Halten wir uns an die! wie Vater sagt. Ein Glück, daß nicht André Gide vorgetragen werden muß – ich weiß nicht, wer dann die Chance hätte durchzukommen.« –

Was hätte ich nicht hergegeben, wäre es mir vergönnt gewesen, einmal bei diesem Wettbewerb selber im Publikum sitzen zu dürfen – und nun wird mir auch dieser Traum vermiest. –

»In jener Kirche, sie ist während des Warschauer Aufstandes Schauplatz erbitterter Kämpfe gewesen, vor der, wie Ihnen auf Spaziergängen vielleicht schon aufgefallen ist, ein unter der Last des Kreuzes schimpfender Christus, dem bei jedem Wetter ein paar auf den Stufen zum Kircheingang bettelnde Alte stumm applaudieren, von der Freitreppe herab den in der Wirtschaft gegenüber – *Alt Polen* nennt sie sich – Ein- und Ausgehenden mit hoch erhobenem Zeigefinger wild gestikulierend die Leviten liest, könnten wir auf dem Weg zurück in die Innenstadt Fryderyks Herz kurz einen Besuch abstatten.

Dabei ist gleich auch Sikorski die Ehre zu erweisen, dem 1943 aus nie restlos geklärten Umständen bei einem Flugzeugabsturz auf dem Affenfelsen in Gibraltar zerschellten Chef der spleenigen polnischen Exilregierung in London, von dem ich Ihnen vorhin erzählt habe. Auch wenn die polnischen Bilanzen bald gelesen sind und ich dazu keine *Financial Times* brauche, spreizen sich heute manche, vor allem in ihrem Wirtschafts-Geschnorr, derart, daß man oftmals den Eindruck hat, Polens Regierung sitze noch oder schon wieder in England; an der Downing Street. Und neben Sikorski kann einer ganzen Reihe weiterer Größen aus Militär und Dichtung aufgewartet werden; von Stanisław Władisław Reymont bis Bolesław Prus. –

Von Conrad Ferdinand Meyer bis Gottfried Keller also, falls jene beiden in der gleichen Kirche liegen«, meint Janusz zu mir, als ich seine Klassiker nicht gleich einzuordnen weiß. »Oder lieber von Keller bis Gotthelf?« –

Im Gegensatz zu diesen sind mir jene polnischen, in westlichen Landen kaum dem Namen nach bekannten Größen nicht als Schulpflichtlektüre vergällt worden; anders wiederum als Janusz, für den es bei den von ihm zuletzt erwähnten nicht zutrifft, so daß wir uns eigentlich gegenseitig vorlesen müßten, um durch die Lektüre des andern das von einem selber Verpaßte wahrzunehmen. Vielleicht ergäbe der herbstlich gestimmte *Łazienki-Park* die gerade richtige Kulisse, versunkene, in Sprache geronnene Welt heraufzubeschwören, mit der Musik zusammen das Realere der einen anödenden Gegenwart. –

»Ehe ich mit Ihnen am Wochenende nach Żoliborz hinausfahre, um Ihnen die *Kościól św. Stanisława Kostki* zu zeigen, wo Jerzy Popiełuszko als Vikar gewirkt hat – im Frühjahr 82 etwa, während des Kriegsrechts, als er eines Sonntags Ende Mai jene zur damaligen Zeit passende Marien-Litanei betete: ›Mutter derer, die auf Solidarność ihre Hoffnung setzen, bitte für uns; Mutter der Betrogenen, Mutter der Verratenen, Mutter der in der Nacht Gefangenen, der Verhörten, der unschuldig Verurteilten, Mutter derer, die gezwungen werden zu unterschreiben, Mutter der erschossenen Bergarbeiter, der Werftarbeiter, bitte für uns; Mutter der standhaften Schauspieler, der gedemütigten malträtierten Schriftsteller und Wissenschaftler, bitte für uns; Königin des leidenden, des kämpfenden, des unabhängigen Polens, bitte für uns ...‹ –, jene Kirche, die nach Popiełuszkos Ermordung – fünf Jahre sind es her –, da der mehr Solidarność als Karol verbundene junge Priester zum Leidwesen der Macht, welcher er noch in seiner letzten Predigt in Erinnerung gerufen: ›Nie wurde auf so grausame Art und Weise unser Rücken mit der Peitsche der Lüge und der Verlogenheit geschlagen‹, dort begraben liegt, im Garten, als hätte wieder einer das Interesse, ihn möglichst sicher zu verwahren, unter einem flachliegenden tonnenschweren Steinkreuz versenkt, über dem seit kurzem, als ob Jerzys Folter nicht bestialisch genug gewesen wäre, wie ein gehäutetes Kaninchen mit Ketten hoch oben in die Astgabelung eines Baums gebunden, die Figur eines Geschundenen hängt, zur Kultstätte des neuesten, noch inoffiziellen polnischen Heiligen avanciert ist, oder, falls Sie lieber wollen: zur Pilgerstätte des inzwischen, was die staatliche Machtkomponente betrifft, wieder ein Stück weit obsolet gewordenen Widerstands – innerhalb eines Staates mit totalem Anspruch hat die katholische Kirche, obgleich nicht als das Freieste vom Freien bekannt, eigentlich immer schon, insbesondere während der letzten zehn Jahre, und in Polen deutlicher als in anderen mittelosteuropäischen oder ostmitteleuropäischen Gegenden, so der tschechische Theoretiker Karel Ross, ›die Funktion einer alternativen Organisation‹ gehabt –,

   bevor wir nach Żoliborz fahren, eignet sich ein Besuch der *Heilig-Kreuz-Kirche* sehr gut als Einführung in die

Problematik der drei polnischen K: in das Netz von Verbindungen, die Kultur und Kirche im Laufe der Geschichte in und mit der Politik knüpften, heikle Verstrickungen letztlich, gegenüber denen die Lehre des dritten, und Polen ist nicht Preußen – kommt hinzu, daß der polnische Kommunismus selbst in der finstersten Zeit nicht so fürchterlich gründlich gewesen ist wie dessen vielleicht schrecklichste Ausprägung, die preußische –, trotz allem Terror eigentlich nie eine reelle Chance gehabt hat. Optimistisch ausgedrückt ...«

Sehr. –

Daß Polen nicht Preußen ist, ist mir bereits beim Flug nach Warszawa aufgefallen: Über die Kulturen Mostindiens weg, hat man nach dem Bodensee Felder in maßvoller Größe gehalten, von Hecken gesäubert, sauber abgegrenzt und gradlinig parzelliert unter sich, eine Landschaft mit den vertrauten mitteleuropäischen Zügen, die Weiten Bayerns; nach deutlich sichtbarer, brutal in die Zeichnung eingegrabener Linie ändert sich das Bild plötzlich: nun dehnen sich endlose umgebrochene Flächen, deren verwischte Randlinien einen völlig anderen Eigentumsbegriff erkennen lassen, allzu deutlich auch die unsorgfältige Bebauung, die Kolchosensteppen des real existierenden Sozialismus also; wieder eine halbe Stunde später, nach Überfliegen der letzten geschundenen Waldgebiete ändert sich das Bild ein zweites Mal: neuerlich sorgfältig abgegrenzte, sauber unterhaltene Parzellen, nur um vieles kleiner als in den meisten Gegenden Mitteleuropas. Aus den Bordlautsprechern erfährt man, daß man sich über Polen befindet.

THORNER NOTTURNO Der Name Popiełu-szko evoziert mir mein Toruńer Intermezzo, ein verschattetes Divertimento eher, ein Notturno gewisser-maßen:

Vom Bahnhof aus, abgeholt worden zusammen mit Professor K., der sich, damit der ausländische Gast etwas sehe, im Fiat Polski trotz seiner langen Beine höflich zum Gepäck auf den Hintersitz verdrückte, die Fahrt in Richtung Stadt, nordwestwärts, erst einmal ein Stück weit südlich der Wisła entlang, bis nach einem Auwäldchen im Abendlicht jenseits des Stroms die Merian-Kulisse auftaucht, dann, als führe man im Zug drüber, ging es ratternd über eine bei solchem Lärm nicht enden wollende Eisenbrücke und anschließend, statt wie vermutet nach rechts auf die Altstadt zu, links ab auf einen Parkplatz, zu einem leicht abseits, etwas versteckt hinter Bäumen gelegenen Kasten. Im Mittelalter sind die Siechen extra muros abgesondert worden, überlegte ich, während ich zwischen den havarierten Pappeln hindurch die Leuchtschrift über dem Dach zu entziffern versuchte, die mit schwarzem K und zwei flackernden O blaß mit dem Farbenspiel des Abendhimmels konkurrierend durchs Laub blinkt: *Hotel Kosmos* – »Ja, die Welt trifft sich hier; immerhin, und das verpflichtet, stammt der große Kopernikus aus Toruń«, so Professor K., mir väterlich auf die Schulter klopfend, als ob er meine Enttäuschung, in diesem Kasten hier statt in einem Hotel drinnen in der Altstadt untergebracht zu werden, gespürt hätte.

Nachdem beschlossen worden war, daß ich, um nicht unnötig weiter Zeit zu verlieren – wie sich zeigte, waren wir sehr verspätet angekommen: Madame, die uns zusammen mit ihren Assistenten und einigen Studenten zum Nachtessen erwarte, könne ungehalten werden, wenn es zu lange dauere, war höflich zu verstehen gegeben worden –, einzig meinen Koffer an der Réception abstellen sollte, denn da mir dieses Haus, das erste am Platze, wie man wohl sagen würde, nun einmal zugewiesen worden sei, könne ich mich gut später, bei der Rückkehr, einschreiben, ging es hierauf, eben noch hell, war es inzwischen überraschend dunkel geworden, in die Altstadt hinein, wo es nach kurzer Fahrt, auf der wir, wie mir schien, durch winklige Gassen auch noch im Kreis gefahren waren, eine leicht abzukürzende Strecke also, die wir nach den vier Stunden im überfüllten Zug und dem Gerüttel zum Hotel, die Dämmerung genießend, besser zu Fuß gegangen wären, auf einem menschenleeren, kaum erhellten Platz – nachdem die Scheinwerfer beim Wenden des Wagens morsche bröcklige Fassaden abgestrichen, hatte man in einer Toreinfahrt jemanden mit einer Taschenlampe fuchteln sehen – bereits wieder aussteigen hieß ...

Endlich! Da wären wir! Sie hätten sich ernsthaft Sorgen gemacht. Des beschwerlichen Wegs wegen – wie man sehe, sei wieder einmal die Außenbeleuchtung defekt, und das seit Tagen – lasse sich ihre Mutter entschuldigen, daß sie uns nicht hier draußen empfangen könne, begrüßt uns eine Dame in tiefrotem Abendkleid: die Gestalt mit der Taschenlampe, welche, weil sie den Wagen trotz der Dunkelheit erkannt haben mußte (aber da es an Benzin mangelt, kurvt ohnehin niemand freiwillig durch die Gegend), kaum daß der Fahrer abbremste, gestikulierend quer über den Platz angestöckelt gekommen war, mit ausgebreiteten Armen auf Professor K. zu, den man hier kennt, denn bereits am Bahnhof, am Perronausgang, waren wir nicht wie sonst, wenn ich auf meiner Reise allein irgendwo ankomme und erwartet werde, von jemandem empfangen worden, der als Erkennungszeichen, damit der Ankommende weiß, auf welche Person er im Gewühle zuzugehen hat, einem Votivbild gleich ein Portrait-Foto vor der Brust hält, auf dem ich mich sogleich zu erkennen meine, obwohl der Abgebildete seinem Aussehen nach, selbst wenn die Frisur ihn älter erscheinen läßt, mindestens zehn Jahre jünger als ich sein muß – weiß der Teufel, wo der her stammt, hatte ich beim ersten Mal, in Kraków, noch ärgerlich gemutmaßt. Doch was soll die Eitelkeit: Als Langhaariger mit Patriarchenbart scheint man nun einmal angeboten worden zu sein – und so, wie mich die Dame, während sie vom Professor begrüßt wird, über die Schulter weg mustert, scheint auch sie einen anderen erwartet zu haben.

Weil mir vor ein paar Tagen einer kläglich mißglückt ist, werde ich mich hier, obzwar mein Begleiter und ich uns von der Haartracht her unwesentlich unterscheiden, besser hüten, es Professor K., der die Frau Dozentin mit Handkuß begrüßt, gleichtun zu wollen, überlege ich, während sich der Fahrer, ein Assistent der Uni, die Situation nützend flüchtig verabschiedet: Man werde sich ja morgen nachmittag im Seminar sehen, empfiehlt er sich; zu meiner Lesung im Presse-Club werde er leider nicht kommen können – ganz nah an mich herantretend mir ins Ohr flüsternd, als ob es eine Schande wäre und mich irgendwie tangieren könnte, auch wenn ich die Bemerkungen nicht einzuordnen verstehe, gesteht er es mir –, weil seine Frau, man müsse halt schauen, wie man durchkomme, abends, mir werde nach der anstrengenden Reise aber vermutlich kaum nach Tanzen zumute sein, Dienst habe, was ihn zum Babysitting verknurre; ich möchte ihn doch bitte entschuldigen.

Quer über den Platz und hinter dem Torbogen aufgerissenen Gräben entlang der mit ihrer Taschenlampe in der einen, das Handtäschchen in der andern Hand balancierend über improvisierte Bretterstege vorauswiegenden Dame hinterher geht es durch dunkle Gänge; nach einigen Richtungswechseln fällt aus einer Nische ein Lichtkegel in einen engen Hinterhof. Wir werden einzutreten gebeten, begrüßt hinter der Tür erst einmal von einem mehr keuchenden als knurrenden oder gar kläffenden Wesen:

Da wären wir, endlich! Keine Angst die Herren! Der Liebe sei völlig harmlos, er sehe kaum was, höre und rieche nichts, reagiere eigentlich nur noch auf Erschütterungen, beschwichtigt eine kleine rundliche flinke Alte, die sich, hinter einem dunklen Vorhang vortretend, des keuchenden röchelnden wurstförmigen Wesens annimmt und es – dem verfetteten Köter, denn als solcher entpuppt es sich, zärtlich zuredend – am Halsband uns voraus durch den zur Seite geschlagenen Vorhang ins Wohnzimmer schleift.

»To moja matka«, stellt die im roten Kleid verlegen vor, mehr flüsternd als laut und mehr an den Professor als an mich gewandt.

Erhellt von einer einzigen, tief über der Tafel hängenden Lichtquelle, einer schwachen Birne in einem Alabasterschirm mit farbigem, grüngelbem Glasperlenkettchen-Volant, versperrt ein überbordend gedeckter Tisch den Raum; der Blick aufs Gedeck – für vier ist getischt und zu viert sind wir – erspart die Frage nach Assistentinnen oder Studenten.

»Schmeckt's dem jungen Herrn nicht? – Jak się pan nazywa? – So essen Sie, essen Sie doch, warum nehmen Sie denn nichts, Sie haben längst nicht alles gekostet«, zischt mich die Alte an, links neben mir, an der Schmalseite des Tisches Professor K. gegenübersitzend, und stupst mich, zwischendurch bei ihrer Tochter Auskünfte einholend, spitz lachend in die Seite, kaum daß ich den Teller halbwegs leer gekriegt habe. –

Fehlte nur noch, denke ich, kapitulierend auf meinem Platz harrend – in mißlicher Lage auf einer sehr niederen, mit falbem, von Hundehaaren verfilztem Fohlenfell überzogenen Couch, unter die sich das grau-weiß gefleckte Hundeviech nach einigen gescheiterten Versuchen, mich beiseite zu quetschen oder sich neben mich zu setzen, mich mit seiner feuchten Schnauze beehrend, mir anfangs, sobald ich mich auf der Polsterung abstützend etwas gegen seine Zudringlichkeit sperre, überschwenglich die Hand leckend, dann, der Aussichtslosigkeit seines Unterfangens bewußt, sichtlich beleidigt, daß für einmal ein anderer seinen Platz besetzt hält, scharrend und stöhnend gezwängt hat, aus dem Schmollwinkel knurrend, sobald ich unter dem Tisch im Laufe des Abends meine brav nebeneinandergestellten Füße zu versetzen suche und dies nicht mit äußerster Vorsicht tue –, fehlte jetzt nur noch, denke ich hinter dem riesigen Tisch, daß die Alte ihrem Nötigungsgemecker beifügt: Sonst wird aus dir nichts ...

Selbst so werde ich an meine die Zwänge der Chronometrie ignorierende, von zahllosen stehengebliebenen oder laufend die Unzeit anzeigenden Uhren umgeben, tagsüber in ihrem von verstaubten Gummibäumen einge-

wucherten Wohnzimmer in einem speckigen Ohrsessel
lehnende, mit ihrem Basset neben sich in einer Zaine
konferierende Churer Schlummermutter aus der Mit-
telschulzeit erinnert, die mich angefaucht hatte, wenn
ich mit dem in der Pfanne angekohlten Kotelett auf
meinem Teller einen Tanz aufführte und, im Stuhl immer kleiner werdend, an ihm herumschnipselnd, es
dennoch nicht runter bekam. –

Hier sind es nicht die zu einem Glas Tee als erstes
gereichten sägemehltrockenen bleichen Würstchen, die
mir den Appetit verschlagen, nicht einmal die eigenwil-
ligen, streng und fremd gewürzten Salatmischungen –
»Das muß wohl russischer sein«, eine Bemerkung, die
hier so fehl am Platze sein dürfte, wie in Griechenland
türkischen Kaffee zu bestellen, vermag ich beim nicht
ganz freiwilligen Nachschöpfen zurückzuhalten. Nein,
es ist einfach der undefinierbare Geruch, der im Raum
hängt: Hund und Wohnungsmief, gemischt mit den
vielfältigen Gerüchen von Geselchtem, Eingelegtem
und Eingewecktem in nie gekosteten Kombinationen,
durcheinandergemischt in Gläsern, Schüsselchen und
Schälchen in solcher Fülle vor einem aufgetürmt, daß
ein halbes Seminar für Tage zu zehren hätte – wie lang
also, und etwas zumindest weiß man inzwischen über
Alltagsschwierigkeiten und damit verbundene Einkaufsgewohnheiten, erst die zwei Frauen allein. Am
auffälligsten im überbordenden Stilleben: Himbeeren
in Essig.

Das, und nicht die in den Devisenhotels, wäre jetzt
also die polnische Küche – aber dieser Segen reger
Sammlertätigkeit in Feld und Wald, vielmehr die Vielfalt der von der Alten daraus zubereiteten Köstlichkei-
ten, muß den nicht allzu tief in mir schlummernden

Bauern geweckt haben: Der frißt nicht, was er nicht kennt – es sei denn, er wird dazu genötigt; muß.

Danach, nein zwischendurch bereits, Schnaps. Likör.

»Vergessen Sie Wyborowa und das Zeugs; das hier ist Eigenbrand!«

Alle schauen sie mich an, wie ich als einziger – Professor K. gelingt es mit Erfolg, die Leber vorzuschieben: das Alter und seine Stellung fordern halt Respekt, resigniere ich nach einem neidischen Blick über den Tisch – ein Glas eingeschenkt erhalte, und nachdem die Alte, als Schankmeisterin die dunkle, nicht etikettierte Flasche mit der braunschwarzen menstruationsbluttrüben Flüssigkeit gleich wieder zustöpselnd, gehöhnt hat: »Ha, Sie trauen sich wohl nicht! Was, junger Mann? Heißt das bei Ihnen vielleicht Anstand? – Skąd pan jest? – Ah! Es ist ja müßig, bei einem Schweizer Manieren zu erhoffen; seit den glücklichen Tagen in Ostpreußen müßte man das eigentlich wissen«, warten alle in einmütiger Stille, daß ich's austrinke.

In einem Zuge am besten, dann hat man die Tortur hinter sich.

Einfürallemal? –

»Köstlich; wenn auch etwas ungewohnt«, röchle ich mit überlaufenden Augen, und versuche vergebens, etliche Male leer nachzuschlucken.

»Und ungemein stark. Was aber ...«

»Ja, glauben Sie, daß ich Ihnen all meine Geheimnisse preisgebe, nachdem Ihnen so gut wie nichts schmeckt«, kichert die Alte mit ihrem unwiderstehlichen Akzent auf meine Frage nach dem Getränk, wobei ihr der Schalk aus dem Gesicht blitzt, und spätestens jetzt bin ich ganz für sie eingenommen. –

Zwischendurch, wenn die Alte sich allzu handgreiflich

mit mir unterhält, redet die im roten Kleid, die mir gegenüber sitzt und sich die ganze Zeit eigentlich einzig um den Herrn Professor kümmert, polnisch auf ihre Mutter ein, in einem Ton, daß Gott erbarm, und nach derartigen Zurechtweisungsversuchen, falls die Tochter es schafft, ehe die Mutter ihr in einem Schlagabtausch zuvorkommt, entschuldigt sie sich, mir nicht alle Wortwechsel übersetzen zu können. Es erübrigt sich; Blicke und Gestik, mit der die Jüngere die Alte am Reden zu hindern versucht, genügen; Worte vermöchten mir die larmoyant giftigen Dialoge dieser Symbiose zwischen Mutter und Tochter nicht verständlicher zu deuten ...

Dank Professor K.s vorgeschobenen Gebresten, unterstützt durch seine bald vorgetäuschte Müdigkeit, wird das Nachtmahl vielleicht ein Ende finden, bevor sich mir alles dreht, hoffe ich, als mir die Alte, die nach meiner halbwegs bestandenen Prüfung, wenn sie mir nachschenkt, längst auch sich selber eingießt, erneut zuprostet; und nach wenigen weiteren Gläschen – das geschliffene und geätzte Kristall wie das silberne Besteck übrigens vom Feinsten – müßte es unweigerlich soweit sein. Dabei wäre der Raum berauschend genug: Ein Schacht ist's eher, von seltsamen Ausmaßen; recht eng eigentlich; vielleicht knapp anderthalbmal so lang wie breit, ist er dafür mindestens viermal so hoch. Hinter mir über der Couch an der Wand Bilder, von der niederen Lehne an in mehreren Reihen übereinander – man muß beim Sitzen, wenn man sich zurücklehnt, achtgeben, sie nicht zu verschieben: Öldrucke, Stiche, gerahmte vergilbende Fotografien, während sich an den restlichen drei Seiten Stilepoche über Stilepoche übervolle Bücherregale emporwuchsen; gründerzeitlich, schwarz und massiv die untersten, darüber leichtere Regale in hellerem Holz, die fünfziger Jahre sozusagen, und zuoberst die vertrautesten, neuzeitlich nordischer Ramsch, hoch bis zur Decke, die sich im Dunkel zu verlieren scheint. Rechts, gegenüber der regalumbauten Türöffnung, knapp hinter dem Eßtisch und dem Regal vorgelagert, ein zierliches Schreibtischchen, der Jugendstil wiederum unter Buchtürmen ächzend; darüber, hoch in der Wand, ist im Gestell ein Viereck ausgespart, wo sich hinter schwerem Vorhang vermutlich ein Fensterchen verbirgt.

Der Schwindel könnte einen hier unten erfassen, schon beim Hochschauen, überlege ich auf der Couch, knapp einen Hund breit über dem Teppich, hinter erneut aufgefülltem Teller, den Kopf ins Genick geworfen, so, als wollte ich die Waffen strecken, oder besser: bereits endgültig getroffen, in Gedanken die Alte in ihren Wänden klettern sehend; und die Frage drängt sich mir auf: „Wie, Pami . . .« – ihren Namen kriege ich natürlich wieder nicht hin; ein Trost, daß sie sich meinen ebensowenig merken kann –, »wie, gnädige Frau, schaffen Sie es, zur obersten Buchreihe zu gelangen, beispielsweise zu jenem Folianten, dort hinter Ihnen, im Regal hoch über dem Türvorhang?«

»So wie früher, auch in der Schweiz, Berge erobert worden sind. – Noch nie von Leitern gehört?«

Einmal mehr: Eins null für sie. –

Draußen ist es immer noch lau. Kein Lüftchen weht; Totenstille lastet über der Stadt, zerfetzt einzig von unseren Schritten, welche Schüssen gleich durch sich im Finstern verlierende Gassen hallen. Und einige Zeit draußen, gewöhnt man sich an die Dunkelheit, fasziniert von der sich nach und nach vor einem entfaltenden nächtlichen Architektur, die kein Neon verhunzt. In diesen

schmalen, hoch oben einen Streifen Sternhimmel heraus-
stanzenden Häuserschluchten, in welchen jeder der
Schritte eigentlich als unzumutbarer Lärm empfunden
werden müßte, mich bald einmal als zufälligen Protagonisten inmitten der Kulissen zu einem Murnau-Film
glaubend, oder Dr. Caligari hinterher, allein, denn K.,
der einst, wie er mir erzählt, hier unterrichtete, so lange
eben, bis es ihm das Regime des Generals, den selbst das
Dunkel blendet und der dazu verdammt scheint, seine
Tage mit einem geschluckten Besen fristen zu müssen,
untersagt hatte, ohne daß er allerdings – zu seinem
Leidwesen, wie böse Zungen höhnen; man frage besser
nicht, wo und wie jene die Nacht und die kommenden
Tage, um es auf ihre Pöstchen zu schaffen, zugebracht –,
in der Nacht nach Ausrufung des Kriegsrechts verhaftet
worden wäre, und der, wenn er jetzt für ein paar Stunden
pro Monat wieder an die hiesige Uni zurückkehrt, immer
noch privat untergebracht ist, hatte sich nach kurzer
Wegstrecke beim *Ratusz* am Altstädter Markt, an der
Rathausecke, neben einem eigentümlich verkleideten,
mit einem verwegenen, chinesischen Bambuskonstruk-
tionen nachempfundenen Gewirr von Holzstangen und
Strebstäben abenteuerlich eingerüsteten hohen Haus, mit
ein paar launigen Bemerkungen zum gelungenen Abend
unvermittelt von mir verabschiedet – »ein Student mag
Ihnen morgen Mittelalter und Neuzeit vorführen, ich bin
jetzt zu müde dazu«, beantwortete er meine Neugierde
zu Füßen jenes Gelehrten, des großen Toruńers, der, wie
eine Inschrift in makellosem Latein rühmt, »die Erde in
Bewegung und die Sonne zum Stillstand brachte« und
nun auf hohem Sockel, die Rechte im Redegestus erhoben, in der Linken das Modell seiner Heliozentrik, für
uns Wache schiebt –, weiß ich nach wenigen Ecken nicht

mehr, wo ich nun, wie mir eben erst vorgesagt, abzubiegen habe, um auf dem kürzesten Weg aus der Stadt hinaus und durch den Park zu meinem Hotel zu gelangen; ja, obwohl ich glaubte, mir den von Professor K. beschriebenen Weg leicht merken zu können, verlaufe ich mich, streune umher, einige Zeit wohl im Kreis, Backstein-Gotik entlang, an eigentümlichen Speichern vorbei, mich plötzlich auf den Mauern ausgedehnter, in einen Park eingebetteter Ruinen findend – um die allgemeine romantische Neigung fürs Mittelalter weiß man, auch von zu Hause her, wo einen in der lieblichen Stadt am See als Troubadoure Verkleidete in jedem besseren Lokal mit ihrem Gesang beim Essen stören, denke ich unter einem Dansker, vor mir die Reste eines achteckigen Burgfrieds und um einen Kreuzgang angeordnetes Erdgeschoßgemäuer –, und wenn ich mich zu guter Letzt, als der Strom in einer Zeile zwischen den Gebäuden hindurch zu erahnen ist, vor einem schiefen Haus stehend wiederum halbwegs zurechtfinde, so groß und verwirrlich scheint die Stadt doch nicht zu sein, und da die Altstadt nördlich der Wisła liegen muß, falls man sich auf der Fahrt vom Bahnhof nicht falsch orientierte, brauche ich jetzt nur nach rechts zu halten, dem Fluß folgend, um zu meinem Kasten zu gelangen, plötzlich die Vorstellung: Wie, wenn's jetzt schneien würde ...

Nachdem ich an der Réception, ohne mich eintragen zu müssen, mit dem Koffer zusammen einen Schlüssel überreicht erhalten hatte – *Paszport, proszę!* die Begrüßung klang recht international –, haut es mich, als ich oben im dritten Stock, der Lift nicht zu benutzen, ins Zimmer treten will, erst einmal zurück. Ein zweiter Anlauf, mit angehaltenem Atem ans geschlossene Fenster hechtend und es aufreißend, endet nicht erquicklicher: Fast hätte ich mich beim Hinauslehnen am Radiator, der glüht, so daß ich an ihn stoßend ins Zimmer zurückfahre, verbrannt.

So vielleicht nun doch nicht, überleg ich nach erster Inspektion. Für einen Mediziner mag es unter Umständen von Nutzen sein, den Stuhl zu untersuchen, mich interessiert der meines Vorgängers nicht; ihn, da der Zug an der Spülstrippe außer einem trockenen Klacken nichts freisetzt, mit dem Zahnglas aus dem Klo schwemmen zu wollen, dürfte ein sinnloses Unterfangen werden; ein Glück also, atmet man auf, daß sich anstelle eines Papierkorbs unter dem gesprungenen Lavabo ein angerosteter Blechkübel findet und der wackelnde Wasserhahn, nachdem man diesen, um ihn nicht gleich abzubrechen, vorsichtig aufgedreht hat, nicht einfach nur hohl gorpst.

Wieder zurück an der Réception, in der Absicht, mich so höflich es geht nach einem anderen Zimmer zu erkundigen, scheine ich es beim Nachtportier, wie angestrengt ich meine rudimentären Sprachkenntnisse bemühe, als ich ihn über die Theke hinüber antippe, damit er dahinter überhaupt gähnend und unwirsch aus seinem Fotoroman aufschaut, zu dessen Lektüre ihm der Schneefall eines Fernsehers Licht spendet, plötzlich mit einem Taubstummen zu tun zu haben, dem mit unentschiedenen Handbewegungen unterstrichenen Schulterzucken und seinem vielsagenden Gesichtsausdruck nach zu schließen.

Es handelt sich also um kein Mißverständnis: was anderes als diese Einsicht bleibt einem da. Ich hatte tatsächlich ein Zimmer zugewiesen bekommen: Das Bett ist frisch bezogen; die Spülung funktioniert, man muß nur darauf kommen, wie. Und daß das Resopal-Furnier vom an der Wand und im Boden festgeschraubten Nußbaumtisch Louis toujours splittert, Zigarettenbrandlöcher im Kunstlederbezug des Sessels für Lüftung sorgen: fürs Schlafen ist das ja nicht von Bedeutung.

Oder wie der Narr aus der Kinderzeit auf meinem Dorf weise behauptet hat: In Nacht sind alli schwarza Katz ...

Diese Nacht verspricht angenehm zu werden; trotz offenem Fenster und geschlossener Badezimmertür: Als führte die Straße mitten durch den Kopf, über die nahe Eisenbrücke nicht abreißend das Rattern des Schwerverkehrs von und nach Bydgoszcz und Gdańsk, in Wellen zwischendurch überlagert vom Lärm aus der Disco des Hotels in einem Schuppen abseits im Park.

Während ich am offenen Fenster Kühlung suche, kommt ein französisches Paar an; reichlich spät und, wie mir scheint, leicht nervös; der Wagen mit Grenobler Nummer.

Wenn die heute von dorther kommen sollten, was zwar kaum möglich sein kann, erstaunt es nicht, daß sie ihr Fahrziel nicht ganz erreichten.

Ihr Französisch, wenn sie, aufgeregt den Wagen, das Nachfolgemodell der DS, umtänzelnd, dem Fahrer, während der aus seinem Citroën Koffer um Koffer lädt, Anweisungen erteilt, mit selbst mir hörbarem Akzent, deutlich östlich eingefärbt.

Im Kies schließlich Kofferberge; und kein Träger.

Wenig später, nach längerem Hin- und Hergestöckel über den Flur, der Streit im Nebenzimmer, der, nachdem die Schläge zu Beginn in rhythmische Stöße wechseln, in keuchender Versöhnung ausgeht.

Plötzlich – wieviel Zeit mag verstrichen sein? – ein

Schrei, gellend, der Schrei einer Frauenstimme, eindeutig, in nie gehörtem Diskant, durchdringend, grell und spitz – was mag ich geträumt haben? –, der mich, wie von einer Keule getroffen, aus dem Schlaf reißt, schweißgebadet, ohne anfangs, in die falsche Richtung nach dem Lichtschalter tastend, zu wissen, wo ich mich befinde, im Bett hoch wirft, mit fliegendem Puls, den Atem angehalten.

Immer noch zirkuliert das Heizwasser pfeifend durch die Röhren, glüht der schlecht entlüftete Radiator, der sich nicht schließen läßt – selbst schlaftrunken ist man beim Hinauslehnen aber vorsichtiger geworden.

Draußen Stille; abgesehen vom obligaten Grundrauschen, dem man besser keine Beachtung schenkt.

Ich könnte mir ja die Ohren verstopfen – hätt' ich meine Ohrpfropfen nicht in Warszawa liegengelassen.

Nach einiger Zeit – man muß trotz allem wiederum eingenickt gewesen sein; aber war da nicht doch etwas? – meint man Stimmen zu hören, erst wie durch einen Schleier, dann deutlich. Kommandorufe. Knirschender Kies. Über die Zimmerdecke huschen Lichtwische, die kaum von der Brücke stammen können: Blaulicht. Wie seinerzeit, als man, in bewegter Zeit aus dem Verkehr gezogen und festgesetzt, an deren Lichtwische über die Zellenwände die im Hof ankommenden Gefangenentransporte ausmachen konnte.

Der Park, gegen den Schuppen hin gleißend hell ausgeleuchtet, ist von einer Wagenburg umstellt: Wannen mit Blaulicht. Miliz sucht die Büsche ab, während andere, gelangweilt, vor dem Hotel eine Gruppe Burschen in Schach zu halten scheinen; auf der Treppe, erkennbar am Hotelsignet auf den Jacketts, Personal, tuschelnd.

Anderntags weiß niemand etwas vom nächtlichen Spuk; weder an der Réception, wo man sich mir gegenüber, so taub kann der Nachtportier also nicht gewesen sein, des Zimmers wegen entschuldigt – obwohl das Hotel so gut wie leer ist, scheint es allerdings kein anderes zu geben –, noch in der kleinen *Pewex*-Filiale, wo ich mir aus nicht erfindlichen Gründen eine Cola besorge, während andere für Wodka anstehen; einer, seinem braven Aussehen nach vielleicht Student, wird als letzter in abgewetzten, verbrauchten Plastiktüten eine ganze Batterie Flaschen aus dem Haus tragen.

Die Frühstückskellnerin, Deutsch radebrechend, wäre vielleicht genau richtig. Während sie verschlafen weiter das Geschirr einer eben weggegangenen Gruppe von Japanern abräumt, weiß aber auch sie selbstverständlich von nichts: Auch sie hat letzte Nacht weder etwas gesehen noch gehört; schade. – Die Tatsache, daß ich zu den paar Schnitten schwammigen Brotes eine zweite Tasse Kaffee nachbestellen möchte, nicht wissend, daß diese, falls es sie gibt, zusätzlich zu bezahlen ist, scheint sie weit mehr zu irritieren. Ihr Fehler dabei: sie hat es noch nicht gelernt, wie in bekannteren Spesenritterburgen mit Aussicht aufs Trinkeld devot zu fragen, auf welches Datum die Rechnung ausgestellt werden soll und auf welchen Betrag es denn sein dürfe. Die Rabaukenbande, die gestern abend in der Halle geflegelt und jetzt um neun, an den Fenstern sitzend den Vorplatz im Auge, bereits laut beim Bier lümmelt – Importbier natürlich, *made in Germany Original-Brauereiabzug*; im Glauben wohl, dies wär der Schlüssel zum Erfolg – und der sie, beim Vorbeigehen etwas verlegen mir zulächelnd, während die Blicke der Burschen sie ausziehen, eine weitere Runde Büchsen bringt, ehe ich meinen nachbestellten

Kaffee erhalte, wird es ihr bestimmt beizubringen verstehen.

Ich übergehe diese Gruppe träger, kräftiger Kerle bei meinen Erkundungen; ihrer Anzüglichkeit – die Gesten in meine Richtung sind eindeutig, ebenso, wie aus einem Rohr brechend, das schallende Lachen hernach – weicht man, der Sprache nicht mächtig, besser aus.

Ich werde aus dem Frühstücksraum an die Réception gerufen. Dort stellt sich mir ein auffallend gut gekleideter Bursche, der dabei nervös mit den Fingern schnippend auf die Uhr schaut, pünktlich, wie ihn seine Dozentin herbeordert hat – am Vorabend, zu Hause in der Stube ihrer resoluten Mutter, hatte sie mir nachdrücklich eingeschärft, im Hotel auf ihn zu warten –, als mein heutiger Cicerone vor:

Was ich sehen möchte. –

Da er eigentlich annehmen kann, daß ich zuerst nicht ungern erfahren möchte, was es zu sehen gibt, besser, was er mir als Toruńer zeigen wolle – wie dankbar man dafür ist, kann schwer ausgedrückt werden –, klingt seine Frage vielleicht etwas eigentümlich, überlege ich, den Schmächtigen musternd.

Er sei nicht von hier, er komme aus Bydgoszcz, studiere erst seit einem guten Jahr hier.

Kopernikus? – Der wäre hier geboren, ja.

Dessen Haus? – Es gebe in Toruń ein Kopernikus-Haus.

Er hebt, wie mich dünkt, etwas verärgert, die Augenbrauen, blickt zu Boden. Und noch bei dem Wenigen, das er herausläßt, verhaspelt er sich, ehe er wieder in jenen Zustand verfällt, der sich weder durch den Sinn fürs Zuhören noch fürs Erwidern auszeichnet.

Der Gang durch die Stadt verspricht wortkarg zu werden; auch so wird es Mittag, und wenn ihn sonst nichts zu interessieren scheint – es ist auch Zumutung und Qual zugleich, dazu verknurrt worden zu sein, weggerissen von der eben erst Angetrauten einem von weißwoher Zugelaufenen eine Stadt zeigen zu müssen, die einen nichts angeht, außer daß sie zufällig der Ort des Studienplatzes ist –, in Lokalen, immerhin, scheint mein Begleiter sich auszukennen: Die Auswahl ist, wie sie ist: nicht groß. Aber gegen einen hervorragend zubereiteten Indyk an Äpfeln und Preiseln, serviert mit köstlichen Bratkartoffeln und Rotkohl, haben schließlich beide nichts: ich kann mich dabei vom gestrigen Abend erholen, und er entkommt durch meine Einladung für einmal der stern- und kochhutlosen Mensaküche. Für helvetische Verhältnisse wird die Rechnung wieder beschämend ausfallen. Darum, wenn das Essen auf dem Tisch steht, gleich zwei weitere Biere – aus der Büchse; schreckliche Berliner Kindl. Polnisches, wie gesagt, gebe es zur Zeit nicht, dolmetscht mein Begleiter, sich wie die Bedienung entschuldigend. Damit, es kann noch so gut schmecken, läßt sich nichts verdienen; sowenig wie an bulgarischem Wein. Auf den *Côtes du Rhône*, den mir mein Begleiter in Übereinstimmung mit der Kellnerin als Alternative dazu anzupreisen versuchte, konnte ich verzichten. Seit ich ihn in Warszawa gekostet – in Relation zu allem übrigen auf der Karte ist er wie das ausländische Bier sündhaft teuer –, weiß ich, wie er schmeckt: so hervorragend wie das, was einem in Berlin, wenn man sich partout das Essen verderben will, unter der Bezeichnung *Blanc de blancs* mancherorts immer noch als köstlicher französischer Weißwein ausgeschenkt wird.

Abends die Lesung, im *Klub,* der von einer Frau geleitet wird – in Ermangelung tauglicherer Vergleiche, möchte man sie als Süditalienerin umschreiben, als das Double von Anna Magnani zu deren besten Zeiten, gewürzt mit einem Schuß Silvana Mangano – man denkt dabei an *Riso amaro* –; als Russin, um ein weiteres Klischee zu bemühen, oder vielleicht eben schlicht als Polin, von der Art, die es damals schon den Franzosen auf Durchmarsch angetan haben soll. Leider spricht sie nur Polnisch. Aber wie: einem Wasserfall gleich – auf einen Sprachidioten wie mich wirkt's irritierend und ansteckend zugleich – sprudelt ihre Rede über mich. Bin ich irgendwo zu einer Lesung herzlicher begrüßt und empfangen worden? Ich wüßte nicht.

In einer mit mimischen Künsten vorgetragenen, durch ausholende Gestik unterstrichenen Suada, überreicht sie mir als erstes einen riesigen Lebkuchen, eine Toruńer Spezialität, gewissermaßen ein Orden.

Obwohl ihr meine Antworten keine Mühe zu bereiten scheinen – oder kommt es ihr auf diese gar nicht so sehr an? – und ich auch sie zu verstehen meine, denn ihre Begeisterung kann gar nicht nicht verstanden werden, ist es dennoch ein Skandal, daß ich ihr nur über den Dolmetscher antworten kann, dem soviel Charme, wie die Frau ihn ausstrahlt, zuwider sein muß, der sich jedenfalls angesichts von so viel sprühender, überbordender Lebensfreude, verlegen an seinen Fingern nestelnd, sichtlich unwohl fühlt – vielleicht ist er schlicht schüchtern; oder ist es ihr Parfum, das ihm die Sprache verschlägt und den Atem abzuklemmen scheint? –; kurz, der überfordert vor dem Temperament der uns hochhackig umschwirrenden Dame im knapp geschnittenen Schwarzen kapituliert, daß er einem leid tun könnte.

Leid, und zwar immer mehr im Laufe des langen Abends, tut mir eigentlich nur jener Herr, welchen die Leiterin des Clubs, als er den Raum betreten hat, sichtlich überrascht, wie mich dünkte, eine ganze Gruppe in ihrem Büro beim Kaffee sitzen zu sehen – die gute Frau Dozentin, kaum daß diese völlig außer Atem angekommen und sich für ihre Verspätung entschuldigte, war sogleich aus dem Vortragssaal, der gerade bestuhlt wurde, an den von einigen herzlich gackernden Mädchen zur Seite gerückten Zeitungsständern vorbei über eine enge Wendeltreppe ins Parterre hinunter komplimentiert worden, uns aus der dortigen *Kawiarnia* welchen zu besorgen –, als den Direktor des Historischen Museums vorstellte, das zu besuchen ich am Vormittag, da es im wunderbaren Toruń ja dermaßen viel zu sehen gebe, mit Sicherheit verpaßt hätte, was aber nichts mache: morgen sei schließlich auch noch ein Tag, da habe sie Zeit, es mir zu zeigen, oder auch übermorgen, ich würde ihnen doch bestimmt die Ehre erweisen und das Vergnügen gönnen, sie wüßte es jedenfalls ausgesprochen zu schätzen, mich eine ganze Woche lang in der Stadt haben zu dürfen, bestens aufgehoben hoffentlich, wird sie mir, falls meine Deutung ihres mächtigen Wortschwalls zutrifft, neben vielen anderen kaum so ernst zu nehmenden Anzüglichkeiten in ihrer Causerie vermutlich mitgeteilt haben.

Den Armen, ihren Mann – soviel konnte mir mein Dolmetscher zuflüstern –, der mir bei der Vorstellung freundlich zugenickt hat, schleppte sie danach in die Lesung mit. Im berstend vollen Saal (was mochte die Leute hergelockt haben? doch nicht die eine kleine, zum Plakat vergrößert da und dort in den Straßen ausgehängte Mitteilung in der *Gazeta Toruńska*, welche für diesen vom *Katedra Filologii Germanskiej* organisierten *Wie-*

czór autorski im Zyklus *Literatura na Swiecie* (Literatur der Welt) einen Schweizer Autor ankündigt?) hatte er die ganze Zeit über in der ersten Reihe neben ihr zu sitzen; ohne ihre Begeisterung ganz teilen zu können, wie mich dünkte, so unbewegt, wie er sich die Sache anhörte, besser: über sich ergehen zu lassen schien; gelangweilt. Als ich ihn nach der Lesung und der nicht kürzeren Diskussion, in welcher ich, obwohl für einmal viele Ältere im Publikum saßen, auch hier leider vergeblich darauf gewartet hatte, jemanden zu finden, der mir über seine Erfahrungen als in der Schweiz Internierter hätte berichten können, in der Absicht, mich bei ihm zu entschuldigen und mich gleichzeitig für seine Geduld zu bedanken, über den Dolmetscher daraufhin ansprechen wollte, entgegnet der Direktor, noch ehe mein eifriger Begleiter sich recht anschickt, meine Worte zu übersetzen: »Gelangweilt? Nein. Ich habe ja alles verstanden, was ich verstehen wollte.«

Diese Antwort, wesentlich akzentfreier als mein eigenes Deutsch, zu meiner weiteren Überraschung, sollten an diesem Abend seine einzigen deutschen Worte bleiben, beinahe seine einzigen Worte überhaupt.

Wie alt mochte er zu Beginn des Kriegs gewesen sein? Wo wird er die Jahre der Besatzung verbracht haben?

Ohne den brennenden Wunsch, weitere Stunden mit meinem Cicerone zu verbringen, hatte ich beim Mittagessen beschlossen – voreilig, wie sich zeigte, denn kaum daß mein Entschluß gefaßt war, sollte dieser mir beim Dessert, verlegen auf dem Stuhl rutschend, eröffnen, er habe leider nur am Vormittag Zeit gehabt, mich zu begleiten –, nachmittags am Seminar von Professor K. teilzunehmen; nachdem er mir auf der Herfahrt von

Warszawa davon erzählt hatte, fühlte ich mich fast verpflichtet, seinem Vortrag über Julien Benda zu folgen, den er im germanistischen Institut zu halten hatte; bei der – wie es auf der Einladung heißt – *Jubiläumskonferenz aus Anlaß des 20jährigen Bestehens unter dem Titel Das Soziale und das Politische in der Sprache und Literatur,* die für zwei Tage den Stundenplan über den Haufen warf. –

»Wissen Sie, daß Sie hier, an der *Nikolaus-Kopernikus-Universität,* auf diesem weit außerhalb der Stadt aus dem Grünen gestampften Campus, der von seinem Charakter her, wie Sie recht beobachteten, ins Nirgendwo paßt, oder überallhin, eigentlich in der ehemaligen Universität von Vilnius sitzen?« hatte mich mein Banknachbar, ein kleiner, ungemein viver Herr, der von seinem Aussehen her der Vater von Gorbatschow hätte sein können, während der langweiligen, zur Ehre der Festgemeinde in Polnisch und Deutsch vorgetragenen Eröffnungsrede des Universitätsvorstehers gefragt, als er sah, wie ich das zweisprachige Programm studierte. Daß ich mich durch das Thema der Tagung mit zwiespältigen Gefühlen an meine Zeit an der Uni erinnert fühlte und nicht so sehr das Programm es war, was mich interessierte, verschwieg ich.

»Analog dazu«, ergänzte der Herr neben mir, »ist durch die – wenn man's so nennen will – Staatendrift aus der Lemberger Universität nach dem Krieg die von Wrocław, dem vormaligen Breslau, geworden.« –

»Warum grad Benda? Das fragen ausgerechnet Sie mich«, hatte Professor K. im Zug gekontert, erinnerte ich, während dieser, als der Vorsteher endlich das Podium geräumt, mit federnden Schritten, sich mit beiden Händen seine Mähne zurückkämmend, nach vorn eilte und, die Stufen verschmähend, auf die kleine Bühne gesprungen war.

»Ein Querdenker wie Benda, antimilitärisch, antichauvinistisch, antiautoritär, und das alles vor der Zeit, zur Unzeit also, den – um es mit Jean Améry zu sagen – die Rechte aus sicherem Instinkt haßte, ja, hassen muß, und der der Linken zu frei und dogmenfeindlich ist, dem, wenngleich er sich, Hegel, den typischen Apostel des totalitären Staates, zwar fast so verabscheuend wie einst Schopenhauer, immer und bis zum Ende als Mann der Linken verstand, das Korsett des dialektischen Materialismus so fremd war wie der romantische Nationalismus, müßte Ihnen liegen; hoffe ich. Auch wenn jene von der extremen Linken zu extremen Linkenhassern umschwenkenden Neuen Philosophen und Meisterdenker in ihren raunenden Elaboraten nicht einmal seinen Namen erwähnen. Die Sorte *clercs*, die Benda seziert, diese Hohepriester der von ihnen erstrebten Ordnung, die sich, sobald es nicht mehr zu ihrem Nutzen ist, niemals als Gefangene dessen fühlen, was sie tags zuvor als Wahrheit gepredigt haben, dürften kaum zu Ihren engsten Freunden zählen. Hören Sie sich das an«, und nachdem K. ein zerlesenes dunkelblaues Buch aus einer der vielen Taschen seines Anoraks gezogen hatte, den er während der Fahrt im stickig heißen Abteil anbehielt, begann er, drin blätternd, mir daraus vorzulesen, hielt mir, ungeachtet der stumpf vor sich hindösenden Mitfahrenden, in diesem überfüllten Kleinsthörsaal im Expreßzug der polnischen Staatsbahnen nach den wenig erbaulichen Erfahrungen beim Einsteigen in Warszawa, ausgehend von Bendas Überlegung, »daß die Idee der Ordnung an die Idee der Gewalt gebunden ist«, eine Kurzvorlesung: »Er halte es für bezeichnend, schreibt

Benda, daß die Menschen aus freien Stücken ›Statuen der Gerechtigkeit, der Freiheit, der Wissenschaft, der Kunst, der Barmherzigkeit und des Friedens errichtet haben, doch niemals eine für die Ordnung. Desgleichen empfinden sie wenig Sympathie für die *Aufrechterhaltung der Ordnung* – ein Wort, bei dem sie an Kavallerieattacken und Salven auf wehrlose Menschen denken müssen. Jedermann spürt die Tragik der Nachrichtenformel: *Die Ordnung ist wiederhergestellt.* Ordnung ist ein essentiell praktischer Wert; der Intellektuelle, der sie vergötzt, verrät damit glattweg seine Aufgabe, und der Staat, der auf Ordnung baut, zeigt eben dadurch, daß er stark, aber nicht gerecht sein will. Fügen wir an, daß ihn der Krieg so verlangt. Woraus folgt, daß die Befürworter solch eines Staates unentwegt schreien, der Staat sei bedroht ... im Wunsch, das Gespenst des Krieges stets dem Volk vor Augen zu halten, um es dadurch gefügig machen zu können. Dabei finden die Doktrinäre der Ordnung eine mächtige Stütze in der katholischen Kirche, da diese die Hoffnung der Menschen auf Glück in dieser Welt aus theologischen Gründen verdammt. Es ist allerdings interessant zu sehen, wie die Kirche diese Verdammung beträchtlich verschärft hat, seit die Demokratie angetreten ist‹ – anscheinend ein nicht so neuer Mechanismus.«

So weit vermochte ich K.s Benda-Paraphrasen zu folgen. Schwieriger wurde es bei der Überlegung, »der Zwang, unter dem sich heute die Makler der Gewalt befinden, daß sie ihren innersten Wünschen einen Maulkorb umbinden müssen«, sei »das Zeichen eines großen Sieges – eines Sieges nur verbaler Art, doch so fangen sie alle an – für die Idee der Gerechtigkeit«. Bendas optimistische These bot aber immerhin Stoff genug, daß uns die letzte Stunde Fahrt nach Toruń im Nu vorbeiratterte und wir dort um Haaresbreite auszusteigen vergessen hätten. –

Überrascht war ich an diesem Nachmittag dennoch, als K.s kurze Einführung, ein brillantes, bissiges Statement zu Julien Bendas *Verrat der Intellektuellen,* frei vorgetragen, während K. wie während der Zugfahrt einfach im Buch blätterte und ab und zu einen Zettel mit einigen Notizen aus den Seiten ziehend, ausgehend von Bendas Überlegungen, daß »unser Jahrhundert einst das Jahrhundert der intellektuellen Organisation des politischen Hasses« genannt werden könnte und daß andererseits »die Völker, die Nebukadnezar an Nasenringen die Landstraße von Chaldäa entlangzerren ließ, daß der Unglückliche, der von seinem mittelalterlichen Seigneur an den Mühlstein gebunden und seiner Frau und Kinder beraubt wurde, daß der Jüngling, den Colbert lebenslänglich an die Galeerenbank ketten ließ: daß sie alle sehr wohl der Ansicht waren, man verletze in ihnen ein ewiges – statisches – Prinzip der Gerechtigkeit, und daß sie keineswegs meinten, ihr Schicksal sei unter den gegebenen ökonomischen Bedingungen ein gerechtes«, derart locker und ungezwungen in eine Diskussion übergehend eine heftige Geschichtsdebatte entfachte, die sich bald um Katyń, die Geheime Zusatzakte zum Stalinpakt und den August '68 rankte. Sobald die Debatte sich festzufahren drohte, wurde sie im Plenum von einem älteren Historiker, dem Herrn neben mir, für den all das direkte Erfahrung und nicht verstaubte Geschichte darstellte, mit spitzen Einwürfen erneut angetrieben.

Da K. an diesem Nachmittag nicht unter Zeitdruck stand – *Die Welt Kaiser Franz Josephs I.,* auf die ich mich eigentlich gefreut hätte, fiel aus; das Referat eines Gastprofessors aus Halle, *Deutsche Sprachformen im sozialen*

Urteil, wurde mit jenem *Zu den sozialen Sprachhandlungen am Beispiel von* BITTEN zusammengelegt und zu meinem Glück auf Dienstag verschoben, so daß nach K.s Vortrag vor dem Abendessen nur noch einer unterzubringen war: *Christa Wolf über das Verhältnis von Literatur und Politik* – bei dem es dann, als der Referent, einer mit Heimvorteil, nach einschläfernd vorgetragenen einschläfernden Gemeinplätzen, ein Autor wie eine Autorin könnten keinen direkten Einfluß auf politische Entscheidungen nehmen, es könne aber sein, daß sie zu gegebener Zeit Themen aufgriffen und so behandelten, daß sie dennoch eingriffen, indirekt eine Änderung bewirkten, ausführte, daß Christa Wolf in den 60er Jahren, ehe es bei ihr um 1967 herum allmählich zu einer Umorientierung gekommen, als strenge Propagandistin des Sozialistischen Realismus ganz in Einklang mit den Thesen ihres Arbeiter- und Bauern-Staates geschrieben habe, zum Beispiel in ihrem heute neben so brisanten Texten wie *Kassandra* gern verdrängten – vielleicht nicht weniger brisanten? – Erstling, der *Moskauer Novelle,* fast zu einem kleinen Eklat gekommen wäre: Sollte da, nicht nur mir, eine Göttin, von der man eigentlich, ohne daß dies ihrem Werk Abbruch tat, gewußt hat, daß sie ZK-Mitglied gewesen ist und 1968 vom Frühling wenig gehalten haben muß, denn sonst hätte sie den Einmarsch in die ČSSR kaum verteidigen können, gestürzt werden? Das ist nun mal Risiko von Denkmälern: je höher der Sockel, desto tiefer der Fall, heftiger der Aufprall. Gemeinplätze. Oder wollte der Referent, genauso wie auch jene, die Wolf danach derart vehement, weinerlich, daß man darob Hühnerhaut kriegen konnte, in Schutz nehmen zu müssen meinten, mit ein paar kleinen lauten Tönen nicht vielmehr seine eigene Vergangenheit überdecken, jetzt, wo mit anderen Ellen, nach anderer Norm gemessen wird? –,

da K. nicht unter Zeitdruck stand, ergab sich aus der Geschichtsdebatte wiederum fast zwanglos eine Diskussion über Polens Verhältnis zur DDR und die sich in diesen Oktobertagen dort schier überschlagenden Vorfälle, mündete der Umweg über die Vergangenheit plötzlich in der unmittelbaren Gegenwart: während vielen im Ländchen die Knüppelei zur Jubelfeier noch in den Knochen sitzt, stößt einer Minderheit sauer auf, was ihr Gorbatschow am 7. Oktober, bei seiner Aufwartung zum Staatsjubiläum, ins Stammbuch geschrieben hat: »Gefahren warten nur auf jene, die nicht auf das Leben reagieren«; inzwischen ist es bald eine Woche her, seit die SED – niemand möchte schließlich zu spät kommen – Honecker in Pension geschickt hat, aber obwohl der Neue, der Kommunalwahlfälscher und Pekinger Massaker-Gratulant, als ewig lachendes Gebiß die Leute mit Gefasel von Wende vor die Glotze zu zöken und hinzuhalten versucht, sind übers Wochenende wieder Hunderttausende gegen den Stasinismus auf den Beinen, zwei- bis dreihunderttausend allein in Leipzig.

Zwei langbeinige Grazien, die mir auf dem Weg zur Konferenz bereits aufgefallen waren, wie sie forsch über den Platz huschten, in stolzer Hektik, und danach wieder auf dem Flur vor dem großen Vorlesungssaal der Universitätsbibliothek, wie von einem eigentümlichen Magnetismus gesteuert sich selbst im Gedränge immer in gebührendem Abstand zu den andern aufhaltend, die aber allein aufgrund ihrer in der Umgebung geradezu exzentrischen Kleidung: knappste Minis, grelle T-Shirts, darüber hochmodische nietenverzierte kurze Lederjacken, auffallen mußten – und wollten? –, Studentinnen aus der

BRD vielleicht, ein etwas steifes Entertainer-Zwillings-pärchen aus dem Dancing des *Kosmos,* so meine Über-legungen, die beiden könnten auch als Kindermädchen im Ausland eben erst zurückgekehrt sein, Grazien aus Dresden, wie sich herausstellte Naturwissenschaftlerin-nen, die hier in Thorn ihr Auslandsemester abzusitzen hatten und sich möglicherweise vor lauter Heimweh zu den Geisteswissenschaften hingezogen fühlten, in höchst unangenehmer Position, wie mir schien, versuchten tap-fer zu verteidigen, tapfer bis zum Heulen, wo es nichts mehr zu verteidigen, nichts mehr zu retten gab.

Welch ein Glück eigentlich, die beiden Gastgeberinnen vom Vorabend nochmals genießen zu dürfen, sagt man sich; die alte liebenswürdige Dame zwar zutiefst belei-digt, weil ich sie im Saal anfangs leider übersah und darum erst begrüßen konnte, als sie mich längst ausge-macht und zu sich gewinkt hatte. Da ich vor der Lesung, nervös wie immer, hier zunehmend, je länger ich in den Veranstaltungen gesessen, wenigstens kurz nochmals ins Hotel zurück wollte und es, wie man mir erklärte, der vorgerückten Stunde wegen zu Fuß dorthin zu weit wäre, gegenwärtig jedoch kein Bus Richtung Innenstadt fahre, ließ sich die Einladung, mit ihnen zurückzufahren, schwerlich ausschlagen: die Rückfahrt im Wagen der Frau Dozentin, in genau jenem roten Fiat Polski – am eingedellten vordern linken Kotflügel erkannte ich ihn –, mit dem Professor K. und ich am Bahnhof abgeholt worden waren, wie ich auf dem Parkplatz einigermaßen verblüfft, doch hoffentlich klug genug, es mir nicht allzu deutlich anmerken zu lassen, feststellte.

Der Assistent von gestern abend – sie habe es vorhin ganz vergessen – lasse sich entschuldigen. Er fühle sich unwohl; nichts Arges; nur eine leichte Verkühlung, die ihn im Bett behalte; von seiner schönen Frau verwöhnt; tagsüber ..., wandte sich die Jüngere nach dem Einsteigen, sich dabei über ihren Sitz zurücklehnend mir ihr Gesicht zudrehend, auf dem ein Schatten einstiger Schönheit den Gram milderte, und ihre Hand, an der ein herrlicher Jugendstilring mit großem Rubin auffiel, auf meine Knie legend, ihre Ausführungen mit großen Pausen zerdehnend an mich, von ihrer Mutter angezischt, besser endlich vorwärtszumachen, zu fahren, da es der Herr doch eilig habe.

Wenn es nicht gar so weit war, wie ich aufgrund der Herfahrt mit dem Bus vermutete, lagen auf der Strecke dennoch etliche Kreuzungen; und an jeder sollte sich die gleiche Szene wiederholen:

Tief übers Lenkrad gebeugt, mit der Nase schier an der Frontscheibe, chauffierte die Jüngere den Wagen mit heulendem hustendem Motor ruckelnd voran, das Tempo steigernd auf Verzweigungen zu, im Karacho in Kreuzungen hinein – im Fond gefangen, wußte man kaum, wo man sich bei diesen Abenteuern am besten festhielt. Ob nun aber ein gegnerischer Wagen nahte oder nicht, ob von links oder von rechts kommend, ob Reifen quietschten, ob der Fahrer hupte oder Geduld zeigte, wurde mitten auf der Kreuzung brüsk gebremst; der Motor, die sich querstellende Büchse ein letztes Mal schüttelnd, verreckte, mußte wieder angelassen werden, bei eingelegtem Gang und ohne zu kuppeln. Wenn knapp neben dem roten Blech ein Laster zum Stehen kam, knapp an den Fenstern eine Stoßstange lauerte, über mächtigem Reifen ein Kotflügel vibrierte, dauerte der Vorgang verständlicherweise länger.

Es ruckte ein paarmal, der Motor hustete, sprang

schließlich bei Vollgas an, und wieder schoß das Kistchen los, wurden die Wageninsassen in die Sitze geworfen, der Motor mit der Bremse gedrosselt, auf der Kreuzung abgewürgt, und so weiter, bis zur nächsten Verzweigung.

Trotz der Neugierde, welcher Fußsalat all das mit erstaunlicher Treffsicherheit – vielleicht spielt die Dame Orgel? – Mal für Mal schaffte, wagte man nicht, über die Sitzlehne nach vorn zu spähen.

Man saß da, froh, sich nicht im Spiegel zu sehen, und wie auf Nadeln, jeden Moment die Nerven zu verlieren und selber das Steuer zu fordern; man versuchte sich dreinzuschicken, verkeilte sich dem Magen zuliebe mit Händen und Füßen auf dem Sitz: So ähnlich stelle ich mir Weltraumtraining vor.

Die Alte keifte, wand sich, fummelte an ihren verdrehten Sicherheitsgurten, schaute voraus, seitwärts, drehte sich nach hinten, warnte vor überstandenen Gefahren, erteilte fortwährend Anweisungen, in Deutsch, in Polnisch, befahl, was zu tun war, besser: zu tun gewesen wäre. – Für die Jüngere, die in der Diskussion vorhin klug und scharf argumentierte, nun aber, von der Mutter betreut, mit hängenden Schultern über dem Steuerrad zusammengesackt, wieder die Verunsicherung par excellence darstellte, eigentlich, wenn sie sich voll drauf eingelassen hätte, das perfekte Blindlandesystem; leicht durcheinandergeraten.

»Dort drüben, hinter den Bäumen auf dem Hotelparkplatz«, berichtet mir Krzysztof, einer der Studenten, mit denen ich nach der Lesung durch die Stadt geschlendert bin (alle Lokale, die etwas taugten, wären zu der Stunde, falls sie am Abend überhaupt geöffnet hätten, längst zu, entschuldigt man sich, als ich sie zu einem Bier einladen

will; die Disco, draußen im Park beim Hotel, vorübergehend geschlossen, ab heute, *remont,* heißt's, ich hab's
erfahren, und die Hotelbar, die mag ich wiederum nicht;
was soll's: unterhalten kann man sich ebensogut draußen, ich sehe dabei außerdem etwas von der Stadt) und
der mich danach, weil er, für den Anfang wenigstens, den
gleichen Heimweg habe, ein Stück weit, bis vor die Tore
der Stadt, wo er dann der Mauer entlang nach rechts
müsse, begleitete, auf dem Weg nach und nach gesprä-
chiger werdend, nachdem er mir, solange die Gruppe
beieinander gewesen, kaum etwas sagend, zuvor kaum
aufgefallen war: »Dort drüben im Park des *Kosmos* ist
Popiełuszko, nach dem Sie sich vorhin erkundigten, übel
traktiert worden . . .«

Fast auf den Tag genau fünf Jahre ist es her. Popiełuszko
– es war an einem Freitag; im Gegensatz zum verschwen-
derisch schönen Herbstabend heute ein trüber, regneri-
scher Tag, der früh in den Dämmer sumpfte – hatte in
Bydgoszcz, keine fünfzig Kilometer weichselabwärts, in
der Pfarrei der Polnischen Märtyrerbrüder die Messe
gelesen und mit den Gläubigen anschließend, ehe er mit
seinem Chauffeur nach Warszawa zurückfuhr, den Ro-
senkranz gebetet. »Gewalt«, soll der junge Priester zum
Abschluß gesagt haben, »ist ein Zeichen von moralischer
Schwäche. Eine Idee, die Waffen braucht, um am Leben
zu bleiben, stirbt rasch ab. Beten wir dafür, daß wir frei
bleiben von Angst, von Einschüchterung, vor allem aber
von Rachegelüsten.«
    Weil der junge Pfarrer aus dem Warschauer Arbeiter-
viertel in den vergangenen Jahren, nach Verhängung des
Kriegsrechts, in seiner Kirche – ein »Hort unverbesserlicher Konterrevolutionäre« laut *Iswestija* –, zu deren

Sprengel einer der größten polnischen Industriebetriebe, das Hüttenwerk *Huta Warszawa,* gehört, eine Hilfsorganisation für die Internierten und ihre Angehörigen organisiert und zum Leidwesen des um ein gutes Einvernehmen mit der Staatsmacht bemühten Episkopats eine Dokumentation über Repressalien und Übergriffe des Wachpersonals in den Lagern zusammengestellt hatte, war er zu einer Symbolfigur für den Zusammenhalt zwischen Kirchenbasis und der verbotenen *Solidarność* geworden; insbesondere aber, weil er, ein »wütender Savonarola, der Fanatismus und Haß gegen Polen predigt«, wie ihn Regierungssprecher Urban, der sich heute mit pornographischen Romanen sein Einkommen sichert, charakterisiert hatte, nach Lockerung und Aufhebung des Kriegsrechts Monat für Monat sogenannte *Messen fürs Vaterland* las, mit wenigen Ausnahmen – im Dezember '83 zum Beispiel hatte eine ausfallen müssen, nachdem er mit der Begründung inhaftiert worden war, bei einer Hausdurchsuchung hätten verbotene Druckschriften, größere Mengen Munition und Sprengsätze sichergestellt werden können, Material, das man ihm in einem plumpen Täuschungsmanöver zuvor zu unterschieben versucht hatte. Während Glemp in der Kathedrale vor wenigen die Liturgie zelebrierte, drängten sich draußen in Żoliborz an jedem letzten Sonntag des Monats bis zu zehntausend Gläubige (darf, wer eine Kirche aufsucht, nicht so geheißen werden?) in die Kirche und vor deren Türen auf dem umliegenden Platz zu Popiełuszkos Ansprachen, in denen er sich, begleitet von bekannten Darstellern, die Texte, Gedichte und Lieder berühmter polnischer Autoren vortrugen, für die Wahrung der Menschen- und Bürgerrechte einsetzte und offen gegen staatliche Repression Stellung bezog; es war also kein Wunder und nicht erstaunlich, daß er in letzter Zeit öfter bedroht worden war, dergestalt, daß Freunde ihn, als es nach anfänglichem Psychoterror wie Drohbriefen, anonymen Anrufen, nächtlichen Überfällen und plumpen Einbrüchen zu Entführungen von Oppositionellen gekommen war, die man, selbstverständlich ohne daß es der Polizei gelungen wäre, die Täter zu stellen und zu überführen, mal erschlagen in einer dunklen Seitenstraße, mal überrollt auf einem Bahngleis fand oder mit einem Stein um den Hals tot aus einem Wassergraben fischte, schließlich ständig begleiteten. Auch an jenem Abend auf der Rückfahrt nach Warszawa.

Erste Station: Kurz nachdem sie angefahren waren, folgte ein zweiter Wagen, der, wie Zeugen sich erinnern, mit laufendem Motor neben dem Pfarrhaus gestanden hatte, überholte auf einem stark bewaldeten Abschnitt der Straße vor der Ortschaft Przyziek den Golf des Priesters und gab Zeichen zum Anhalten:
Der Fahrer habe sich einem Alkoholtest zu unterziehen, begründeten zwei aussteigende Herren, ein Uniformierter und einer in Zivil, zum VW des Priesters zurückkommend, ihr Vorgehen.
Kaum daß aber Waldemar Chrostowski im Wagen der Polizei saß, wurde er auf dem Beifahrersitz in Handschellen gelegt, gleichzeitig knebelte ihn der Uniformierte von hinten und reichte dem Fahrer des Fiat Polski seine Pistole über den Sitz nach vorn, die dieser auf Geheiß des Vorgesetzten dem Wehrlosen mit der Drohung, sich nicht zu rühren, an die Schläfe setzte.
Jetzt wurde Popiełuszko aus seinem Wagen gebeten, zu einer Identitätskontrolle ins Polizeiauto; einer der Männer stieß ihn jedoch in Richtung Kofferraum und

schlug dem Strauchelnden von hinten mit einem Holzknüppel auf den Kopf, mehrere harte Schläge.

Der Bewußtlose wurde gefesselt und im Kofferraum
verstaut; hierauf ging es weiter.

Zweite Station: Chrostowski, dem sie im Auto vor der
Anfahrt noch eine Schnur eng über den Knebel gebunden
– »Damit du uns auf deinem letzten Weg nicht
schreist« –, dem es aber trotz der Fesselung nach wenigen
Kilometern, noch in der Nähe von Przyziek, gelang, die
Wagentüre zu öffnen und sich bei voller Geschwindigkeit aus dem Fiat zu werfen, wobei sich beim Sturz – fürs
Überrollen war ihm seine Ausbildung im Militär zugute
gekommen – eine Handschelle geöffnet hatte, bat zwei
Motorradfahrer um Hilfe, die den Verletzten aber mit
der Ausflucht, ihre Maschine am Straßenrand sei defekt,
an ein etwa hundertfünfzig Meter entferntes, hell be-
leuchtetes Gebäude verwiesen, ein Wohnheim, von wo er
die Pfarrei in Żoliborz benachrichtigen und Polizei und
Sanität anfordern konnte, während seine Entführer, die
ihn nach dem Sturz tot glaubten, mit ihrem zweiten,
ihnen wichtigeren Opfer unterwegs nach Toruń waren,
wo sie, nachdem der hinten Sitzende unterwegs bereits
bemerkt hatte, daß die Klappe des Kofferraums sich
bewegte, bei der Einfahrt in die Stadt, als plötzlich auch
noch laute Geräusche am Motor zu vernehmen waren,
auf dem nächstbesten Parkplatz anhielten – vor dem
Kosmos.

Dritte Station: Der Priester, dem es in der Zwischenzeit
gelungen war, sich von Knebel und Fesseln zu befreien,
schlug den Deckel hoch, sprang aus dem Kofferraum,
schrie um sein Leben, um Hilfe, und rannte in den Park

hinein, entkam jedoch nicht: Während die andern sich am Wagen zu schaffen machten – der Schaden war leicht zu beheben, nur der Öldeckel, der zur Not mit einem Lappen zu ersetzen war, hatte sich während der Fahrt gelockert und mußte beim Runterfallen in die Ventilation geraten sein –, setzte einer der Täter dem schwer angeschlagenen Flüchtenden nach und schmetterte ihm wieder mehrmals den Holzknüppel über den Kopf, wie einem Kaninchen, so lange, bis er bewußtlos niederstürzte.

(Versuchen Sie sich ruhig einmal vorzustellen, wie Sie halb benommen rennen möchten und kaum vorankommen, wie Sie den Schlag nahen spüren, wie es beim Aufprall auf die Schädeldecke knackt, und gleich nochmals, und noch einmal, ehe es überhell wird, grellschwarz: der Vorhang fällt. – Wie Sie taumelnd in die Knie brechen, der nächste Schlag Sie wie einen aus dem Gleichgewicht geratenen Sack vornüberkippt und Sie mit dem Gesicht voran auf dem Kiesweg aufschlagen, spüren Sie bereits nicht mehr.)

Hierauf fesselten sie den im Park Liegenden an Händen und Füßen, der Bewußtlose wurde erneut geknebelt – um den Knebel zu sichern, wurde diesmal ein Plastikseil straff um seinen Kopf geschnürt –, dann warfen sie den schlaffen Körper in den Kofferraum, und nachdem noch das Nummernschild gewechselt worden war, ging es weiter, in Richtung Włocławek.

Vierte Station: Als sie nach einiger Zeit bemerkten, daß ihre Beute sich hinten bewegte, bogen sie, nachdem an einer Tankstelle Öl gekauft worden war, in einen Waldweg ab, wobei sich zwei zur Sicherheit hinten auf den Kofferraumdeckel setzten.

An einer ihnen günstig scheinenden Stelle hielt man.
Die beiden sprangen ab, öffneten den Kofferraum, und als erstes hieb einer mit dem Knüppel ordentlich auf den zusammengestaucht liegengebliebenen Priester ein, sicherheitshalber, ehe sie diesen herauszerrten und am Boden in eine zu dem Zweck gekaufte Decke wickelten, wobei zwischendurch auf den sich während der Behandlung plötzlich leicht Bewegenden erneut eingedroschen wurde, kräftiger, dazu wurden seine Fesseln verstärkt: An den nach hinten gerissenen Beinen befestigte man einen Sack Steine, an den Füßen eine Schnur, deren Ende als Schlinge satt um den Hals gelegt wurde, damit das Opfer, falls es sich auf der Fahrt etwa wieder auszustrekken und zu befreien gedachte, mit jeder seiner Bewegungen die Schlinge um seinen Hals enger zurrte. Anstelle des gewöhnlichen Knebels, eines zusammengeknüllten Stofflappens, der sich nicht zu bewähren schien, wurde der Mund des Gefesselten jetzt mit Verbandsmull ausgestopft; über das Ganze und um den Kopf herumgeschlungen, den Mund hermetisch abdichtend, mehrere Lagen Leukoplast.

Fünfte Station: Was noch zu erzählen bleibt, ist rasch erzählt – es dürfte bekannt sein: Etliche Kilometer weiter, kurz vor Włocławek, war das so geschnürte Paket, welches Froschmänner nur wenige Tage darauf bergen sollten, von einem Wehr übers Geländer in die dort gestaute Wisła gekippt worden.

Sicherheitshalber hatte man daraufhin noch die Autopapiere von Popiełuszkos Fahrer verbrannt; die bei der Entführung gebrauchten Utensilien waren in einen Sack gestopft und etwas später in den kleinen Czerniakow-See geworfen worden ...

»Ich kann Ihnen morgen früh vor Ihrer Abreise eine Dokumentation ins Hotel bringen, die mir eine Bekannte aus Wien geschickt hat; Reiselektüre, wenn Sie wollen, für Ihre Fahrt nach Gdańsk. Falls Sie Lust dazu haben – fortwährend nur aus dem Fenster zu schauen, Tschechowschem Weltschmerz hingegeben Felder über Felder und zwischendurch immer wieder die ewig gleichen Birken vor Augen, die knochenbleichen Stämme im flammenden Laub, an denen Sie sich von Kraków bis hierher wohl langsam sattgesehen haben dürften, kann auf Dauer recht eintönig sein –, erfahren Sie darin, wie Polen zu seinem neuen Kreuzweg gekommen ist, dessen letzte Station Sie ja bereits kennen ...«

Die Ermordung – kein Mißgeschick.

Die Verhaftung der Täter, ein Mißgeschick. Dank der Geistesgegenwart von Popiełuszkos Fahrer gelang sie erstaunlicherweise wenige Tage nach der Tat, am 23. Oktober – gestern vor fünf Jahren.

Die Auffindung der Leiche im Stausee – selbst wenn die Schergen nach Absprache geschwiegen hätten, wäre der Tathergang aufgrund des Autopsieresultats, das nichts zu wünschen übrigließ, leicht zu rekonstruieren gewesen.

Die Beerdigung im Hof vor der *Stanislaus-Kostka-Kirche*, die zwangsläufig zu einer Demonstration gegen das Regime werden mußte, welche mit dem Tag der Grablegung nicht vorbei sein sollte: An Allerheiligen schwammen auf der Weichsel Tausende von Lichtschiffchen.

An der *letzten Station* des Kreuzwegs, dieser sichtbar gemachten Spur des Terrors, stand zu Weihnachten auf dem Grab, mit dem Bug in die Erde gerammt und umgeben von drei schwarz verhüllten Gestalten – anderswo trugen die drei Könige in jenem Jahr deutlich Züge von Sicherheitsbeamten –, ein zerbeulter, von Blutspuren gezeichneter Fiat Polski; der Kofferraum zur Krippe gestaltet, davor ein konventionelles schwarzes Epitaph mit messingfarbener Schrift: *Priester Jerzy Popiełuszko, Patron von Solidarność, Märtyrer für Glaube und Vaterland, am 19. 10. 1984 durch Offiziere des Sicherheitsdienstes, Mitglieder der PVAP, ermordet.*

Obwohl sich die Miliz als Räumungsequipe bald darauf Mühe gegeben hatte, nachts Kerzen und Blumen wegzuräumen, die Spuren der Trauer zu verwischen, waren sie anderntags wieder da, frisch wie am ersten Tag, und der im Kirchhof um ein Holzkreuz herum aufgeschichtete Berg Steine, obwohl immer wieder zerstört, abgetragen und Nacht für Nacht weggekarrt, wuchs dennoch stetig an, Stein um Stein; ja, um diese Steine, größere und kleinere Kiesel, entbrannte zwischen Obrigkeit und Bevölkerung ein richtiger Krieg.

Schließlich der Prozeß gegen die Terroristen, drei Beamte, Angestellte, Gehaltsempfänger des Innenministeriums:

– Polizeihauptmann Piotrowski (»Ja, ich habe geschlagen, ja, mit einem Holzprügel. Mit dem Tod des Priesters glaubte ich das kleinere Übel zu wählen, um ein größeres zu verhindern, und wenn ich jetzt hier auf der Anklagebank sitze, so geschieht das, weil der Priester sich nicht an die geltenden Gesetze gehalten und die Behörden beleidigt hat«) – Piotrowski, schon einmal, beim Kidnapping-Versuch eine knappe Woche zuvor, mit dabei, als laut Auftrag in einer scharfen Kurve inmitten eines Waldstücks auf der Strecke nach Gdańsk die Windschutzscheibe von Popiełuszkos Wagen mit einem Stein zertrümmert werden sollte und die Verletzten oder Getöteten mit Benzin zu übergießen und im Unfallauto zu verbrennen gewesen wären, der Fahrer des Priesters den Täter mit dem Stein in der Hand jedoch rechtzeitig erkannt hatte und den Wagen direkt auf Piotrowski zusteuerte, so daß der vielleicht etwas ungeduldige Staatsschützer und nicht, wie von langer Hand geplant, der Fahrer die Nerven verlor und der Stein, weil der Werfer zur Seite springen mußte, das Ziel verfehlte – Piotrowski, inzwischen degradiert, 33jährig, ausgebildeter Mathematiker, Träger des Silbernen Kreuzes für Verdienste um die Volksrepublik Polen und vieler Ressortauszeichnungen, Vater zweier Kinder im Alter von 6 und 8 Jahren, angestellt im Innenministerium als Abteilungsleiter; verurteilt zu 25 Jahren Gefängnis;

– Oberleutnant Pekala (»Jawohl, ich habe geknebelt; ja, auch gefesselt«), 32jährig, Elektronik-Ingenieur, Träger des Bronze-Kreuzes und einer Ressortauszeichnung, Inspektor im Innenministerium; verurteilt zu 14 Jahren Gefängnis;

– Oberleutnant Chmielewski, von dessen Mütze der am Ort der Entführung wohl durchaus nicht zufällig aufgefundene kleine Stoffadler, einer von denen, die jeder Verkehrspolizist an seiner Mütze trägt, stammte, wobei dann aber nicht schlüssig geklärt werden konnte, wie das Hoheitszeichen im Staube landen konnte, während die Mütze selber auf dem Kopfe des Staatsschützers blieb – an die vor den Schranken mit einem Zucken in der rechten Wange zitternd und stotternd geäußerte Vermutung, er müsse das Wappentier unbewußt von der Kopfbedeckung gerissen und dann, ebenfalls unbewußt, fallen gelassen haben, da er so nervös gewesen sei, eine Einlassung, die sogar seine Berufskollegen im Publikum mit einem müden Lächeln quittierten, dürfte nicht einmal der Angeklagte selber geglaubt haben – Chmielewski (»Ich habe nur aus blindem Gehorsam gegenüber meinen Vorgesetzten mitgewirkt«), 29jährig, Politologe, verheiratet, Vater eines Kindes im Alter von 2 Jahren, Träger des Bronze-Kreuzes und einer Ressortauszeichnung, Inspektor im Innenministerium; verurteilt zu 15 Jahren Gefängnis;

dazu, man staunt, auch wenn der hinter dem Ganzen vermutete Stellvertretende Minister selber und weitere Hintermänner sich bedeckt halten konnten, oder nicht bekanntgegeben wurden, als Schreibtischtäter Oberst Pietruszka, »im Geiste des sozialistischen Humanismus erzogen worden, der das Prinzip respektiert, daß der politische Gegner mit Hilfe der politischen und gesellschaftlichen Organisation behindert und unterdrückt werden muß – aber nicht durch Anwendung von Gewalt«, und wie die drei andern pflichtbewußten Beamten aus der für die Überwachung der Kirchen und nationaler Minderheiten zuständigen Hauptabteilung IV hauptsächlich mit der Auswertung abgehörter Telefongespräche und Spitzelmeldungen beschäftigt gewesen; Pietruszka (»Mein Untergebener, der Hauptmann, hat aus eigener Initiative gehandelt, wie so oft, wenn es nach seinem eigenen Kopf gegangen ist und er von seinen Aktionen erst nach vollbrachter Tat berichtete, statt zuvor die Genehmigung seiner Vorgesetzten einzuholen«, rechtfertigt sich der tapfere Oberst), 46jährig, Jurist, verheiratet, Vater eines Knaben, Träger des Ritterkreuzes des Ordens der Wiedergeburt Polens, des Goldenen und des Silbernen Kreuzes für Verdienste um die VRP, stellvertretender Departementsdirektor im Innenministerium, zuletzt Mitglied der Untersuchungskommission – im Falle Popiełuszko; verurteilt zu 25 Jahren Gefängnis.

»Erstaunlich. Offiziere, höhere wie weniger hohe, werden zu langjährigen Haftstrafen verurteilt, und das – ich bin beeindruckt – in dieser zu Recht verschrienen Diktatur …

Da habe der Staat in jahre-, nein: jahrzehntelanger Mühe etwas aufgebaut – und was bewirke der peinliche Prozeß in Toruń? Leichtfertig sei dort die Ergebenheit, der Glaube der Staatsschützer an das Gute ihrer Sache zerstört worden; kein Wunder, wenn nach dem Prozeß auf die Schläger, die morgens um drei bei Oppositionellen zu klingeln haben, kein Verlaß mehr sei, hat mir ein Freund in Warszawa, als ich mit ihm vor der Nationalgalerie die Zeit verquatschte, die Toruńer Urteile kommentiert. Die Büttel sind beleidigt – oder wie sich Hauptmann Pietrowski, der grollte, ein zweites Mal werde er eine solche Aufgabe nicht annehmen, ausgedrückt hat: Ich mag nicht, wenn Hochgestellte inkonsequent sind. Wenn alles in Ordnung läuft, sagen sie: Macht nur, Jungs! Und dann, wenn's brenzlig, ja gefährlich wird, distanzieren sie sich von allem und lassen ein paar kleine Fische zappeln. –

In der Schweiz, nein, da hätte so etwas, wie von Pietrowski beanstandet, nicht passieren können; die *Confoederatio Helvetica* ist ein Rechtsstaat; vor dem Gesetz, selbst vor dem Obersten Gerichtshof zu Lausanne, sind dort, sogar von Plakatwänden prangt es inzwischen, unterschiedslos alle gleich – zumindest, wie das Plakat weismacht, beim Joghurt-Test. Über allfällige Täter herrscht vollkommene Unklarheit ...«

Scheint Krzysztof mich mißverstanden zu haben? Vielleicht hat ihm der an uns vorbeilärmende letzte Kurs der Straßenbahn meine Rede unverständlich verscheppert, überlegt man, denn er versetzt:

»In den anderthalb Jahrzehnten vor 1984 ist in Polen kein Staatssicherheitsfunktionär wegen Gewaltanwendung gegenüber einem Staatsbürger, der sich als politischer Gegner betätigt hatte, zur Rechenschaft gezogen worden; die Funktionäre des Staatssicherheitsdienstes sind vielmehr über Jahre im Glauben erzogen worden, sie dürften, um es einmal höflich auszudrücken, straflos schikanieren. Von da bis zum Mord ist es dann halt ein kleiner Schritt.« –

Obwohl in Helvetiens Gefilden Dealer dealen, Notenwechsler Noten waschen, Einbrecher einbrechen, Liebende sich lieben – oder auch nicht – wie überall, und Patrioten, wie überall, ihren patriotischen Firlefanz zelebrieren, scheint die Schweiz, überlegt man, für Staatsschützer nach wie vor geradezu ein Paradies zu sein.

Wer in Chrysopolis – immer mit der Einschränkung: bevor dort, laut Morselli, deren gesamte Einwohnerschaft eines unguten Tages, sie wird ihre Gründe gehabt haben, verduftete und sich spurlos verflüchtigte – in staatlichem Auftrage, eisern gedeckt ganz eigenem Eifer hingegeben, in aller Ruhe und durch nichts beeinträchtigt spitzelte und knüppelte, mit einer paranoiden Mentalität die Persönlichkeitsrechte mit Füßen trat und als Mitglied eines Geheimbunds luscher Milizguerilleros in einem rechtsfreien Raum den Umsturz probte, darf – falls ich recht unterrichtet bin – wie bisher, ohne die Spur Angst vor allfälligen Folgen, weiter schnüffeln, weiter prügeln; darf, für den Kampfeinsatz angemessen ausgerüstet und im Kollektiv geschützt, in einem Saubannerzug vor Wirtschaften auffahren und den sich mit Kind und Kegel draußen auf der Terrasse der Sonne hingebenden, jedoch unvermittelt, einem plötzlichen Witterungsumsturz gleich, im ätzenden Nebel sitzenden Gästen aus der Hüfte heraus mit gutgezielten Gummigeschoßsalven ihre Wein-, Bier- und Sirupgläser in einem fantastischen Splitterregen vom Tisch schießen, den Kellner, der eben eine Runde aufgetragen hat und sich, das leere Tablett in der Hand, in der Tür umdrehend diesem samstagnachmittäglichen Gaudi beim besten Willen keine gute Scherbe abzugewinnen vermag, mit Kolbenhieben niederhauen und, indem einer der Grenadiere ihm das Absatzprofil auf die Wange stempelt, dem dergestalt auf dem Pflaster fixierten Uneinsichtigen, derweil dieser nach seiner Brille grabscht, die Stiefel in die Seite rammen, während wieder andere des Zugs einem der notorisch im Weg stehenden, weder durch Nebel noch Splitterhagel sonderlich zu beeindruckenden, idiotisch wild herumknipsenden Pressefotografen, der jedem in der Rotte von früheren Begegnungen her bekannt ist, die Kamera aus der Hand hauen, ihm bis ins Lokal hinein nachsetzen und drinnen – bei der Gelegenheit wird nebenher etwas aufgeräumt – die verdiente Tracht angedeihen lassen; kurz: der Staatsdiener darf – wie Krzysztof es formulierte – weiter schikanieren. Wenn anderswo die Wertmaßstäbe langsam, aber sicher heillos durcheinandergeraten mögen, gleich einem Mikadospiel über den Haufen geschmissen werden – in Chrysopolis, der herrlichen Stadt, scheint das System gegenseitiger Deckung ungeachtet aller politischer Wendungen, Windungen und Wahlkampfentscheidungen nach wie vor zu funktionieren, weiß man, was Loyalität ist, herrscht Corpsgeist. Und sollte nach Jahren nicht länger verheimlicht werden können, daß Telefonterror aus der Polizeikaserne gegen die von der Polizei Terrorisierten, welche, wie es ihnen – sie können es nicht lassen, geradezu penetrant ist's, bei der unpassendsten Gelegenheit darauf zu pochen – laut einer verstaubten Kladde aus dem letzten Jahrhundert zusteht, öffentliche und weniger öffentliche Vorgänge und Mißstände öffentlich artikulierten oder artikulieren wollten, gang und gäbe war, wird das jetzt, wo es kaum noch jemanden interessiert, ohne daß allerdings die Terroristen – so nennt sie doch der Rechtsjargon? – eruiert, bekanntgegeben und gerichtlich belangt würden, großzügigerweise ohne weiteres zugegeben. Damit hat es sich.

Umgekehrt: Wer in der irrigen Meinung, als Bürger dürfe er sich in seiner an lieblichen Gestaden gelegenen Stadt umsehen, ohne die Polizei, deinen Freund und Helfer, der – ich referiere in Chrysopolis zirkulierende Gerüchte – besser über dich Bescheid weiß als du selber, erst um Erlaubnis zu bitten, in einem Außenquartier zufällig zugegen gewesen sein will, vermutlich von schweren Halluzinationen geplagt – was bei seiner Lektüre kein Wunder ist –, gesehen haben will, wie während einer Verhaftung oder, laut Kanzleijargon: Verhaftaktion, was sage ich: während man redlich bemüht war, flüchtiges Ungeziefer einzufangen – wo führte das hin, wenn sich dieses, nachdem dessen Saustall unten in der Stadt endlich mit großem Aufwand saubergemacht, das heißt, damit endlich der dringend benötigte Parkplatzfreiraum gewonnen werden konnte, in einer Nacht-und-Nebel-Aktion dem Erdboden gleichgemacht worden war, einfach anmaßt, ungefragt bis in die gehobensten Wohnquartiere vorzudringen und am Berg oben, wo ihm die dort ansässige Bevölkerung vollkommen schutzlos ausgeliefert ist, ungehindert auszubreiten; es reicht, wenn der neidische Blick in der Innenstadt mehr als nur unziemlich an Lack und Spiegeln kratzt –, eine junge Frau, ein Mädchen fast, die sich, als man sie, weil in der bereitgestellten Wanne durchaus noch eine Lücke war, zum bereits eingefangenen und darin verstauten Haufen stopfen wollte, damit das im Blechkasten gefangene Pack, mit Tränengas abgesprüht, endlich zu Ruhe und Raison gebracht werden konnte, aus Leibeskräften wehrte – jedem Bürger, der durch ungewohnten Lärm aufgeschreckt, vom Studium des samstäglichen Leitartikels aus dem Ohrsessel hochfahrend, auf den Balkon getreten ist, sogleich einleuchtend: unnötig und völlig sinnlos wehrte – und bis zur Erschöpfung ungezogen schrie, als ihr zwei der sich um sie kümmernden Beamten kräftig die Beine spreizten und ein dritter der jungen Frau, bevor man sie in der Wanne verstaute und die Tür dichtgemacht wurde, mit dem Knüppel erst einmal allfällige Läuse aus dem Pelz klopfte; oder wie zuvor einem Jungen, der aufs Halt-Zeichen in Form einiger in die Runde gefeuerter Gummigeschoßgarben, die an umliegenden Fassaden Fenster erklirren ließen, erschrocken ein Stück weit wegrannte und dann verdutzt stehengeblieben war, eigentümlich strampelnd – am meterhohen, stachelgekrönt das eine Rasengrundstück vom Nachbargrundstück abgrenzenden Drahtgitter klebend, war für ihn kein Weiterkommen –, mit präzis eingeübtem Knüppelschlag der Handrücken zerschmettert und, als die Hand auf diese Weise eindrücklich aus dem Gesichtsfeld des Knaben geschoben war, ihm, ehe es zwei baumlangen

Kerlen gelang, den schmächtigen Strampler abzuführen, mit einem weiteren gezielten Schlag im Beamtensinne die zwar korrekt gewachsene – soviel wäre aus viel größerer Distanz festzustellen gewesen –, dem Zuschlagenden aus was für Gründen immer wenig zusagende Nase korrigiert wurde ...;

wer, zufällig zugegen, in eine Hauseingangsnische verdrückt offensichtlich im Wege stehend, das Vergnügen hatte, all das mit ansehen zu dürfen und sich auf die Netzhaut einbrennen zu lassen, weil ihm – ein Mißgeschick – der Prügel nicht rasch genug übergezogen werden konnte (man stellt sich, wenn man es schon nicht lassen kann, an die frische Luft zu gehen, nicht unnötig abseits der Straße hin, schon gar nicht zuhinterst in eine Nische!), den man danach, als man sich seiner endlich annahm, um so schmerzloser zufällig mit dem ersten Hieb niederstreckte – an der Plünderung eines Ladens beteiligt, gewalttätig gegen Beamte, auf frischer Tat ertappt: falls es hiefür eines Zeugen bedarf, wird es jeder beliebige nette Anwohner, der, bis das Gröbste vorbei war, wie es sich ziemt, hinter verschlossener Tür in Bereitschaft gestanden, vor den Schranken auch des höchsten Gerichts ohne die geringsten Zweifel bestätigen können –, als übler Landfriedensbrecher aus seiner Bewußtlosigkeit erwachend dreist genug ist, aus der Haft heraus, weil ihm eine geschlagene Woche lang nichts Gescheiteres eingefallen ist (Amtspost zu verfassen konnte ihm nicht verwehrt werden, aber hätte der Depp besser Sport getrieben, Rumpfbeugen, Kniebeugen eingeübt, wäre er gescheiter rund um die Uhr, und nicht nur während der Zeit, in der er durch die Gitter hindurch den normalen Insassen bei ihrem Hofspaziergang zusah, bis zur Bewußtlosigkeit auf der Stelle getreten, und wär's einzig, um das nächste Mal mit einem besseren Start, kurzentschlossen durch die geschlossenen Reihen der aus den Einsatzwagen stürmend der bedrängten Bevölkerung zu Hilfe geeilten Grenadiere preschend, auf und davon, etwas zügiger wegzukommen), als gegen diese ihm zuteil gewordene geradezu freundliche Abreibung zu klagen, statt, wie es sich ziemte, dem Staate höflich dafür zu danken, dank rascher Hilfeleistung, dank der Geistesgegenwart eines sich pflichtbewußt heranknüppelnden Beamten, nicht noch weitere ähnliche Szenen mit angesehen haben zu müssen, von weiteren derartigen, sich unauslöschlich einprägenden Gewalttaten verschont worden zu sein ...;

wer, nicht genug, in gütigster Vorsorge weitab des eigentlichen Geschehens auf dem Heimweg derart gezielt bewußtlosbehandelt solange der Schläger, wie seine unzimperlichen Mitstreiter aus der durchaus überschaubaren Gruppe Selbstherrlicher hinter martialischer Montur vermummt, nicht gefunden ist, auch nach zehn Jahren nicht, aber als Beamter, als Polizeigrenadier, dies eine seiner obersten Regeln, stürzt man sich nicht schier nackt in die Arbeit: die drei dilettantischen polnischen Offiziere, welche zu Popiełuszkos Sicherung abgeordnet worden waren, hätten sich am korrekten Arbeitstenue chrysopolischer Beamter ein Beispiel nehmen können; solange es niemand gewesen sein will, das heißt, in dienender Bescheidenheit im nachhinein niemand den Mut aufbringt, zu seiner Heldentat zu stehen, kann sich der Bürger bei niemandem mit einem kleinen Sträußchen, einem kleinen Lorbeerzweiglein persönlich für die zuvorkommende Behandlung bedanken, ist er als Citoyen leider gezwungen, nicht nur, wenn er sie in Montur als Rotte durch die Gegend berserkernd ihre Schützenfeste abhalten sieht, wie auf dem Plätzchen vor dem *Franziskaner* etwa, oder sie dem Flaneur zufällig mit einem anderen ihrer netten Spielchen, beispielsweise dem Fotografen-Klopfen, selbstvergessen die Zeit vertreiben, in jedem Polizeibeamten den ihm im Hauseingang zu Hilfe eilenden Schläger zu vermuten –,

ja, wer, derart zuvorkommend behandelt worden, für diese Behandlung nicht nur keinen Dank weiß, sondern im Gegenteil anmaßend und verbohrt genug ist, in einer Anwandlung äußerster, geradezu erschreckender Realitätsverkennung für die ihm in Chrysopolis zuteil gewordene rasche Hilfe Genugtuung zu fordern – – –

Für was denn? Hat er sich nicht äußerst verdächtig gemacht, dieser unverständlicherweise gegen seine freundliche Abreibung Klagende, nicht nur, weil er abseits gestanden ist – zu wenig allerdings: nicht zu Hause hinterm Ofen –; nein, viel deutlicher: weil er an jenem besagten, erwiesenermaßen äußerst milden Herbstabend, ja, Zeugen, die ihn auf der Straße gesehen haben wollen, wissen zu berichten: bereits am Nachmittag, eine Kopfbedeckung aufhatte, eine Wollstrickmütze – kein Sennenkäppi und hoffentlich nicht gar ein Jarmülkel, ein Judenkäppi! –; und das, obgleich auch ihm hinlänglich bekannt sein mußte, daß Sicherheitsbeamte in dieser Stadt jeden Hutträger zu Recht als potentiellen Kriminellen ansehen, der jederzeit mit der verdienten Verhaftung zu rechnen hat; – was übrigens der Grund sein mag, daß Banken hier so gut ausgebaute Tiefgaragen haben, damit ihre Kundschaft, die Geldkuriere, unter denen vermutlich mehr als nur der eine odere andere Hutträger ist, ihre Koffer unterirdisch anfahren kann und sich nicht ungeschützt auf der Straße zu zeigen braucht. Was soll's.

Zudem ist – so schreiben es die Akten, und man hält sich am besten an die – erstellt, daß der Beschwerdeführer, woher auch immer er kam, sich zu verstecken suchte: Dies, wie die Tatsache, daß er einschlägige, für Demonstrationszwecke assortierte Gegenstände auf sich trug, besagte Mütze etwa, dazu ein Halstuch – wie wär's, hätte er statt dessen eine Krawatte geknüpft gehabt? –, sind, schreibt noch das Kassationsgericht, konkrete Anhaltspunkte genug, um auf einen Tatverdacht zu schließen; denn auch wer sich gegen die Wirkungen von Tränengas schützen will, weil er auf dem Weg, den er unbedingt meint gehen zu müssen, mit Polizeieinsatz gegen Demonstranten zu rechnen hat, rüstet sich – anfangs September – wohl kaum einfach so mit einer Wollmütze aus; kurz: seine Festnahme, zumal des Klägers Eingeständnis bei den Akten liegt, an besagtem Tage als *Gaffer* an fraglichen Aktionen teilgenommen zu haben, drängte sich geradezu auf. Daß er dabei – laut Protokoll – unnötigerweise geschlagen worden sein will, ändert nichts daran und macht die Verhaftung als solche nicht widerrechtlich. Wenn der Kläger geltend macht, in diesem Zusammenhang in entwürdigender Weise behandelt worden zu sein, beschimpft, bedroht, in Schrecken versetzt und bewußtlos geschlagen, so ist zu berücksichtigen, daß sich angesichts der großen Zahl der zu arretierenden Personen und der gespannten Situation, die damals in jenen Septembertagen in der Stadt herrschte, Polizeibeamte in einer außerordentlichen Situation befanden. Unter den obwaltenden Umständen kann also nicht jede überreizte Reaktion eines Ordnungshüters als unrechtmäßig bezeichnet werden. Auch nicht, wenn der Kläger, wie es der ihn im Gefängnis untersuchende Arzt gesehen haben will, der, wenngleich allein im Urteil des Bezirksgerichts, der untersten Instanz also, als Zeuge unbefangen erscheine, danach einen extrem verschlagenen Kopf hatte, vor allem auf der linken Seite; hinter dem Ohr sei alles aufgeweicht und geschwollen gewesen; wobei allerdings nicht genügend nachgewiesen werden konnte, daß er infolge dieser Schläge das Bewußtsein verlor, was jedoch, nachdem diese nach Auffassung des Arztes jedenfalls geeignet waren, eine Bewußtlosigkeit zu verursachen, nicht von entscheidender Bedeutung ist. Selbst wenn dank den Aussagen des Arztes der Hauptbeweis dafür, daß der Kläger bei der Verhaftung von Beamten der Beklagten mit Gummiknüppeln geschlagen und in einen überfüllten Ford Transit gesperrt wurde, in den ein Beamter Tränengas aus einer Spraydose gesprüht hatte, Handlungen also, die für eine betroffene Person psychische und physische Schädigungen auslösen könnten und für sie einen schwerwiegenden Eingriff in ihre persönliche Integrität bedeuteten, weitgehend erbracht werden konnte: entscheidend darf nicht sein, was im Extremfall alles hätte eintreten können; zu berücksichtigen ist vielmehr – eine Tatsache, die nicht oft genug wiederholt werden kann –, daß der Kläger nicht durch Zufall mit der Polizei in Kontakt kam: Es war ihm bekannt, daß an jenem Tag in der Stadt Demonstrationen stattfanden. Sollte man – nicht zuletzt, weil die erste Berufungsinstanz den Beweis als erbracht erachtet, der Kläger sei anläßlich seiner Verhaftung von Polizeibeamten unnötigerweise mit Gummiknüppeln geschlagen und verletzt worden – nach Abwägung aller relevanten Punkte nicht umhinkönnen, die polizeilichen Übergriffe als gravierend zu bezeichnen, bleibt immer noch zu berücksichtigen, daß die seelische Unbill beim Kläger zwar im Moment von einer gewissen Schwere, aber im Vergleich zu einer Verunglimpfung in der Presse oder coram publico keine bleibende beziehungsweise längerdauernde war, wenngleich das Versprühen von Tränengas in ein Fahrzeug, das unmittelbar darauf verschlossen wird und in dem sich mehrere Personen – die Angaben schwanken zwischen zwanzig und dreißig – befinden, auch wenn es nicht in jedem Falle bleibende Gesundheitsschäden zur Folge hat, erwiesenermaßen nicht harmlos ist.

Angenommen einmal, der Kläger ist zu Unrecht festgenommen worden, hat er deswegen noch lange keinen Anspruch auf Schadenersatz oder Genugtuung, weil er ja, wie sich herausgestellt hat – das muß erneut wiederholt werden –, die Festnahme durch grobes Selbstverschulden geradezu provozierte.

Hinzu kommt das *Buch* des Klägers, in welchem er die Umstände seiner Verhaftung schriftstellerisch auswertete. In seinen Rechtsschriften weist der Kläger darauf hin, daß er seinen Bericht, den er später für eine Zeitschrift bearbeitet und, nachdem dieselbe sich geweigert hatte, ihn zu drucken, schließlich in einer Broschur veröffentlichte, im Ausland bezeichnenderweise, noch während der Untersuchungshaft geschrieben hat. Allem Anschein nach Schriftsteller von Beruf, hat er somit auch während der Haft seiner Arbeit nachgehen können, das heißt, er hatte während dieser Zeit also keinen Arbeitsausfall. Für das Gericht ergibt sich daher: Die Schadenersatzforderung ist unbegründet, die Klage vollumfänglich abzuweisen …

Um die eben zitierten Koloraturen aus Chrysopolis' Gerichtskanzleien über diese ärgerliche Bagatelle auf den Punkt zu bringen: Wer sich leichtsinnigerweise auf die Straße begibt, die Nase in Dinge steckt, die ihn nichts angehen, statt daß er sich im Haus, meinetwegen in der

Wohnung, verkriecht, und dabei verpaßt er nicht einmal etwas, denn anderntags sind in der Zeitung die Polizeibulletins zu den Vorfällen zu lesen –, so einer, zumal nachdem er sich weder durch die Verhöre noch von den Gerichten, die er blauäugig angerufen, eines Besseren belehren ließ, wiewohl sie ihm über Jahre mit Ausdauer vorgesungen – die Festkantate der höchsten Instanz liegt zwar noch nicht schriftlich vor, bis spätestens zur Siebenhundertjahrfeier der Confoederation dürfte es aber soweit sein, und nachdem das Bundesgericht, einer mündlichen Probe nach zu schließen, dem Cantus firmus der Vorinstanzen zu folgen vermag, ist die Vorfreude auf dessen staatsbewußten Zungenschlag in einzelnen heiklen Phrasen bereits beträchtlich –, daß er seine Festnahme, wenn er den ganz natürlichen, normalen, tagtäglich unumgänglich notwendigen Vorgang einer Identitätsüberprüfung, einer kleinen Routinesache also, unbedingt derart gespreizt und überhöht benannt haben will, um aufzufallen, wie gesagt, wenn nicht einen Hut, zumindest eine Kappe aufsetzend und sich einen Schal umlegend, vorsätzlich provoziert habe, in Bereicherungsabsicht notabene, denn als ob nicht Klügere, kürzlich etwa jene Ministerin – ohne daß ich jetzt jeden Hergelaufenen mit der vergleichen möchte, Goppewahre! –, virtuos vorgeführt hätten, wie's zu machen ist: eisern schweigen; abwarten; falls nötig abstreiten; Zeit schinden, bis sich niemand mehr für den Tatbestand interessiert, und falls es damit nicht getan sein sollte: im Vertrauen aufs höchste Gericht, mit dessen Hilfe, teigt man es richtig an, gut beraten von einem mit allen Wassern gewaschenen Gatten, heute die bekleckertste Weste im Nu von fast jeglichem Ruch des Unlauteren blankzuputzen ist, sich keiner Schuld bewußt höchstens tröpfchenweise etwas preisgeben, hat der kurzsichtige Prinzipienreiter, in antiquiertem Humanitätsdusel auf Meinungsfreiheit, diesen äußerst relativen Rechtsbegriff, pochend, es sich nicht verkneifen können, über seinen Fall im wahrsten Sinne öffentlich und in aller Ausführlichkeit zu berichten. – Ich muß schon sagen: Einer, der sich zur Befriedigung spezifisch persönlicher Bedürfnisse auf Kosten der Allgemeinheit derart vorzudrängeln versucht, gehört ausgeschlossen. Diffamiert.

Solange es, man lebt schließlich nicht in Notzeiten, humanere Methoden des Unschädlichmachens gibt, wie etwa: jemanden durch die Gerichtsmaschinerie zu walken, in der Gewißheit, irgendwann, spätestens wenn ihm das Geld ausgehe, und das lasse sich berechnen, gebe sich der Renitenteste geschlagen, braucht er nicht gleich umgebracht zu werden. –

»Im Land der kratzenden, krachenden CH, obwohl die ständig ins Feld geführten relativierenden Bemerkungen, anderswo – die Verhältnisse in Polen vor der Wende, auch die Methoden der Stasi sind bekannt – wär's so und so viel schlimmer, für eidgenössische Schnüffler und Prügler mit Gespür fürs rechte Maß, bei der Mühe, die sie sich geben, schlicht beleidigend sein müssen, ist in staatsschützerischem Auftrag niemand umgebracht worden.

In den Tod Gedrängte, wie die zwei bewegten Jugendlichen, die, mit dem Motorrad eines Bekannten ausgerissen, von einer Polizeistreife verfolgt und zu Fall gebracht wurden, werden in der Statistik als Verkehrsunfälle rubriziert. Die Frau, der ein Gummigeschoß ins Auge ging, hätte sich in der Menge, in den Hof des Landesmuseums gedrängt und dort eingekesselt, nicht in die Schußlinie zu stellen brauchen, und die andere junge Frau, die sich vor zehn Jahren, weil sie die Kälte in Chrysopolis nicht mehr länger ertragen, mit Benzin übergossen und in Brand gesteckt hatte, tat das aus völlig freien Stücken. Wie sie Wochen zuvor während einer Verhaftung zugerichtet wurde, wollte von den umliegenden Balkonen aus mit bestem Willen niemand gesehen haben.

Vergleiche zwischen dem Terror anderswo und Bagatellen, wie sie in Chrysopolis vorgekommen sein sollen, muten geradezu grotesk an, ja. – Aber geht es darum? Geht es nicht um die Mechanik? Sie, ist das Resultat schließlich noch so verschieden, ist die gleiche: Hier wie dort besinnungslos bedingungsloser Gehorsam gegenüber Vorgesetzten; obwohl es Befehle gäbe, die dazu da sind, verweigert zu werden, Menschen, die sich zu Maschinen, Apparaten degradieren; nicht nur in der Armee – und Soldaten, in wessen Sold auch immer, sind, wie Shelley einmal sagte, potentielle Mörder . . .«

»Es wäre spannend, den Fall weiter zu verfolgen«, unterbricht mich Krzysztof, auf die Uhr schauend, »doch die Zeit ist vorgerückt, und ich habe morgen, nach Abschluß des Kongresses, eine Prüfung abzulegen. Entschuldigen Sie mich bitte«, und nach einem Moment der Ruhe, während dem wir uns das Rauschen des Verkehrs anhören, von der Brücke her die ratternden Schläge, wenn ein Fernlaster drüberlärmt, meint er: »Zudem könnte sich meine Frau langsam ängstigen.«

Ich verabschiedete mich von Krzysztof. Durch die Bäume blinkte die ramponierte Hotelleuchtschrift, eine sinnlose Buchstabenfolge, flackernd. Bis zu meinem Kasten war es nicht weit. »Sie brauchen nach Überqueren der Hauptstraße, die große Schleife abkürzend, nur dort am Rande des Parks über den Gehweg ein Stück weit der

Straßenbahn langzugehen, nach der Haltestelle über die Gleise zu wechseln und – sie ist leicht zu finden – die kleine Allee hinunter auf den beleuchteten Parkplatz: das wär's schon.«

Als ich in den Park einbog, raschelte es plötzlich nebenan im Gebüsch – sind es nicht die Krähen, sind es Mäuse. Kurz darauf huschten schattenhafte Gestalten durch das Dunkel – jetzt spinnt man wohl; das hat man nun davon, wenn man, wie vorhin, als man vorn an der Hauptstraße am Fußgängerstreifen eine Zeitlang den hoch über einem um den Schirm flirrenden Schwärmern zugesehen, zu lange in die Natriumdampflampen starrt und danach nachtblind ist ...

Jetzt ein Knacken; noch ein Ästchen.

Knirschender Kies.

Dann Schritte hinter mir, eindeutig, im Gleichschritt: wie viele sind's; eine Gruppe? Ich beschleunige meinen Gang, hole aus – dumm; so muß man ja geradezu auffallen –, beginne zu laufen, sie hinterher, renne, die Verfolger rücken näher; ich hetze –

Fast am Fuße der Treppe, die zum Hoteleingang hochführt, unter den Laternen auf dem leeren Kiesplatz – auch der französische Wagen ist weg –, drehte ich mich um: Niemand.

Nichts.

War da was?

Der Beginn dessen, was hier ablief – was, ist bekannt; der Bezug zur Szene im Park selbstverständlich ein rein zufälliger –, liegt zehn Jahre zurück, genau datierbar: Samstag, 6. September 1980, halb sieben, oder kurz danach.

Es war der Moment, wo jenes System, mag es vielen erstaunlicherweise nach wie vor intakt scheinen, nicht nur erschüttert, nein, ramponiert und in wesentlichen Teilen, einem tragenden Gewölbe gleich, zum Einsturz gebracht worden war, irreparabel. –

Als passende Musik, für die allfällige Vertonung: Gustav Mahler, 6. Sinfonie, Finale, die Takte 336, 479 oder 883; am besten, als Auftakt das dem letztgenannten vorausgehende Celestaglissando, alle drei übereinander kopiert: »Mit roher Kraft; kurzer, mächtig, aber dumpf hallender Schlag, von nicht metallischem Charakter, wie der Hieb einer Axt.«

Als Echo, die Rückkehr von der polnischen Reise vorwegnehmend, meine Ankunft in Zürich:

Mit dem Gepäck, einem Koffer voll Bücher, bin ich am Bahnhof abgeholt worden; wir sollten nicht weit kommen, vielmehr, weil der Verkehr bei der Urania gestoppt wird, mit dem Wagen bald feststecken. In der Mühlegasse ist zwischen verfeindeten vermummten Banden ein Scharmützel im Gange – ach ja, es ist Donnerstag:

Das Kampfgebiet markiert durch einige angesteckt auf die Straße geschobene, stinkende Müllcontainer, setzen besser gerüstete, ordentlicher Vermummte Grüppchen schlechter Geschützter nach; Polizei ist damit beschäftigt, sogenannte Wohnaktivisten, und was sich sonst noch während des Abendverkaufs zur immer weiter vorgezogenen Adventszeit mit und ohne Kaufabsicht auf der Straße zeigt, über den Haufen zu ballern. Nur mit Tränengasgranaten und Gummischrot. So nennen sich die schwarzen, sechseckig geschnittenen scharfkantigen Hartgummiklötze, die mit einer normalen, auch für Panzerabwehrgranaten geeigneten Treibladung im Paket zu fünfunddreißig Stück aus dem Schußbecher eines abgeänderten Armeekarabiners verschossen werden: »Gummistückchen von etwa zehn beziehungsweise fünfzehn Gramm«, laut der stadträtlichen Antwort auf eine Interpellation. Genauso wie diese amtliche Gewichtsangabe der Projektile eine Untertreibung darstellt, verschleiert die Bezeichnung Gummi: Bei einer Legierung, die nur zu einem Fünftel aus Kautschuk, zu einem weiteren knappen Fünftel aber aus Kohlenstoff und zum großen Rest aus Bariumsulfat, samt einer Spur Siliziumdioxyd, Quarz also, besteht, deklarierte der Stadtrat die schwerere Ausführung ehrlicher als knapp achtzehn Gramm wiegendes Metallsulfatgeschoß mit einer Höhe von siebenundzwanzig und, von Kante zu Kante gemessen, einem Durchmesser von zwanzig Millimetern. Diese acht Gramm Gewichtsunterschied sind nicht ohne: Da die kinetische Energie exponentiell zur Masse des Geschosses und im Quadrat mit seiner Geschwindigkeit zunimmt, ergibt das bei achtzigprozentigem Energiezuwachs eine ordentlich bessere »Stoppwirkung«.

Eine Gruppe jener Jugendlichen, welche sich seit Wochen, vor meiner Abreise nach Polen bereits, donnerstags auf dem Hirschenplatz treffen, um für ihr Anliegen, die – wenn man sieht, welche Sympathiewellen ihnen entgegenschlagen – anscheinend nur wenige betreffende gravierende Wohnungsnot, zu demonstrieren, mit ihren Auftritten jedoch, den nicht bewilligten Demonstrationen, die als Katz-und-Maus-Spiel ausgehen, gegen ihren Willen sich zu willkommenen Zudienern der Rechten, der die zustande gekommenen Mehrheiten nicht passen, umfunktionieren lassend, mehr und mehr der Taktik bürgerlicher Destabilisierungspolitik, deren Ziel es ist, bewußt und vorsätzlich sozialen Unfrieden zu stiften, Vorschub leisten, wird auf dem Predigerplatz, von Beamten mit der Waffe im Anschlag umstellt, in Schach gehalten.

Zürich, Ende November, ist wie Zürich, Anfang September – zum Davonlaufen.

NATIONALGALERIE, FORTSETZUNG »Die Folgen von 1795 – um von privaten Abschweifungen wieder zu national Gewichtigem zurückzufinden –, die Folgen der dritten Teilung (die vierte machten dann, gewissermaßen mit dem Segen von Churchill und dem vom Tod gezeichneten Roosevelt, jedenfalls ohne daß sonstwer viel dagegen einzuwenden gehabt hätte, Stalin und Hitler unter sich aus), dürften bekannt sein«, erörtert mir Janusz, nachdem er sich mein Toruńer Divertimento angehört hat: »Deportation, Zwangsumsiedlungen, Pogrome, nicht nur an Juden.«

Einen Pogrom zu veranstalten ist ja leicht, konstatiert Brandys böse; die Bevölkerung braucht selber nicht teilzunehmen: während sie wegsieht, genügt eine Horde gedungener Strolche, und es fehlt nie an Szmalzowniks, die ihren Spaß daran finden, mal da einen zusammenzuhauen – niemand hat natürlich was gesehen –, mal dort einem Unerwünschten nachts und zur Unzeit einen unerwünschten Besuch abzustatten – Geschichten, die man kennt.

»Die letzten offen antisemitischen Exzesse, von gewissen Parteifunktionären inszeniert, um den Rest der jüdischen Intelligenz außer Landes jagen zu können, fanden hier übrigens statt, als sich im fernen Paris Studenten mit dem Frühling auf ihrer Seite anschickten, den Aufstand zu proben.«

Wo ein Vorwand gesucht wird, läßt sich einer finden: In Warszawa war es im Frühling '68 die Aufführung eines Theaterstücks im Nationaltheater, die wegen antirussischer Tendenz abgesetzt, verboten wurde. Wie erwartet, denn es handelte sich um kein geringeres als des Nationaldichters *Ahnenfeier,* führte das zu Protesten, in der Folge zu Unruhen, nicht an den Fließbändern und in den Zechen, nein: wiederum, wie zu erwarten, von der Uni ausgehend, Demonstrationen gegen die Zensur und die Einschränkung der geistigen Freiheit, die mit einer Verhaftungswelle beantwortet wurden, und, ein besonders perfider Einfall: manch einer ist danach vorzeitig zur Armee einberufen worden. Hierauf, um das Rad, das so gut angetrieben war, noch den gewünschten Zacken weiterzudrehen, begann die Fraktion der *Partisanen,* die Fraktion nationalistischer Kommunisten innerhalb der *PVAP,* der Polnischen Vereinigten Arbeiterpartei, mit einer antizionistischen, das heißt antisemitischen Kampagne, letztlich auch gegen Gomułka gerichtet, dessen Frau Jüdin war; erneute Demonstrationen, von »Banden zügelloser Krawallmacher angezettelt«, eine »zionistisch gesteuerte antisozialistische Erhebung« – *Volkes Stimme* hat rasch die passenden Namen parat –, ließ man unter den wachen Augen der Miliz, die, als es losging, allerdings plötzlich erblindet sein müssen, durch knüppelnde Rabauken, gedungene Arbeiter, Schlägertrupps des Sicherheitsdienstes niederknüppeln; es folgte eine neuerliche Verhaftungswelle – da ist die Miliz dann nur noch auf einem Auge blind gewesen: von kleinen Überraschungen abgesehen, das bekannte Szenario.

»Als Zusammenfassung aller ZK-Verlautbarungen der vorausgegangenen Monate – nach der Devise, Angriff ist die beste Verteidigung, hat allen voran Gomułka, der sich zwei Jahre später gezwungen sehen sollte, wegen schwerer Krankheit, in unseren Breiten sind es immer diese plötzlichen schweren Erkrankungen, seinen Rücktritt einzureichen, keine Mühe gescheut, lautstark gegen die ›kosmopolitischen‹ Juden zu wettern und ihnen die Loyalität zu Polen abzusprechen –, als Zusammenfassung der vorausgegangenen Monate ist in Demonstrationen gegen die Studenten-Demonstrationen der Klartext durch die Straßen getragen worden: *Schriftsteller an die Schreibtische, zur Feder! Studenten in die Hörsäle! Juden, haut ab in euer Gelobtes Land!*«

Die Machtdemonstration zeigte Erfolg, für die Partei zumindest halben: Trotz Auschwitz, Treblinka und Majdanek, und trotz Pogromen wie in Kielce, wo noch im Sommer '46 an die fünfzig Kinder, Frauen und Männer, die Bewohner eines ganzen Blocks, von einer blindwütigen Menge unter den Augen der Polizei erschlagen, gesteinigt oder mit vorgehaltener Waffe zum Sprung aus den Fenstern gezwungen worden waren, nur weil ein kleiner Bub, unversehrt wieder auftauchend noch während die Morderei im Gange, eine Zeitlang nicht hatte gefunden werden können und deshalb das tausendjährige Gerücht in den Hirnen wucherte, Juden hätten den Kleinen in einer Ritualschlachtung geopfert, war Polen auch mit diesen Aktionen zwar nach wie vor nicht judenfrei zu bekommen gewesen, doch weil sie systematisch derart gut behandelt worden waren, hatte es immerhin ein Großteil der bis dahin dem Lande verbliebenen Juden vorgezogen zu emigrieren; die wenigsten von ihnen übrigens in Israel strandend. – Am 21. August jenes Jahres halfen polnische Truppen, gegenüber den Bruderländern rundum loyal, nach einem Hilfeersuchen in der Tschechoslowakei den Frühling beenden. –

»Kurz, was mit 1795 eingesetzt hat, ohne seitdem je abzureißen: die systematische Ausrottung der Intelligenz; Terror und Tyrannei. Mit Folgen bis heute.

Die Skepsis – um Haß, Angst und Verachtung so zu nennen – gegenüber den lieben Nachbarn, vor allem dem östlichen, trotz allem, was von westlicher Seite im Lauf der Geschichte übers Land gekommen ist, sitzt tief.«

»Die Polen sind zu keinem Gedanken über die Russen und die Russen zu keinem Gedanken über die Polen fähig«, werde ich am Abend als Kommentar dazu – aber wie gesagt, ist's um das Verhältnis in westlicher Richtung besser bestellt? – in Brandys' *Warschauer Tagebuch* lesen, in einer Eintragung vom Dezember 1980; »Statt des Denkens auf beiden Seiten Reflexe und eine wechselseitig bedingte Psychologie. Drei Jahrhunderte haben an ihr gewirkt. Als gäbe es das Thema der Beziehungen zwischen Polen und Russen nicht mehr. Man müßte die psychischen Versteinerungen sprengen, die alten Verwachsungen von Schuld und Unrecht auflösen. Und zu den Ursachen gelangen. Aber dafür ist es entweder zu spät oder zu früh. Durch die letzten vierzig Jahre wurde die Sache um anderthalb Jahrhunderte zurückgeworfen. Das polnische Bewußtsein ist bei der *Ahnenfeier* stehengeblieben. Und das russische – vielleicht bei Dostojewskijs *verräterischen Polacken*?«

Jetzt, nachdem das Eis gebrochen, weil der Druck von unten endlich stark genug gewesen, in Polen, wie hoffentlich bald auch in anderen ostmitteleuropäischen Staaten, die, wie Adam Michnik kürzlich sagte, nach Jalta zu Eis erstarrten und deren Gesellschaft nun, wenn dieser Eisblock schmilzt, zu ertrinken droht;

wenn jetzt, bevor die momentane Euphorie auch in den aufgeschlosseneren, durch den Umschwung offener angesteckten Kreisen wie bei der überwiegenden Mehr-

138

zahl der Bevölkerung, die sich, einmal abgesehen von cleveren Schlitzohren, welche gleich einen privaten Gewinn rochen und darum auf Trab blieben, nach kurzem Aufmerken wie seit eh und je, obwohl die Reform nur dank Initiative jedes einzelnen vorankommen könne, jeder Bürger sich selber rühren müsse, um nicht zu ersaufen, weiter in Apathie übe und ihr Dahinfristen von oben verordnen lasse, im Nebel der Resignation ersticke:

wenn jetzt nicht dafür gesorgt werde, an Land zu bringen, was man, um das etwas schiefe Bild weiter zu treiben, mühsam im aufgebrochenen Eis gerettet hat – wobei ohne Unterstützung von außen diesmal vermutlich nichts gehe; Wunder, die erst noch ihre Tücken hätten, wiederholten sich auch an der Wisła nicht automatisch –, stehe einmal mehr die Existenz Polens auf dem Spiel.

Eine der Hauptschwierigkeiten sei: man wisse eigentlich nicht, wo beginnen – und eine verwitwete, heimwehverzehrte, tiefgläubige und, wie es der glückliche Zufall wolle, werftvernarrte, leider aber, wie ihn dünke, ausgerechnet, was die am schwersten krankende, die *Stocznia imienia Lenina* (der Polen neues Heiligtum zu Gdańsk) angehe, recht unschlüssige amerikanische Multi-Milliardärin werde kaum ausreichen. Allein mit jener blonden mondänen Madonna aus New Jersey, nicht die Witwe des ehemaligen amerikanischen Präsidenten gleichen Namens, vielmehr in Warszawa etliche Jahre im Gewerbe tätig, horizontal, ehe sie in den Staaten ihren Wachs- oder Windelfabrikanten kennengelernt und geheiratet, der sich, vielleicht weil's ihm zu anstrengend geworden, recht bald aus dem Staub gemacht und sie mit den verdienten Milliarden allein zurückgelassen, werde die nach und nach erst so richtig zutage tretende Misere kaum zu beheben sein.

An Fronleichnam, in einer Prozession zu Gdańsk, habe die Gnädige Mrs. Johnson-Piasecka, in hellem Modellkleid mit breitem rotem Gürtel, an Stelle des Kindes einen rotweißen Nelkenstrauß im Arm – als Patriotin weiß sie, was Polen gebührt –, an der Seite des unermüdlichen Helden über ausgestreute Blumen wandelnd, guten Willen gezeigt, ohne Zweifel. Ob der Wille, zu retten, die Rettung sei, das sei die Frage. Sichtlich berührt von der Aufwartung, die ihr zuteil geworden, hochhackig auf etwas unsicheren Beinen dem mit dem hängenden Schnurrbart untergehakt einherschreitend, den viele, am Ende insgeheim er selber, in Erwartung großer Taten bereits mit dem verehrten Großväterchen verglichen, nicht mit jenem aus Georgien natürlich, nein, mit dem eignen, mit Marszałek Piłsudski, jenem ausgepichten Fuchs

(an der Weichsel scheinen Wunder nun mal leicht zu Kopfe zu steigen – was tut's, daß das, was man für sich beansprucht, der Erfolg eines andern ist; seinerzeit war's der Erfolg eines genialen Kryptologen, der den sowjetischen Code geknackt hatte, so daß alle Befehle des Oberkommandos der Roten Armee an Budjonny und dessen Reiter – die Absurdität der schändenden, mordenden, brandschatzenden Kriegsmaschine, den Gewaltleerlauf um Freiheit und Gerechtigkeit beidseits der Front bei der Verheißung des Paradieses hat Isaak Babel mit dem Blick eines Dsinga Wertow notiert – von Piłsudskis Stab mitgelesen werden konnten; da aber unserem Marschall und seiner Kamarilla nichts daran lag, das Geheimnis zu lüften, verbarg man es hinter der Gottesfügung, bewegte den düpierten Hauptmann mit einer Abfindung, sich nach getaner Arbeit dem japanischen Geheimdienst zu verschreiben, und ließ nach diesem Ablaß die Welt bis heute in dem Glauben, daß der Himmel 1920 den Sieg über die Sowjets zustande gebracht, unter Piłsudskis Führung gewissermaßen),

der Polen durch dick und dünn, kreuz und quer, manche meinten aber auch: geradewegs ins Verderben geführt habe und dem vom Aussehen her – wenn schon – eher eine gewisse Ähnlichkeit mit Nietzsche nicht abzusprechen wäre, der sich jedoch nicht wie jener unglücklich an einen Pferdehals geworfen, sondern es vielmehr, den Zerfall des Zarenimperiums als Gunst der Stunde nutzend und nicht geizend mit Sprüchen, die bis heute vielen gut in den Ohren läuten, geschafft habe, auf dem Wawel zu liegen, sein Herz, das so hart für Polen, und nicht minder geschickt für die eigene Reputation, geschlagen hat »Wir haben die Deutschen bekämpft, die Russen gehaßt, die Österreicher verachtet«: die und ähnliche Sentenzen sind nicht ungehört verhallt –, dort zwischen die Könige zur Ruhe zu legen ...

ja, am Arm des rundlichen Schnauzbärtigen einherschreitend, den viele als Installateur der heutigen Freiheit – in Wirklichkeit einer unter vielen, der populärste zwar – gerne mit jenem vom milden Herbstlicht der Geschichte verbrämten Marschall verglichen, und während der Elektriker mit der Madonna am Arm in seiner gewinnenden Art, mit unwiderstehlichem Charme, ja, mit einem geradezu unverschämten Strahlen übers ganze, im Laufe der Jahre allmählich etwas rosig aufgedunsene Gesicht, ihr den Wert seiner Werft vorrechnend, damit die allseits verdiente Goldene Zukunft endlich allen blühen möge, knallhart Johnson-&-Johnson-Dollars ausgehandelt, sich nichts anmerken lassend ihm zunickend und, ihrer Rolle gemäß, gütig lächelnd stumm ergeben für die ihr und dem Tapferen an ihrer Seite dargebrachten überschwenglichen Huldigungsstürme dankend, dem Volke winkend, habe die Gnädige zumindest viel Vorschußlorbeeren eingeheimst.

Fatal, wenn sich zu Weihnachten herausstellen sollte, daß der an Fronleichnam zur Rettung der Lenin-Werft ausgehandelte Deal tatsächlich auf *piasek* gebaut war, auf Sand, so daß vom Mai-Wunder nichts als lange Gesichter übrigbleiben würden und zu unguter Letzt jene Kritzler recht bekämen, die, wie ich ihm erzählt hätte, auf einer grauen Blockmauer am Werk gewesen seien ...

In Gdańsk, gegen die Werft zu, waren mir die Graffiti aufgefallen, an jenem Morgen, als ich auf einem Spaziergang, viel zu früh erwacht unterwegs, unmittelbar hinter dem Hotel *Hevelius* der Schar Halbwüchsiger begegnen sollte.

Nach einem kleineren Umweg zur *Poczta Polska* war es, einem Umweg zu jenem massiven Ziegelbau, in welchem der kleine Matzerath, kaum daß der als Linienschulschiff getarnte Panzerkreuzer *Schleswig-Holstein,* dessen Auftauchen im Hafenbecken, als Höflichkeitsbesuch ausgegeben – ursprünglich war der Kreuzer *Königsberg* angekündigt gewesen –, die Danziger Bevölkerung wenige Tage zuvor begeistert begrüßt hatte, während sich, unter Deck versteckt, bereits eine Sondersturmeinheit zum Angriff auf die polnische Enklave bereit machte, an jenem 1. September 1939, das Schiff lag in Neufahrwasser, in aller Frühe, das heißt, sobald sich der dichte Morgendunst von den Sandbänken und Werkanlagen gehoben (bis sie sich lichteten und die bereitstehenden Stuka-Geschwader bei strahlender Herbstsonne starten konnten – an einem Herbsttag wie heute also, überlegt man –, hatten Morgennebel auch das übrige Land vor dem Eröffnungsschlag geschützt), aus Kasemattengeschützen zum Fanal feuernd die Westerplatte unter Beschuß genommen hatte, punkt 4.45 Uhr ...

»Da haben wir es doch! Was also hat das Gebell des Schnauzers vor dem Reichstag seinerzeit sollen, seit 5.45 Uhr werde *zurück*geschossen, werde Bombe mit Bombe vergolten und, wer mit Gift kämpfe, Giftgas bekomme, daß einem jeden Hören und Sehen vergehe?« kommentiert Tona, der Kaschube seine Erzählung, während ich mit ihm durch das heutige Gdańsk schlendere: »Nicht einmal auf die Uhr schauen hat der wüste größenwahnsinnige Schreier bei seiner Geschichtsklitterung können – widerlich dessen rollende R; seit die kläffende Heiserstimme mir als Bub aus dem Volksempfänger entgegendröhnte, sind sie nicht mehr aus dem Ohr zu kriegen; doch erstaunlichen Eindruck hat der Schnauzer damit zu machen vermocht: Hören und Sehen sind einem in der Tat vergangen.«

Anders Fritz Otto: »Salve! Der Anfangsbefehl ist endlich gegeben worden!« wird der Kriegsberichterstatter, als Obermaat auf der *Schleswig* in Dienst, anderntags sich vor Begeisterung schier überschlagend, aus dem Volksempfänger zu vermelden wissen. »Gefolgt von gewaltigen Detonationen, jagt der vordere Turm Granate um Granate aus seinen Rohren; krachend, es ist, als sei die Hölle mit Donner und Blitz losgelassen, fallen die Geschütze ein, schmettern Erdfontänen und Flammenwände zwischen die Werke, und während aus Vor- und Mittelschiff die MGs dazwischenhämmern, Flakgeschütze bellen, die von den hohen Aufbauten aus in direktem Beschuß ihr Feuer auf den östlichen Teil der

Westerplatte zusammenfassen, und dicht geballt tief-braunschwarze Wolken leewärts ziehen, schlagen aus dem Pulverqualm erneut grellrot die Mündungsfeuer; meterlange gelbe Feuerstrahlen, Feuerschlangen, zucken durch den Rauch, spiegeln sich im stillen, leise dahinströ-menden Wasser und blenden die Männer auf der Brücke, welche mit Zeissgläsern die Wirkung ihres Beschusses verfolgen: Das Schiff, eine Feste, in Rauch und Qualm gehüllt, gleicht einem feuerspeienden Berg. Glaubt ihr, daß da drüben auch nur noch ein Mensch lebt? fragt man seine Geschützbedienung. Nein – durch Kasematten-schlitze spähend, sich beruhigend mit ruß- und fettge-schwärztem Handrücken den Schweiß von der Stirn wischend, darf man's feststellen –, nein, bestimmt kein Hund mehr, wenn's hoch kommt, eine Katze«

... als mit dem Hall jenes Donners von der Wester-platte zusammenfallend auch hier Schießereien losgegan-gen waren, Danziger SS-Heimatwehr im Schutze eines Panzerwagens gegen das von der Feuerwehr mit Benzin bespritzte, in Brand gesteckte Postgebäude vorging, in erdrückender Übermacht gegen den erbitterten Wider-stand der knapp fünfzig im Haus verschanzten polni-schen Beamten, die den ersten Angriff, nur um später, die Waffen streckend, als Freischärler abgeknallt zu werden, noch zurückzuwerfen vermochten, seine todkranke Trommel versteckt haben soll, das geschundene Metall – weißrotgelackt selbstverständlich –, zum Schutz vor Ku-geln und Splittern, Putz und Staub, im ersten Stock am Ende des Ganges in einem fensterlosen Raum tief in einen Briefkorb bettend, in welchem er selber, der kleine Mat-zerath, die Schlegel über Kreuz fest an die Brust gepreßt, die vorangegangene Nacht verbracht hatte;

und nach nochmaligem kurzem Besuch der *Brigitta-*

Kirche am *Kanal Raduni,* im Industrieviertel des mittelalterlichen Gdańsk gelegen, unweit der Großen Mühle,
in der, wie ich auf dem gestrigen Gang gesehen hatte, ein,
man ist geneigt zu sagen, obligater *Pewex*-Laden untergebracht ist und der Sitz der baltischen Kunstagentur
(nachdem ich die *Ekspozycja* im ehemaligen Seebad Zop-
pot, wo heute das Baden strikt untersagt ist, gesehen
haben werde, eine ungeheuer eindrückliche Avantgarde-
schau, ein Stilgemisch sondergleichen, hintennachhin-
kend dennoch der Zeit weit voraus, weil angesichts der in
endlosen Räumen dicht auf dicht präsentierten grellen
Verblasenheit der erbärmliche Zustand der Gegenwarts-
kunst auf Anhieb zutage tritt, klarer als es in westlichen
Tempeln bei delikat gehängten, auf dem Kopf stehenden
Adlern, brutal zugerichteten Baumstämmen, einer Kollektion mit der Motorsäge zerfräster Spanplatten und vor
den anläßlich der Biennale als Schweizer Beitrag in San
Stae auf dem Boden ausgelegten industrielackierten
Schalbretter der Fall ist, kann ich mir besser vorstellen,
was sich hinter dem Titel Kunstagentur verbirgt) –,
  nach nochmaligem Besuch in jener Kirche also, wo mir
Pan Tona, der großgewachsene Kaschube, der die Stadt
samt Oskars Leben und Vorleben, mit dem aller Onkel
und Nachfahren, besser zu kennen scheint als seine
Hosentaschen, in denen er nämlich auf unserem nächtlichen Weg durch die Stadt oft länger nach seinen Asth-
mapillen grabschen mußte, am Vorabend, nachdem er
mir nahe dem Ausgang, neben welchem mir beim Eintau-
chen in den warmen Kerzendämmer Popiełuszko, der
allmächtige Wojtyła, die abstehenden Kardinalsohren
des jetzigen sowie der verstorbene Primas und zwei
Schnauzbärtige aus unterschiedlichen Generationen auf
Fotos einträchtig beisammen an eine Stellwand geheftet

aufgefallen waren, sich dicht neben mich stellend, um den von einer Laiin angestimmten Meßgesang nicht zu stören, und sich in seiner Massigkeit zu mir herabbeugend, mir schweren Atems ins Ohr flüsternd, erzählt hatte, daß draußen auf der hohen Backsteinmauer, die den Kirchhof zur Katharinenkirche hin abschließt (»deren Geläut, zu Rüstungszwecken demontiert, von einem Verein erneuert, der bei heutigen bundesdeutschen Politikern Spenden für den Guß siebenunddreißig neuer Glocken erbeten, bald wieder über die Dächer rekonstruierter hanseatischer Backsteingotik schallen dürfte«, so Tona), bei Treffen und Versammlungen im Schutze des Kreuzes – tempi passati, tempi passati! – Reihen heutiger Oskare auch einmal ordentlich gepfiffen hätten, wenn ihnen die Reden gestandener Solidarność-Vertreter allzu zahm ausgefallen oder sich einer von denen zu kapriziös in den Vordergrund zu drängen versucht habe, den modernen Kreuzweg gezeigt, der die linke Längswand des Schiffes schmückt und auf dem mir, nachdem unsere Augen sich ans gedämpfte Licht gewöhnt hatten, unter den üblichen biblischen Figuren mit in Polen allen bekannten Gesichtern Apostel Lech aufgefallen war, wie er, etwas bleich, im Gefolge auf dem Weg nach Golgatha hinter der sich unter dem Kreuz krümmenden Schulter des Gekrönten hervorblinzelt, erinnert man, auf dem Weg zurück vom Platz mit jenen drei aus Stahlplatten geschmiedeten, mit der Wucht eines Vulkans aus dem Beton berstend die umliegenden Bauten und Kräne überragend vielleicht vierzig, vielleicht fünfzig Meter hoch gen Himmel schießenden Kreuzen, an die schwere Anker genagelt sind, deren Tau-Enden zu einem in die Balken geflochtenen S geschlungen sind; zurück also von der Gedenkstätte für die Werft-Arbeiter, die auf diesem Platz hier 1970 – er erinnere sich gut an jene Dezember-Ereignisse – umgekommen waren; vom Staatssicherheitsdienst in höherem Auftrag über den Haufen geknallt, erschossen von willigen Einheiten jener *Milicja*, die sich in der Zwischenzeit zur *Policja* gemausert hat ...

Ohne daß sich, er müßte denn farbenblind sein, grundsätzlich etwas verändert hätte, denn ihre Uniformen und deren Farbe, das allseits bekannte Stahlblau, samt dem breiten dunkelblauen Balken an den Seiten der hellgrauen Wannen, auf denen zwar neulich die Aufschrift gewechselt worden, seien die gleichen geblieben.

Das Denkmal – in der Tat, es habe einiges gebraucht, bis es dagestanden, wie der Alte mit mir zusammen an ihm hochblickend gemeint hatte (später bei der Arbeit, als er sich die Jacke auszog und die Hemdärmel hochkrempelte, wobei mir als erstes die eintätowierte Nummer auf seinem linken Unterarm ins Auge stach, waren über beiden Ellenbogen eigentümliche tiefe Narben zu sehen: Souvenirs polizeilicher Streicheleien) –, das Denkmal erinnere, besser, mahne eigentlich an die Toten mehrerer Streiks und Aufstände: an jene von '56 in Poznań, die von '70 in Gdańsk, dann an die von '76 in Ursus und Radom, und es erinnere, wenn ich wolle, nochmals an Gdańsk. Aus den Fehlern von '70 lernend, habe man sich damals hier allerdings nicht erneut dem Mündungsfeuer aussetzen mögen und rechtzeitig in der Werft eingeschweißt. Und kaum daß das Denkmal, von Arbeitern während der Freizeit geschmiedet, Ende 1980 fertig dagestanden habe, geweiht worden, wie es sich für so ein Werk gehöre, sei fast auf den Tag genau ein Jahr später über das Land, wie ich vielleicht noch wisse, am 13. Dezember das Kriegsrecht verhängt worden, hätten sich über Nacht die Staatsknäste gefüllt; Jaruzelski sei damit nur Moskauer Plänen zuvorgekommen: anstelle der Geheimpolizei übernahm einfach die Armee in Polen das Kommando. Wenig später sei Solidarność offiziell wieder verboten worden, zusammen mit so gut wie allem, was einen zuvor, gestärkt durch die Erfolge im August '80, kurze Zeit habe aufatmen lassen. – Und dennoch, aller nachfolgenden Einschüchterung zum Trotz: was im August '80 mit der Entlassung der Kranführerin Anna Wałentynowicz begonnen, denn dadurch seien die Streiks ausgelöst worden, für die Oberen nicht ganz folgenlos, habe in harten Ausmarchungen zu nichts Geringerem als zu jenem *Danziger Abkommen* geführt. Ohne dieses Abkommen und die Gründung von Solidarność im Anschluß daran stünde man heute, nach bald zehn Jahren, kaum, wo man stehe, hatte der Alte mit dem nikotingelben Franz-Joseph-Schnauz, mir den modernen Kalvarienberg erklärend, gemeint, nach kurzer Musterung sichtlich froh, zu dieser Morgenstunde für seine Geschichtslektion – Geschichte sei immer sein Hobby gewesen – bereits einen willigen und dankbaren Zuhörer gefunden zu haben. Ein ehemaliger Schweißer, wie sich im Gespräch herausstellte, der mir zum Denkmal insgesamt, den diversen Reliefs, den Emblemen von Solidarność und zu den Ermordeten, von Brunon Drywa bis Janusz Zabrowsky, bereitwillig, ohne daß ich viel zu fragen brauchte, er schien es nicht das erste Mal zu tun, des langen und breiten zu erzählen wußte, während er sich nebenher, einem Kirchendiener ähnlich, der an heruntergebrannten Kerzen fummelt, gemächlich an den vielen Blumen zu schaffen machte, da und dort einen Strauß neu arrangierte, aus dem Blumenherz, das zwischen den Kreuzen für Popiełuszko blüht, verdorrte Blüten klaubte, ehe er hinter den Kreuzen mit einem

Fetzen die Fußstapfen des Papstes auswischte, Tau aus den Sohleneindrücken tupfte, die der Papst, als er im Frühsommer '87, ein Jahr bevor neue, von der Werft ausgegangene Streiks das Land erschüttert und, wiederum im August, die eigentliche Wende erzwungen, von hier aus für die auf dem Platz und weit darüber hinaus bis in Seitenstraßen dicht an dicht gedrängten Arbeiter eine Messe gelesen, zur Erinnerung daran im Beton hinterlassen habe.

– Wie es sich für einen Star gehört. Wann werden der Schnauzbärtige und die Gnädige aus New Jersey hier ihre Marken hinterlassen? Marilyn hat sich in Hollywood im Asphalt verewigt und Mohammeds Schwager oder Bruder, eine morgenländische Größe jedenfalls, vielleicht der Prophet selber, soll, hat man in Kabul vor Jahren erfahren, am Fuße des Hindukusch derart unsanft aufgetreten sein, im heiligen Zorn derart auf den Boden stampfend, daß sich, o Wunder, im afghanischen Hochland mirakulös, für den Reisenden im Staube der alten Seidenstraße überwältigender als die Augen Gottes, die Seen von Bandiamir öffneten: Gedankenquerschläge, die man besser für sich behielt, dem Alten zuhörend, der, in seiner Blumenpflege und den Erzählungen innehaltend, an jenem Morgen geduldig immer wieder die Fahnen richtete, die den für mein Empfinden einmal mehr reichlich klobig geratenen Arbeitern auf den Bronze-Reliefs an den Kreuzschäften in die Hände gesteckt sind und sich im scharfen Wind, kaum daß der Alte sie entrollt und zärtlich glattgestrichen, fortwährend neu verhedderten.

Auf einem Stumpenstummel kauend, sich in der Geschichte mit großem Ernst immer tiefer in Geschichten verzettelnd, verstand er es, geschickt selbst noch die an den Bruchstellen des geborstenen Betons in den Boden eingelassenen, wie er betont: in den letzten Wochen diskret neu installierten, teils noch in Plastikplanen verpackten Scheinwerferbatterien einzubeziehen, welche dieses Jahr, in wenigen Tagen, an Allerheiligen, das Monument erstmals in nie dagewesenem Lichterglanz erstrahlen lassen werden.

Wenn er auf dem Weg um eine Kanne frisches Wasser nach hinten humpelte, kurz innehaltend vor den weißen Gedenktafeln für die Toten, die sich hier am Boden, auf der gegen die Mauer zu einem sanften Wall sich aufwerfenden Granitpflästerung, hinter einem blakenden Ewigen Licht, eingerahmt von rotweißen, streng symmetrisch plazierten Sträußen zu einem großen Kreuz formieren, vergaß er aber vor allem nicht, ohne viel Worte zu brauchen, mich an der rückwärtigen Mauer mit den bronzenen Solidaritätsadressen befreundeter freier Gewerkschaften mehrfach auf die grün gestrichen mit *Na Kwiaty* (für Blumen) angeschriebene, etwas verbeulte briefkastengroße Spendenbüchse aufmerksam zu machen, in jener Nische, wo mir zwischen dem weißen Kreuz mit den Namen der achtundzwanzig Ermordeten und eben diesem Opferstock, seltsamerweise erst beim zweiten Rundgang, dem voraushumpelnden Erzähler auf seinem Weg zum Wasserhahn folgend, vor der schlichten kleinen Statue eines in den Knien leicht einbrechenden Mannes, der mit vors Gesicht hochgeworfenen Händen einen tödlichen Blitz abschirmen zu wollen scheint, inmitten der Sträuße ein weißer Bergarbeiterhelm mit dem Signet von Solidarność aufgefallen war, ehe mir der Alte, mit seiner Kanne vom Hahn zurück, erst hinter dem Arbeitsschutzhelm einem mächtigen rotweißen Dahlienstrauß Wasser nachgießend, diesem dabei auf polnisch, in einer mir letztlich wohl immer fremd bleibenden Sprache, in der man kaum die Namen versteht, wenn man sie in der Zeitung stehen sieht (einer Sprache voller rollender R, kombiniert mit Zischlauten, kurzen Nasalen und Konsonantmassierungen, alles an anderer Stelle, als es das Ohr von irgendwoher gewohnt ist – und liest man etwas: Silben, deren Sinn man nicht mal ahnt, daß man, fasziniert von all dem, zu verstummen beginnt, mehr noch, taub wird), etwas zumurmelnd, um danach entlang der Mauer umständlich eine Reihe Blumenkistchen zu tränken, rechts dieser, wenn man so will, Altarnische, die schwere Kanne abstellend mehrfach seufzend: »Kraft wird es brauchen, noch einige«, schließlich die Tafel mit Czesław Miłoszs Versen rückübersetzte (eigentlich sind es die Schlußverse des 29. Psalms in Miłoszs Übersetzung, und es handelt sich um keine Tafel, sondern eher um ein Spruchband, das sich, aus großen, stark patinierten Bronzelettern mit blankgeriebenen Kanten gebildet, ungemein lang über den hellen Waschbeton der rückwärtigen Wand hinzieht, über jene Wand, welche die Gedenkstätte gegen die Werft abschließt): *Der Herr wird seinem Volk Kraft geben, der Herr wird sein Volk segnen in Frieden.* Oder wie er zu sagen pflege – und dabei bedankte sich der Alte bei mir: Der Herr hat's genommen, der Herr wird's wieder geben. –

An einer Seitenwand der Werft, die sich demnächst, weil eine Reihe der riesigen Buchstaben, deren erdrückende Größe einem erst richtig aufgeht, wenn man einen Menschen unter ihnen durchs Tor hasten sieht, aus ihrem Namen verabschiedet und in Revision geschickt werden dürften, so daß auch im auf bescheidenes Maß zusammengerückten Schriftzug über den Portalen nicht länger an den Säulenheiligen einer in Mißkredit geratenen Revolution erinnert wird, wieder stolz mit ihrem einstigen

Titel begnügen könnte: *Stocznia Gdańska* – an einer Seitenwand der Werft war mir, bevor ich dem Alten begegnete, das Graffito *Nie damy się* – Wir lassen uns nicht unterkriegen! aufgefallen:

Auf jenem Spaziergang, nach einem Umweg über die *Polnische Post* und dem Besuch der *Brigitta-Kirche* vom *Plac Solidarność* zurück, unweit meines Hotels in Betrachtung einiger Graffiti Geschichte und Geschautes zu einem Gedankenfilm zu mischen suchend, hatte ich mich an jenem Morgen in Gdańsk plötzlich inmitten einer wie aus dem Boden getauchten Schar bettelnder, routiniert die Abfallkörbe durchwühlender Halbwüchsiger befunden, Kinder fast, in Begleitung eines Schäferhunds, welchen die quicklebendigen, sprachbegabt in harten Währungen bestens bewanderten Mädchen und Jungen, ohne ihrem Ansprechpartner gegenüber unnötig Worte zu verlieren – als Gast der Nobelherberge mit weißwievielen Sternen, die sie, verglichen mit dem Toruńer Kasten, tatsächlich verdient, in der ich im 13. Stock oben, mit bester Aussicht über die Stadt, einquartiert worden bin, sichtlich bestrebt, dahin zurückzukehren (einem Beobachter müßte dabei meine plötzliche Eile aufgefallen sein), kann ich es ihnen kaum verargen, daß sie von meiner Zahlungsfähigkeit und Spendenfreudigkeit überzeugt sind –, sehr geschickt und effizient einzusetzen wußten.

Die Stimmung oder deren Umschwung innerhalb von wenigen Monaten – wobei es nicht an Stimmen fehlte, die jetzt, in Anspielung auf den Marschall (jenen Pferdenarren, der sich in der Manier eines Condottiere Colleoni, oder gar als Inkarnation des Fritz unter den Linden am angemessensten verewigt gesehen hätte), bereits riefen: *Lech, sattle deinen Braunen und reite ins Belvedere …*

Zu fragen wären die, ob es, um dort zu residieren, ausreichte, daß man sich zum Gewerkschaftsfähnchen die obligate Madonna ans Revers gesteckt, ob populistisch Stroh dreschen, zudem muffiges, Programm genug sei – daß es sich als solches verkaufen ließe, stünde auf einem andern Blatt – und es sich heute, man schreibe nicht mehr den 26. August 1980, allein mit einem riesigen Kugelschreiber, den ein Papst-Portrait ziert, noch regieren ließe. So revolutionär, bedeutend letztlich für den Fortgang der Geschichte im ganzen sogenannten Ostblock, die Gründung von Solidarność gewesen sei; erst recht, als die notwendige Voraussetzung dafür, jene in einer Allianz zwischen Arbeitern und Intellektuellen der Macht abgerungenen einundzwanzig Punkte des *Danziger Abkommens,* mit dem die Armierung, die Struktur eines bis anhin unerschütterlichen Systems erstmals geknackt und das von Wałęsa im Namen des überparteilichen Streikkomitees seinerzeit medienwirksam mit gewichtigem Schreibzeug unterzeichnet worden sei.

Falls der Gute sogar selber, sollte ihn etwa seine Spürnase, sein untrüglicher Instinkt, auf den sich der schlaue kapriziöse Fuchs, dem jeder andere kluge Kopf daneben allzu leicht als Eierschädel erscheine, mächtig was einbilde, allzu stickiger Luft wegen, die ihm aus den Zimmern neuer Berater entgegenquelle, plötzlich im Stich gelassen haben, allen Ernstes mit dem Gedanken liebäugle, als *Präsident mit dem großen Engländer in der Hand* in die Annalen eingehen zu wollen (andere hätten schon mit der Axt Politik zu machen vorgegeben, gar – *Gott schütze Polen,* singt Janusz, die Hände beschwörend gegen das Haus der Partei zum Gebet erhoben – mit dem ominösen Kochlöffel), so könnte er sich dort vielleicht eher, wie ein Witz es wolle, als politischer Nikifor ausnehmen, reichlich naiv, eher wie ein Schloßbesucher in um etliche Nummern zu großen Filzlatschen. –

Wie dem auch sei: Die Stimmung insgesamt faßten die Graffiti, die ich in Gdańsk gesehen, auf den vielleicht knappsten Nenner zusammen: *Viva Wałęsa!* wütend durchgestrichen und mit *Zdrada!* (Verrat) überschrieben; beides zusammen mit schlecht deckender weißer Dispersion übertüncht, darauf, weithin sichtbar, und besser als auf grauem Mauergrund, in ungelenken Lettern ein einziges Wort: *Chleba!* – Brot! …

Um die landesweite Misere zu beheben, und es handle sich dabei um mehr als ein paar Kurzschlüsse, genüge ein noch so cleverer Elektromonteur allein kaum, nicht mal zusammen mit der steinreichsten Witwe:

Wenn andere nicht ebenfalls aus dem Busch träten, in Polen wie außerhalb; wenn jetzt nicht wirklich Taten folgten, stehe nicht nur erneut die Zukunft Polens, eines Landes voller angestauter, schmerzhafter Konflikte, sondern diesmal die ganz Mitteleuropas auf dem Spiel, und Mitteleuropa, der eigentlich recht schöne Gedanke, unter dem sich jeder vorstellen könne, was ihm passe, der, vielfach nichts als leere Wortspiegelei, als trefflicher, bald jede Talk-Show rosig vernebelnder Rauchvorhang zum Synonym für einen wirtschaftlichen Zweckverband, eine S. A. oder GmbH des Kapitals gegen die in absehbarer Zeit mit ganz anderer Wucht von den Rändern hereinbrechende Armut verkommen sei und, sobald deutsche Eichen wieder mächtiger rauschten, das Wiedervereinigungsgebell erst richtig losgehe, weiter verkomme – daß die Verlautbarungen aus Brüssel, man bräuchte sie nur aufmerksam zu lesen, nicht einmal allzusehr gegen den Strich gebürstet, den nationalsozialistischen Texten zu Europa entsprächen, irritiere ja niemanden mehr; und in der Eiseskälte eines Großreichs fernab jeder demokratischen Spielregeln zumindest sind das Stalinsche von dem Jacques-Delorsschen ja gar nicht so verschieden –, könnte noch auf lange Zeit nichts als ein schöner Traum bleiben. Nach Berlin dürften also ein paar weitere Konferenzen zum Thema Mitteleuropa einberufen werden. Die Teilnehmer, die immer gleiche Handvoll saturierter Intellektueller, in traulicher Wannsee-Abgeschiedenheit zusammentretend, um unbekümmert tagelang tief bekümmert weiterhin ihrem *Traum von Europa* nachzuhängen (am Ende als weise Würstchen hoffentlich nicht das Zusammenwürgen der beiden Teile Deutschlands mit dem Zusammenwachsen von Europa verwechselnd), denen aber, jedenfalls den meisten von ihnen – so sei es ihm vorgekommen, als er Gelegenheit gehabt, sie während eines halben Sitzungstags und anschließend einen Party-Abend lang zu beobachten –, die Robe, der Wein und die passende Schönheit an ihrer Seite wichtiger sei als der Disput, täten in ihrer larmoyanten Euphorie allerdings gut daran, zwischendurch, bevor sie allzu steil in ihre Utopien abhöben, einen Blick zurück auf die Anfänge, das Europa von 1945, zu werfen, einen Augenblick nach den Höhlenbewohnern von Warschau zu forschen, und ganz nebenher sollte sich dabei vielleicht jeder mit der Tatsache beschäftigen, daß kein Deutscher, wolle man Quellen vertrauen, Nazi gewesen sei, oder wie es Jurek Becker neulich ausgedrückt: sich jeder so verhalten habe, wie es vorteilhaft oder ehrenwert sei, sich verhalten zu haben – ein abschüssiges Gelände . . .

Anders gesagt, um auf den Ausgangsgedanken zurückzukommen: Erst die Stabilisierung Polens, das sich gerade wieder daran macht – schön wäre, wenn das diesmal den Auftakt zur Wiedergeburt der ganzen Halbinsel, des ganzen Wurmfortsatzes dieses zerklüfteten Kontinents darstellte – neu zu erstehen, und dazu wären Unsummen nötig, könnte Garant werden für ein Gelingen von Glasnost und Perestroika. Über die Sowjetunion hinaus.

Gorbatschow – laut Adam, eines Freundes und Gewerkschaftsaktivisten, betont Janusz, ist der neue Machiavelli im Kreml ein Kind von Solidarność –, Gorbatschow und dessen Reformbemühungen, an allen Ecken und Enden in Frage gestellt durch Nationalismen, die, angeheizt von fundamentalistischem religiösem Wahn und, als ob der allein nicht genügte, geschürt von Sprachzwisten, tüchtig Urständ feierten, diese vielleicht widerlichste Krankheit, die ausbreche, sobald das Immunsystem eines Staates gestört sei – wann sei es das nicht? das Eingeständnis bräuchte nur endlich zugelassen werden – und die Bewohner realisierten, wie beschissen es ihnen ginge, vertrügen Stärkung. Auch wenn bald jede zu spät komme.

Und Polen? Obwohl die Geschichte – die Erinnerung an die Vergangenheit, nach einem Gedicht Herberts die zweite Apokalypse, sei noch zu wach – sich nicht zu wiederholen brauche: bald bleibe ihm nichts anderes mehr, als sich erneut erstaunt und verunsichert die Augen zu reiben. Gesetzt den Fall, der Traum eines vereinigten Deutschland, man spreche besser von Anschluß, egal ob die Anzuschließenden jubeln oder nicht: auch die Österreicher jubelten, werde tatsächlich wahr.

Daß die Mauer – nüchtern betrachtet das einzige nationale Symbol des lieben Nachbarn in Richtung Sonnenuntergang; das einzig gesamtdeutsche, der einen ihr Haben und der anderen ihre Sehnsucht, ist die Deutsche Mark – daß die Mauer endlich gesprengt gehöre: wer möchte dagegen etwas einwenden? Indes, allein vor lauter schlechtem Gewissen, sich ansonsten den Vorwurf der Germanophobie einzuhandeln – Germanophobie habe ja schon besseren Kurs gehabt –, werde sich allerdings bald jedermann bemüßigt fühlen, gleich zum mehr oder minder bösen Spiel des deutschen Zusammenschlusses, der früher oder später, in welcher Form auch, unvermeidlich werde, gute Miene zu machen. Ob die Rechnung rundum derart einfach aufgehe, wie es sich manche in verständlicher Hoffnung dächten, werde sich erst zeigen müssen. Ob mit einer erneuten Währungsunion – ohne die Helden der deutschen Arbeiterbewegung, von Clara Zetkin über jenen Nationalökonomen, für den es heute kein Erbarmen mehr gebe, bis Marx und Müntzer, denen, wie verordnet, eben erst ewige, zumindest weitere vierzig Jahre während Treue geschworen, samt und sonders ohne Sold noch Ehren zu verabschieden, ließe sich die Einverleibung der Alu-Chips-Gebiete ins Reich der harten Mark schwerlich realisieren, ja, ohne dem bärtigen Karl, dem mit einem Mal von allen Verteufelten, ratzeputz den Bart zu stutzen, seine krause Frisur zu glätten und ihm, neu eingekleidet – obwohl blau eigentlich blau bliebe –, ein von Dürer geschneidertes Reformatoren-Béret aufzusetzen, würden aus hundert Marx schließlich keine Mark ...

Was wird dannzumal mit Schiller? – Falls es der Autor des *Tell* unter Hammer und Zirkel überhaupt je zu einer guten Note gebracht hat, überlegt man; im »Athen der Gauner« jedenfalls, das hingegen weiß ich als Bündner, hätte er's zu keiner gebracht. Was wird mit dem Weimarer Hofrat geschehen, der es, in jene wasserzeichengeschützte Reihe verirrt, ein Rätsel, immerhin zu einem Papier von zwanzig Zählern geschafft hat und der Ehre, mit Müntzer zusammen seit Jahren jeden DDR-Reisenden, ob es dem paßt oder nicht und selbst wenn der vom einen Stadtteil nur kurz zu Freunden in den andern will, es also gut ohne aufgedrängte Begleitung schaffte, an der Friedrichstraße zu begrüßen –

... ja, ob mit einer flugs ausgetauschten Währung, als hätte es keine Geschichte gegeben, schon all das im Land, vor allem in den Köpfen während Jahrzehnten Verkorkste geregelt sein werde und mit Pampers, Mister Proper und einem Hauch von Freiheit und Abenteuer, mit Chiquita, dem Krokodil auf schwarzrotgoldner Brust, den neuesten Modellen von Volkswagen unter dem Arsch und der Bild-Zeitung zum Schultheiß wie erhofft automatisch gleich wieder das Biedermeier ausbreche, das müßte sich erst weisen. – Polen jedenfalls dürfte sich bald in einer äußerst unkomfortablen Lage wiederfinden: Statt eine Brücke zwischen Ost und West darzustellen, einmal mehr zwischen Stuhl und Bank, in der Rolle des Paria. –

Und welche Rolle wird dann beispielsweise der Schweiz und Österreich zugedacht? Werden diese – in der Schweiz vor allem die Deutschschweiz, die sich immer unverfrorener so gebärdet, als wäre sie die Schweiz – mit ein paar weiteren Staatssplittern, wie ein über allen Niederungen in trübem Nebel rudernder Geist die artigen Zwerge apostrophiert hat, über kurz oder lang zu Südprovinzen, zu einem Bundesland-Süd?

Austria wie Helvetia bliebe noch eine Alternative: die eines umweltgerechten Disneylands, die Schweiz eignete sich zudem hervorragend als Stöckli, als Alterssitz für finanzkräftige Ausländer. –

Natürlich, meint Janusz, halte es heute niemand für angebracht ...

Bestenfalls ein ewiger Hitler-Junge vom Schlage Syberbergs, bleibt einzuwenden, der sich unverhohlen einen anständigen, weil prinzipientreuen Antisemitismus, einen netten, sauberen Faschismus wünscht, umweltfreundlich, heimatverbunden, und in der Meinung, »was uns heute beschäftigen müßte«, wäre die Lebenslüge der Demokratie – »in der Demokratie liegt unser Untergang«, so wörtlich –, im unverrückten Glauben, daß Deutschland, das »geistig und sittlich einmal ein Modell« war, noch einmal sichtbar der »Weltmaßstab für Kunst und Moral« werde, »was ihm ja abgesprochen wurde nach Hitler. Natürlich zu Unrecht. Ein Skandal ist das«, voller Stolz für die Täter und deren Selbstüberwindung seinen Himmler lobt: »Man muß, um ein Prinzip zu erfüllen, seinen, wie man so sagt, inneren Schweinehund überwinden; man durfte nicht weich werden an der Rampe in Auschwitz«, schwärmt der sich an Kleist vergreifende Schwadroneur von dem die Polen in einem *Zeit*-Interview unkommentiert lesen durften: »Es ist schlimm, daß Kriege nicht mehr geführt werden können. Die Vertreibung der Deutschen aus den heute polnischen Ostgebieten war etwas, wofür man eigentlich hätte in den Krieg gehen müssen. Es gibt Ungerechtigkeiten, die man anders nicht lösen kann.«

… natürlich halte es heute, mit Ausnahme eines kleinen, nicht zu überhörenden Häufchens unverbesserlicher Verrückter, kaum jemand für angebracht, nicht einmal die Vorredner irgendwelcher Vertriebenenverbände, die dies bislang in hartnäckiger Heimattümelei heraufbeschworen, verlustig gegangene Provinzen durch offene Konflikte heimzuholen, wenn eine ökonomische Strategie zum gleichen Resultat führe: Buying is cheaper than killing.

Obwohl das hoffentlich Alptraum bleibe, brauche es wenig Phantasie, ihn zu Ende zu denken. Der älteren Generation könne man es schwerlich verargen, wenn sie sich ein dazu passendes Szenario zurechtlege:

Da vermutlich jeder Regierungswechsel oder -umsturz die wirtschaftliche Lage des Landes desolater zutage treten lasse – die jetzige Regierung, auch wenn noch ein paar Profiteure zuviel aus dem alten Lager drin säßen, könne vorerst einzig auf einen sehr großen Vertrauenskredit zählen, einen größeren, als jeder künftigen zustehen dürfte, so daß ihr darum vorerst selbst ein paar Streiks wenig anzuhaben vermöchten (sollen sie doch offen streiken, so sein Vater, gegen außen hin, und daß es zu Hause am Küchentisch selten zugehe wie bei Staatshuldigungen, sei bekannt, seien jetzt vierzig Jahre lang alle einer Meinung gewesen) – und da Fraktionskämpfe, die sehr leicht zu schüren seien, sobald die Euphorie nachlasse, Polen vor jeder Wahl wieder lähmten, so weit, bis die interne Zerrissenheit hinter aller Kaschierung, weil der Stallgeruch der unentwegt neu beschworenen Schicksalsgemeinschaft auf Dauer eben doch wenig wärme, irgendwann derart groß sein müsse, daß die Bevölkerung, den Bettel satt, in heller Panik in Scharen wegzurennen beginne – ein Mechanismus, den man in letzter Zeit als Vorgeschmack wie auf dem Servierbrett präsentiert bei den lieben Nachbarn westlich der Oder, im vierzig Jahre mit preußischer Zuchtpeitsche regierten östlichen deutschen Teilstaat, habe studieren können –;

ja, da Polen vermutlich bald durch Parteikämpfe und innere Zwiste zerrissen werde, der heimliche Aggressor andererseits, in die Rolle des Retters in der Not schlüpfend, jetzt schon leicht als reicher gütiger, mit Geschenken vollbepackter Onkel auftreten könne, dem zum

Dank – und dabei, wenn's ohne viel Aufhebens geschehe, kluge Köpfe im Sejm wüßten das, sie bräuchten es nicht laut zu posaunen, lasse sich außerdem, im Reststaat wenigstens, der eigene heruntergewirtschaftete Haushalt sanieren – in Frieden dem Frieden zuliebe Stück um Stück geopfert werde, müsse der sich das, wie es einst Friedrich der Große propagiert, zunutze machen und um den Preis seines guten Rufes – um den es eh nicht bestens bestellt sei, was aber nicht viel heiße: das Gedächtnis sei letztlich so vergeßlich – sich bald hier einen reizvollen touristisch nutzbaren Landstrich, bald dort ein marodes Industriekombinat unter den Nagel reißen (das zwar kaum zu sanieren sein wird, so, daß es nicht mehr zum Himmel stinkt, wenn einfach der Held der Oktoberrevolution flink aus dessen Namen gestrichen und vor den Fabriktoren vom Sockel geholt wird; dank einer hochentwickelten Umwelttechnologie und im Vertrauen auf altbewährte Gründlichkeit – nach dem Dichterfürsten soll Ungerechtigkeit Germania erträglicher sein als die Unordnung – hofft man jedoch in Griff zu kriegen, was man in Griff kriegen will, und wenn dennoch ein Grund zur Besorgnis bleibt, dann der, daß es einige nicht schaffen werden, beim Denkmalsturz rechtzeitig zur Seite zu springen – das Risiko, daß die, welche den Koloß stürzen, sich damit selber erschlagen, muß eingegangen werden), bis man hätte, was man hatte – und was man sich seitdem immer schon gewünscht:

Schneidemühl und die Mark Brandenburg, welche, wie jene kühnen Burschen, die darauf brennen, mit ihren Gesinnungsgenossen in der DDR baldmöglichst einen Polit-Joint-Venture eingehen zu können, an Sonnwendfeiern um die heilige Glut herum beschwören, vollständig zu Mitteldeutschland gehöre;

Schlesien mit seinen Bodenschätzen – ein Katastrophengebiet erster Güte; wenn dort weitergeschludert wird wie bisher, bald sicheres Absatzgebiet für Gasmasken;

dazu Pommern und Ostpreußen, wo wieder, damit im Stall der Dreck erledigt würde, ein paar Schweizer eingestellt werden könnten: die gesamten ehemaligen Ostgebiete also, vielleicht um ein paar gute Stücke ergänzt, so daß die Schritte allmächtiger Patrioten ins dunkel hinein nicht nur insgeheim wieder bis an den alten Turm des Doms von Königsberg hallten ...

Bis hin zur alten, von Holzwürmern durchfressenen Mühle des Philosophen – um Carlo Emilio Gadda zu paraphrasieren.

... Erwerbungen mit dem Scheckheft, mag der Preuße, seinen Fritz variierend, spekulieren, sind offenen Annektionen allemal vorzuziehen: Weniger Zufällen ausgesetzt, erspart man sich dabei viel unnötige Umtriebe ...

Zu Hause nochmals Januszs Szenario durchgehend, diese Gebiete suchend, deren Lage einem vermeintlichen Mitteleuropäer nicht so präsent ist, stelle ich fest, daß die Instanz zu Wiesbaden sie mir in meinem Lexikon, das allerdings gute zehn Jahre alt ist, unter dem Stichwort *Deutschland, Verwaltungseinteilung* auf einer Übersichts-Tafel eiskalt als *unter polnischer und sowjetischer Verwaltung* verzeichnet. –

Dem Ingenieur, der ein solches Szenario in die Tat umsetzte, hat Janusz erzählt, dürfte ein Denkmal sicher sein, habe seine Mutter gemeint; wenige Tage bevor sie in der *Ulica Brzeska,* unweit der Station *Warszawa Wschódnia,* des Ostbahnhofs, von einer Gruppe Besoffener, denen nach schlechtem Geschäftsgang die Knete für den Sprit ausgegangen sein dürfte, auf dem Weg zum Einkaufen im *Bazar Różyckiego,* auf offener Straße zusammengeschlagen worden sei, am hellichten Tag, mit kaum ein paar Złoty in der Tasche.

In der jetzigen Situation, in der vieles, ja, alles möglich, aber nichts erreicht sei, könne man probehalber genausogut auch das durchspielen: Statt andauernd dem Sonderfall zu huldigen und weiter als malträtierter Christus unter den Nationen sein Leiden zu kultivieren (die Tragödie der Polen sei es, so eine Journalistin neulich, daß sie sich immer von irgend jemandem bedroht fühlten, sich meinten befreien zu müssen, aber letztlich, zu sehr an den Druck des meinungmachenden Kollektivs gewöhnt, heiße er nun Kommunismus oder Kirche, Angst davor hätten, einander eben diese Freiheit zu gewähren) – und auch, um dem vorhin geschilderten bösen Traum zuvorzukommen, denn die unendliche Wiederholung des Slogans von einer deutschen Bedrohung stelle für Polen eine bedeutende Gefahr dar: die Gefahr einer Isolierung in Europa –, sei es nach der inneren Umwälzung, damit der Vorsprung, den das Land durch den Kompromiß am Runden Tisch, noch ehe die Kommunisten im eigentlichen Sinne abgedankt, gewonnen, nicht zu einem Nachhinken werde, an der Zeit, in die Offensive zu gehen, wirklich auszubrechen:

Wenn das Land schon wirtschaftlich darniederliege, Investoren keinen Anreiz biete, könne sich Polen, durch eine Öffnung nach jenem sagenhaften Neuen Europa seine Nabelschau überwindend, damit der Dollar fließe, wo bislang der Rubel gefehlt, rasch um eine Mitgliedschaft in der *Nato* bewerben – und sich so in Brüssel über die Hintertüre den Eingang öffnen. Die Büros von Herrn

Delors – er hätte sich anderswo installieren können, aber er wollte partout neben seiner Mutter wohnen – lägen ja gleich neben den Büros jener Nordamerikanischen Investmentgesellschaft für den technischen Overkill . . .

Wenn's mit Kakanien nicht weit her ist, träumt man von Cucania. Da man es mit der Theorie des Weisen aus Trier – daß nicht sie falsch zu sein brauche, sondern daß es bei ihrer Umsetzung gehapert haben könnte: zu dieser unschicklichen Überlegung strengt sich jemand, der nicht in nostalgischer Wehmut altlinken Träumen nachhängt, besser gar nicht erst an – in vierzig Jahren nicht zuwege gebracht hat, daß Pflüge endlich ohne Traktor, unbedingt aber ohne Fahrer zackern und Mühlsteine sich von alleine drehen, wartet man, daß einem die Gegenseite das Schlaraffenland einrichtet; in der Gewißheit, bald würden der Oder entlang am Grenzzaun die saftigsten Würste wachsen, sperrt man darum, den Schlendrian beibehaltend, in Erwartung gebraten daherflatternder Tauben und Kapaune, prophylaktisch tüchtig das Maul auf (in der Vorstellung, als Esel mit silberner Nase zwei schnellen Hasen gleichzeitig hinterher, fußlos das schnellste Pferd, auf das alle Welt gesetzt hat, glatt überlaufend): wer wollte dagegen etwas einwenden? Am Ende hat Professor Tischner den Nagel gar nicht so schlecht getroffen, als er vor kurzem seine Beobachtungen auf den Punkt gebracht, im Grunde wollten Polens Bürger kommunistische Ideale unter kapitalistischen Bedingungen realisieren. –

Wem das wiederum zu gewagt erscheine, wer das großmaulige Gerede von einem Europäischen Wirtschaftsraum sowie das leidige Starren auf die EG und deren

egoistische Geldscheffelei, gar aus der Position des aus-
gezehrten Kaninchens vor der Schlange, jedoch satt habe,
denn wo jede Spur einer ursprünglichen Idee kleinlichen
Interessen gewichen, besetze nach der Emanzipation
vom Heiligen Römischen Reich Deutscher Nation in
eben den gleichen Staaten nun das Gerangel um die
raschestmögliche Integration ins Heilige Römische
Reich Europäischer Nation die Köpfe – ein Synonym
fürs erstere also –, könne sich vielleicht mit dem Gedanken einer Föderation zentraleuropäischer Staaten an-
freunden. Da jedenfalls polnische Zustände über kurz
oder lang, die Zuversicht habe er, nicht haltmachen
würden vor den Thronen umliegender Staaten, wäre das
doch etwas: Eine *Europäische Föderation*, gebildet, zunächst einmal, aus Polen, Ungarn, der Tschechoslowakei, regiert von den heute noch inhaftierten Mitgliedern
der Charta 77, vielleicht Österreich, dessen jetziger Präsident, an der Zeit, daß er die Hofburg räume, sich im
tiefsten Waldviertel mit den verabschiedeten roten Gerontokraten zu einer Skatrunde zusammensetzen möge;
ja, und – warum eigentlich nicht? – der Schweiz, die sich,
wenn man recht orientiert sei, seit je gern als Mitte von
Mitteleuropa sonne, als das Herz eines Herzens, dessen
Ort schwer auszumachen sei. Aber nicht allein darum,
auch ihrer – man will das nicht verhehlen – weitum
härtesten Fluchtwährung wegen dürfte die Schweiz in so
einer Föderation ihren Platz finden, damit Helvetia, die
ehemals ihrer berüchtigten Söldner wegen einen gewissen Ruf erlangt, wie sie nun ihres Goldes und des Bank-
geheimnisses wegen auf gewisse Kreise höchst attraktiv
wirke, nicht nach dem Zerbrechen des westlichen Imperiums, mit welchem sie bekanntlich mehr als kokettiert,
ohne sich allerdings mit ihm zu vermählen, denn Pflich-

ten eingehen – dafür fühle sie sich doch zu schade – mochte sie keine, trotz all ihrem föderativen Know-how hilf- wie schutzlos von voraussehbaren Naturkatastrophen bis zur bevorstehenden Völkerwanderung vom armen Süden an die Tische des reichen Nordens dem ganzen Spektrum nichtmilitärischer Bedrohungen preisgegeben, allzu alleingelassen im sauren Regen zu stehen bräuchte.

Hoffen möchte man, daß die Euphorie über die dann zumal im zentraleuropäischen Raum allseits geöffneten Grenzen und den wie jetzt bereits zwischen Ungarn und Österreich eingerollten und stückchenweise als Souvenir kalter Tage versilberten Stacheldraht, Hand in Hand mit dem bewegenden Traum von wiederauferstehenden Zeiten, in denen das Schönbrunner Gelb von Feldkirch bis Czernowitz verband (als Beitrag des polnischen Adlers, der seinen weißen Kopf auf rotem Grund seit je nach rechts wendet, könnte der Trompeter zu Kraków, hoch oben im Turm der Marienkirche wie seit Jahrhunderten von Lukarne zu Lukarne rundum wandernd, Stunde um Stunde sein Signal, den *Hejnał Mariacki*, blasend, das, in Erinnerung an den Tatarenpfeil, von dem in böser Zeit einer der Vorgänger des Trompeters, als er seine Mitbürger warnen wollte, auf dem Wachtturm in den Hals getroffen worden war, mitten in der Melodie abbrechend vom polnischen Radio zur Mittagsstunde als Zeitzeichen übertragen wird, in einer derartigen Föderation, das Instrument in den Krakauer Smog reckend, via Satellit grenzüberschreitend in alle vier Winde schmettern), nicht allzu rasch der ernüchternden Realität verarmter, aber konsumgeiler, einer Landplage gleich einfallender Volksmassen zu weichen habe, einer Springflut aus der plötzlich reisefreudigen Zweiten Welt, welche, wie Krä-

merseelen befürchten, die Erste überschwappe, daß
diese, falls man sich der untergeordneten Völkerwanderung nicht entschieden entgegenstellte, bald aussähe wie
die Dritte und Vierte, kurz: daß die Einwanderer aus dem
Osten, wieder um ein paar Landstriche weiter nach
Westen verschoben, einmal mehr an allem Ungelegenen,
angeblichen Seuchen, allerhand krummen Geschäften,
Einbrüchen, Hehlereien und was den Alltag und die
Boulevard-Presse sonst noch verschönere, schuld zu sein
hätten ...

Um mir Januszs freundliche Utopie durch heimatliche
Optik aller Helvetosklerose zum Trotz jetzt noch ein
kleines Stück weiterzuspinnen: Hand in Hand mit dem
durch einen Bagatellzwist eingeleiteten definitiven Zerbröckeln des westlichen Machtblocks (nachdem sich
wohlhabendere Staaten, beherrscht von Egoismus und
Nepotismus, lang genug standhaft geweigert hatten, die
Gesetze der Omertà verpflichten eben, gerade auch in
helvetischen Gefilden, wo man von großen Reden seit je
wenig hält, ihren Reichtum, der ihnen über schamhaft
bedeckt gehaltene Kanäle zugeflossen war, mit ärmeren
zu teilen, bedurfte es dazu am Ende nicht einmal mehr
eines weiteren Drogengeldwaschskandals noch eines weiteren über die eigenen Latschen in Pension stolpernden
Regierungsvertreters – der im Land der vermittelnden
Kompromisse vom obersten Gericht zwar in guteidge-
nössischer Manier ohne nennenswerten Schaden für den
Betroffenen mitleidig sanft aufgefangen würde; schließlich hat ja niemand umsonst mit den richtigen Vertretern
in den Wandelhallen des Parlaments antichambriert und
in der VIP-Bar beim Schlummertrunk in einer Jaßrunde
g'vetterlet und *g'wirtschaftet*, werden sich auch einige der

Staatengebilde, die eben erst aus dem andern – oder müßte es heißen: ehemals andern? – Block ausgeschert sind, erneut aufspalten. Um die Selbständigkeit zu proklamieren, schwenkt man stolz immer neue aus dem Fundus gekramte verstaubte Nationalflaggen, und in Kleinstsprachen, die kaum einer noch versteht, geschweige denn spricht, werden dazu lauthals längst vergessen geglaubte markige Hymnen angestimmt. Noch vernagelterer Nationalismen wegen sich in die Haare geratend, indem jede Partei, auf ihren Gott und den von Mythenforschern, die sich als Historiker ausgeben, vorgezeichneten Verlauf der Geschichte schwörend, die andere an Unerbittlichkeit zu überbieten sucht, wird es – will man Ferry Montanus' Kursanalyse folgen – nicht lange dauern, bis auch sie sich wieder spalten und da und dort, in grellem Wortgerassel hitzige Bürgerkriege anzettelnd, ordentlich dezimieren werden, und so weiter – Patriotismen sind nicht auszurotten –, bis Gebiete von der Größe Maltas bald einmal als bedrohliche Großstaaten gelten. Wobei der Vergleich mit jener Insel hinkt, weil sie sich naturgemäß längst in Teilstaaten aufgespalten hat, mindestens in Nordwestmalta, mit Victoria als Hauptstadt, das eines Aussprachestreits wegen – es geht dabei um den Buchstaben X – mit dem viel kleineren, aber reicheren Stadtstaat La Valletta im Clinch liegt. Nach den beiden Appenzell, den beiden exotischsten aller Schweizerländer, deren eines sich bislang mit gezogenem Degen erfolgreich gegen die Gleichberechtigung der Frau und den damit verbundenen politischen Niedergang zu wehren vermochte; den siebenundzwanzig sich durch unüberwindliche Grenzen voneinander abschottenden Staaten des Baltikums, dessen Aufsplitterung nicht weitergetrieben werden konnte, weil sich die Farbkombinationen für Trikoloren damit erschöpft hatten, jedenfalls nicht weiter zu unterscheiden waren; dem Freistaat Surselva, einem eigentlich viel zu großen, gefährlich das Hegemoniegleichgewicht gefährdenden Gebiet, wenn man bedenkt, daß es ungefähr dem des Grauen Bundes zur Zeit des Dreißigjährigen Krieges entspricht – und sieht man sich um, was sich in näherer und weiterer Umgebung, sei es im Libanon, in Israel, in Zentralamerika oder in Sri Lanka, alles tut, muß sich jener Krieg in nicht allzuweit zurückliegender Vergangenheit zugetragen haben –, einem Staatssplitter mit dem Klosterflecken Disentis-Mustèr als Hauptort und einer Hymne aus der begnadeten Feder des Staatsratsvorsitzenden, eines Ex-Nationalrats, sowie Ilanz, dessen totale Abspaltung bislang verhindert werden konnte, als halbautonomer Stadt mit wiederum eigener Hymne und eigenem Banner, und nach den Republiken Engiadin'ota und Engiadina bassa (erstere sich in Anlehnung an einen eigens kreierten, sündhaft teuren herbsauren Champagner zur Zeit des Wintertourismus, bis auch die großkalibrigsten Schneekanonen gegen den ausbleibenden Segen von Frau Holle und des Himmels den Skifahrern keine Sicherheit mehr zu garantieren vermochten, während einiger Jahre *Heidiland* nennend, wo nach einem kurzen Geplänkel, bei dem das Feilschen um das vielen zu modische Romantsch grischun für heiße Köpfe gesorgt hatte, Puter wiederum Amtssprache ist, wobei man sich zur Verständigung mit Ausländern, etwa mit Sursilvanern – so man mit denen überhaupt kommuniziert –, vorwiegend, weil Farsi sich nicht durchzusetzen vermochte, des Englischen, in selteneren Fällen, die Älteren tun dies noch vereinzelt, wenn auch immer widerwilliger, der deutschen, wenn naturgemäß auch längst nicht mehr der hochdeutschen Sprache bedient, und Engiadina bassa, das seine Schulbücher analog dazu in Vallader drucken läßt und zum katholischen Glauben zurückgekehrt zusammen mit der Freizone Samnaun in engem Bündnis mit dem Fürstbistum Landeck steht), sind die beiden maltesischen Teilstaaten übrigens als neuntausendneunhundertachtundneunzigster und neuntausendneunhundertneunundneunzigster souveräner Staat in die UNO aufgenommen worden. Längst überdrüssig der Bevormundung durch die Stadt Chur, die sich ihrer bischöflichen Weinberge wegen, um *Churer Schiller* und *Constamser* nicht unter ihrem Wert vermarkten zu müssen, mit Trimmis und Felsberg zu einer Wirtschaftsgemeinschaft und Währungsunion zusammengeschlossen hat, wird sich als zehntausendster die Grafschaft Haldenstein um einen UNO-Beitritt bewerben; die Knabenschaften sind hinter dem Schloß in der Freizeit bereits tüchtig am Üben ihrer alten Stammesbräuche wie Fähnchenlupfe und Saubannerzüglein ...

Die Entwicklung könnte allerdings auch eine ganz andere Richtung einschlagen, die nämlich, daß uns eines schönen Tages die Meldung überrascht: *Bundes-Republik von Sinkiang bis Kreuzberg perfekt!*, und das um so wahrscheinlicher, als es inzwischen in der Tat gelungen ist, wie es Witkiewicz in seiner *Unersättlichkeit* mit der Negativ-Utopie einer totalitären nivellistischen Macht prognostiziert hat – bei ihm ist es eine chinesisch-mongolische, die vom Stillen Ozean bis zur Ostsee Solidarität predigend, mit nach dem großen Theoretiker Murti Bing benannten Pillen hausierend sanft und unerbittlich den beschwingten Gleichschritt drillt –, ein organisches Bindemittel herzustellen für die alleinseligmachende Weltanschauung, welche alle Probleme, mit denen man sich bis dahin herumzuschlagen hatte, mit einem Mal höchst gleichgültig erscheinen läßt; was wichtiger ist: Anhänger der Wahren Lehre endlich gegen jede Form metaphysischer Bedenken wappnet. Bedenken, welche Kurssetzer des Freien Wortes, die mit beiden Beinen mitten im Leben stehen, seit jeher ohne Schaden jede Kurve kriegten und, als Musterschüler im Dogma des Heiligen Stuhls geschult, auf das Dogma der Infallibilität abonniert in inquisitorischen Belangen zeitlebens sattelfest, allein darum, mag zu Zeiten, wo Dogmatiker ihrer Art nicht groß im Kurse, noch so über sie gespottet werden – es stört sie zwar, doch nicht im Glauben; jedenfalls lassen sie sich, mögen sie vor Ingrimm auch schier platzen, nichts anmerken –, wie kaum jemand befugt sind, für die Verbreitung und Durchsetzung einer von allen Widersprüchen befreiten, nicht durch die Spur eines Zweifels getrübten hoffnungsfrohen Leere zu predigen, längst als das bloßgestellt haben, was sie sind: Nichtigkeiten. – Anders gesagt: die noblen Bedenken, allfällige Skrupel einer, nein, was ketzert man: der Großen Idee gegenüber, sind von bewußten Fragestellern – um für einmal ein Synonym zu verwenden, das sich die missionarischen Prediger und Schlächter heiliger Kühe, seit der Begriff Vorredner oder Vordenker vielerorts in Ungnade gefallen ist, wenn sie sich nach für sie besonders peinlich ausgefallenen Auftritten besonders keck zu bedecken gedenken, da und dort gerne zulegen – nicht erst neulich als müdes Seelengeplänkel enttarnt worden, kurz: als Ausdruck weinerlicher Wehleidigkeit solenner, verdammenswürdiger Schöngeister, die als Lakaien der falschen Herren entschieden keine Vertreter des Freien Wortes sein können, erbärmliche Renegaten bei genauerer Überprüfung, welche sich in rauheren Zeiten wie die Saurier von selbst liquidieren: Um das vorauszusehen, hätte es genügt, aufmerksam für den Haß, mit dem Doktrinäre Abweichlern nachstellen, bereitwilliger den apodiktischen Episteln der jede Volte meisternden Streiter für das Alleinseligmachende Respekt zu zollen, den Traktaten jener »Herolde, die jeweils Eden auszurufen belieben, das neue natürlich, mit Blut und Tränen erkämpft«, wie Bindschädler es höflich ausdrückt.

Da mit dem endlich gefundenen Bindemittel für Weltanschauung jede Doktrin, nein, die *WaS*, die Wahre Sicht der Dinge, endlich, wie es die katholische Kirche in ihrer Praxis seit langem mit respektablem Erfolg vorzeigt, problemlos übertragbar geworden ist, Miłosz hat den Vorgang in seinem *Verführten Denken* ausführlich beschrieben, mag eines schönen Tages eine derartig kontinentübergreifend durch Selbstbescheidung im Denken und uneingeschränkte Gläubigkeit gekittete mächtige Vereinigung durchaus im Bereich des Möglichen liegen, so daß wir uns, nach geraumer Zeit der Medienabstinenz, aus dem Urlaub zurückkehrend – mit etwas Glück hatte man, ohne lang anzustehen, gleich für mehrere Wochen einen der begehrten mediterranen Sonnenplätze belegen können –, mit der Tatsache konfrontiert sehen könnten, daß in der Zwischenzeit, während man dem rauhen Klima entflohen, ganz den Geschichten von *Monsieur Songe* hingegeben, nichtsahnend unter einem Feigenbaum in der Sonne bei Wein und Spaghetti all' aglio e olio gesessen, eine *Panhellenisch-mosaisch-römisch-türkisch-islamische Republik* proklamiert worden sein muß. Mit Folgen, wie man bald feststellen wird:

Herkömmliche Zeitungen werden nur mehr unter Nostalgikern als Relikte vergangener Zeiten antiquarisch gehandelt.

Das Fernsehen, das sich dem Wunsche seines Direktors gemäß, eines vorbildlichen Chefs, der sich wie kaum
ein Vorgänger um seine Mitarbeiter kümmert, sich Zeit
für sie nimmt, am liebsten in traulicher Jaßrunde, dem
darum, da ihm Information Trumpf ist, alles zuviel sein
muß, was zuviel ist – seinen Kampf ums Buch beispielsweise hat er auf den träfen Witz gebracht: »Es gibt eine
Tendenz, das Buch als solches schon für ein wertvolles
Kulturgut anzuschauen; da kann ich nur sagen: auch
Hitlers *Mein Kampf* war ein Buch«; als Manager, der es
im stillen mit den Philosophen hält (»es liegen stets
irgendwelche auf meinem Nachttisch«), ist er sich selbstverständlich bewußt, welche Trümpfe er seinem Publikum und sich schuldig ist: »Wir haben die Interessen
dieser Gesellschaft zu reflektieren; und da hat der Sport
einen ganz anderen Stellenwert als die Kultur, kommt
noch hinzu, daß der Sport eine äußerst fernsehgerechte
und -geeignete Kulturaktivität ist. Darüber hinaus gibt es
auch noch gewisse journalistische Wertungen: eine Meldung muß eine gewisse Bedeutung haben, was es natürlich den Kulturbereichen innerhalb einer News-Show
relativ schwer macht, weil sie dort eben in direkter
Konkurrenz zu den Tagesthemen stehen« –,
   das Fernsehen also bescheidet sich ganz im Geiste
seines Direktors mit einer einzigen Leiste, dem Ressort
Form statt Inhalt – die Form soll, so rasch es sich machen
läßt, auch noch wegrationalisiert werden –, und strahlt
endlich, damit alle Interessenvertreter zufriedenstellend,
rund um die Uhr Werbeclips aus, als Kompromiß für alle
Altersheiminsassen angemessen moderiert und unterbrochen, notgedrungen, einzig noch von aufregenden
Tennisspielen und Fußballmatchs, von Ski-, Rad- und
Formel-Eins-Rennen (für die unverbesserlichen Kultur-

Freaks gibt es aufgrund einer Minderheiten-Klausel im Sendeauftrag als Nocturne von Freitag auf Samstag jeweils die aktuelle *Cannes-Rolle* zu sehen).

Und da auch die Radios – längst privatisiert, gehören sie inzwischen dem gleichen Konzern – ihre kopflastigen Wortbeiträge so weit gekürzt, auf sparsam eingesetztes Begleit-Gequassel zurückgebunden haben, bis alle Stationen mit dem Vorteil, daß die leidige Senderwahl endlich entfällt, vierundzwanzig Stunden lang ohne lästige Unterbrechungen die gleiche, von Ewiggestrigen als Muzak geschnödete Musik ausstrahlen, bekäme man eine Meldung wie die von der Proklamation der neuen Republik am stadtüberragenden Turm des Mediencenters als Leuchtschriftschlagzeile vorgeführt.

Konfrontiert mit der Tatsache dieser Republik, in der es dank Murti Bing anscheinend gelungen ist, vorübergehend alle Gegensätze zu nivellieren, besteht dennoch kaum Anlaß zur Bange: Weil nicht anzunehmen ist, daß nur schon der Streit um Sunna und Schi'a ein für allemal beigelegt werden konnte, vielmehr zusammen mit jenem um Transsubstantiation und Konsubstantiation erst richtig losgehen dürfte, werden die Parteien, vor allem in den Kernlanden, bald in mehrere Untergruppierungen zerfallen, und weil jede vom Mahdi oder wie der jeweilige Guru je nach dem Prätendenten, den man als Letzten der Reihe anerkennt (die einen den Jüngsten auf dem Stuhle Petri, andere den bärtigen Trierer oder einen gewissen mit jungen Bohemiens im Cabaret *Voltaire* seine Nächte durchtobenden, erst kürzlich als Oberdada enttarnten Russen namens Uljanow oder einen seiner trefflichen Jünger, wiederum andere den tintenfaßschmeißenden Wittenberger oder jenen sturen Fundamentalisten, der in Chrysopolis den Heiligen Krieg predigend die Tempel entrümpelte; eine nicht zu vernachlässigende Gruppe gar sieht in Chomeini den zwölften Imam, den ersehnten, der, im 9. Jahrhundert verschwunden, nach über tausend Jahren zurückgekehrt ist, um die Gläubigen zu erlösen), genannt wird, am Jüngsten Tag der Durchsetzung der jeweils eigenen Lehre erwartet, werden blutige Bruderzwiste in einer kaum abreißenden Kette einander ablösender Pogrome dieses überdimensionierte Staatengebilde, wie es sich nun auch nennen mag, rasch wieder aufsplittern ...

»Wie auch immer«, seufzt Janusz, Zigaretten aus einer ausgebleichten, abgegriffenen rotweißen Papier-Packung ohne Glanz und nichts, *Carmen* also, in sein feines Silberetui nachfüllend, das jede noch so fein in Cellophan eingeschlagene Box Freiheit und Abenteuer als unkultivierten Bluff bloßstellt; »bis es soweit ist, sieht die Hängung in der Nationalgalerie für Polen noch so aus: Westlich, wie gesagt, nicht erneut eine militärische Großmacht – mit dem absehbaren Ende des kalten Krieges und angesichts brennender, von keiner Grenze aufzuhaltender Probleme, die ins Haus stehen, dürfte militärisches Geprotze in gemäßigten Zonen ohnehin bald ausgespielt haben –, aber eine wirtschaftliche, sich unflätig aufblähend und überfressen, die Grund zur Beunruhigung bietet – plötzlich auftauchende Sprayparolen in Leipzig und der heimlichen Hauptstadt wie *Polen raus*, *Nur für Deutsche, Kein Verkauf an Polen* oder, wie ich, als ich vor ein paar Wochen letztmals in Berlin war, südlich des Potsdamer Platzes dem Polenmarkt gegenüber auf einem Bauwagen gelesen habe: *Kauft nichts bei Polen*, klingen wenig einladend ...«

»Wodurch unterscheiden sich diese Losungen denn von den wüsten antisemitischen Schmierereien, die wieder unverfroren – auch in Polen, ja – auf Mauern, Bauzäunen und Sperrwänden prangen?« wird mich Ana barsch zurückfragen, wenn ich ihr, unterwegs zum jüdischen Friedhof, auf einem Spaziergang durch Muranów davon erzähle.

»*Żydów przybywa a mydła brak! Rząd = Żydowska Mafia!* oder, gereimt, *Żydorząd pod sąd! Precz z żydami!* und *Polska dla Polaków!* – Die Juden werden immer mehr und Seife fehlt! Regierung = jüdische Mafia! oder, Judaregierung vor die Schranken des Gerichts!* (unterzeichnet, als ob man vom Wort Kommandantur nicht für alle Zeiten genug hätte, mit *Hauptkommandantur der Selbstverteidigung Polens*), *Juden raus!* und *Polen den Polen!*: aus Scham übersetzt man all das ungern. Selbst wenn es, wie wieder verharmlost wird, nichts sei als der auf Provokation gerichtete Ausdruck von ein paar bedauernswerten Frustrierten; manche behaupten: aus der ehemaligen Nomenklatura, was seltsam anmutet, denn nach Meinung nicht weniger Polen war doch der gesamte staatliche Machtapparat unmittelbar mit der Macht der Juden verknüpft; jedenfalls bot und bietet sich immer wieder die Gelegenheit, einem Politiker eine jüdische Herkunft unterzuschieben, und wenn's die nicht gibt, ist es eben der miese jüdische Charakter, der sich durch Abstreiten oder durch besonders augenfällige Anpassung zu tarnen versucht.

In Schlesien, wo der Haß noch ein Stück weitergetrieben wird, braucht es den Juden nicht einmal mehr; ungeachtet der Religion spielen sich dort die Deutsch und die Polnisch sprechenden Polen gegenseitig an die

Wand: *Deutsche, ab nach Deutschland!* gegen *Deutsch-land den Deutschen – Chaziaje, zurück hinter den Bug!*
Auch in Warszawa findet man da und dort zur Abwechslung, es hebt sich vom Umfeld so schön ab – aber geschieht's einzig darum? –, eine Parole auf deutsch, oder was darunter verstanden wird, so kürzlich in der Nowy Świat: *Juden raus,* vor Rechtschreibfehlern strotzend: *Juden* mit Y beginnend und, um den Hohn abzurunden, klein geschrieben.«
In Zürich pflegt ein Wochenblatt den Brauch, den Namen eines von seinen Literaturmaßreglern und tapferen Streitern fürs Freie Wort in Haßliebe umhegten Verlagshauses konsequent klein zu schreiben. –
»Als Gipfel«, wird Ana fortfahren, »las ich kürzlich auf einem Flugblatt, aufs Schaufenster einer *Orbis*-Filiale gekleistert, eines Reisebüros also, in dem gewechselt werden kann, ungefähr übersetzt folgendes: *Jüdisch-germanische Verschwörung behauptet, Polen sei verschuldet – Lüge! Wahr ist vielmehr: Jüdisch-germanische Clique hat bei Polen unermeßliche Schulden.* – Nichts mehr als besonders grelle Blüten der momentan wuchernden Polit-Folklore? Schön wär's.«
»Der Flughafen empfängt Fremde mit *Welcome to Poland . . .*«
»Und gleichzeitig wird in Kraków die Angst geschürt, Juden, die sich unter geänderten politischen Bedingungen wieder nach Polen zurück trauen und im Kasimierz umschauen gehen, sich möglicherweise überlegend, den ihnen eigentlich zustehenden Besitz, oder was davon geblieben ist, zurückzufordern, kämen und trieben, von der Regierung ermuntert, die Bewohner mit Peitschen auf die Straße. – Daß es ein Interesse geben könnte, wenigstens die dem Verfall preisgegebenen Häuser im

einstigen Judenviertel vor der endgültigen Verluderung zu bewahren, damit sie als Zeugen einer einst blühenden Kultur nicht eher früher als später alle Spuren tilgend niedergerissen und durch zufällig ausgekippten Beton ersetzt werden: wer will das sehen.«

Hetze; hüben wie drüben, dort wie hier. In jedem Falle, scheint mir, mehr als eine Manifestation einiger Provokateure: Schmiererbanden, denen auf dem Fuß Schlägertrupps folgen, eingeschworene Wir-Konglomerate, sich aus lauter duckmäuserischen, feige hinterhältigen, führungshörig Ewiggestrigem verhafteten Individuen rekrutierend, welche auf alles Jagd machen, was weniger tumb ist als sie selber, sind nur die sichtbare Spitze – und deren Taten werden immer noch erstaunlich eilfertig als die von Irren abgetan: Die Psychose zeigt im Fokus aber, was die Öffentlichkeit denkt – die danach, hat sie erst lange genug weggeschaut, in Scharen ihre Betroffenheit demonstrieren wird.

Immer noch, hier wie dort – die Schweiz, dieses notorische Nirgends-Mitglied (wann bequemt man sich, wenigstens die UNO-Konvention gegen Rassendiskriminierung zu unterzeichnen?) macht keine Ausnahme –, scheint man seinen Jud zu brauchen; wenn's einem drekkiger geht, deutlicher.

Oder, wie Brandys festgestellt hat: »Juden kann man schaffen, indem man eine bestimmte Kategorie von Menschen aussondert und verfolgt.«

»Und im Osten«, fährt Janusz nach einer längeren Pause fort – nachdem er mit der Fußspitze wie abwesend im Sand gezeichnet hat, Kreise und darin auf die Spitze gestellte Dreiecke, dann plötzlich vom Boden aufblikkend und nervös nach Zigaretten suchend, die er eben weggesteckt hat, starrt er mich jetzt, will mir scheinen, fast feindselig an; dabei war sein Gesicht, erschlafft jetzt, sauertöpfisch, doch gerade noch so heiter; aber es scheint ihn immer unversehens zu überkommen: »im Osten ein Imperium, das kurz vor dem Zerfall begriffen, kurz vor der inneren Explosion steht, und so nicht grad das Sicherste vom Sicheren darstellt; weniger denn je. Um dessen Zerfall zu prognostizieren, braucht es kaum prophetische Gaben; weniger, als um jenen des westlichen – ich meine nicht das von Wandlitz – bereits jetzt auf den Tag vorauszusehen. Vom Zerfall des östlichen profitierend, wird das, ich meine das westliche, erst einmal weiter erstarken.

Das letztlich erzwungene Riesenreich im Osten andererseits, sobald das Dogma einmal wankt, ohne eigentlichen inneren Zusammenhalt, erinnert mich im jetzigen Stadium immer deutlicher an das Haus Habsburg vor dem Ersten Weltkrieg ...«

Ich weiß nichts zu entgegnen; im Abseits weiß man beschämend wenig über Polens Geschichte, und Mitteleuropa liegt uns ferner als der Ferne Osten.

»Und wie steht's umgekehrt? Peinlich? Nein; peinlicher wäre, wenn Sie sich in Ihrer eigenen Kabbalistik – um einen Begriff Enzensbergers zu benutzen – nicht auskennten; zu Hause alles, was man Ihnen in Ihrer Geschichte als gültig vorsetzt, schluckten, ohne auch nur nachzufragen. Oder besteht dazu kein Grund; kann man vielleicht sagen: In der Schweiz gibt es ein Loch in der Geschichte? ...«

»Pflegt die Schweiz weiterhin das Märchen von der heilen Insel im Jauchemeer des Antisemitismus«, ist mir in Lublin ungehalten zurückgegeben worden, als ich nach meiner Lesung und der anschließenden Diskussion im Dozentenzimmer – mir dort überlegend, welch ein Vergnügen es bereiten dürfte, etwa ans Wissenschaftskolleg in Berlin gewöhnten westlichen Universitätskapazitäten verstohlen zusehen zu können, wenn die sich plötzlich mit solchem Möbelschrott zufriedengeben müßten – nach dem heutigen Verhältnis der Polen zu den wenigen Juden, welche die Morderei überlebten, gefragt habe.

»Für den Haß auf alles Fremde mag es verschiedene Namen geben, die Mechanik bleibt die gleiche«, hatte ein Linguist gemeint.

»Was den Antisemitismus betrifft«, ergänzte der Institutsvorsteher, »in Polen auftauchende Flugblätter erschrecken, ohne Zweifel:

›*Zionismus = Rassismus* – Polen darf kein zweites Palästina werden‹, kann man lesen; ›der Philosemitismus unserer Politiker und Journalisten hat die Grenzen des Anstands überschritten. Schon wieder strecken Juden hier ihre Arme nach polnischen Häusern, Fabriken, Palästen aus. Von der Regierung ermuntert. Die Regierung lädt jüdisches Kapital dazu ein, in Polen zu investieren. Polen: Wollen wir Sklaven und Diener fremden Kapitals sein? Nein, wir werden es nicht zulassen, daß aus unserem Polen ein zweites Palästina wird. Wir werden uns der Aggression des jüdischen Nationalismus entgegenstellen.‹« –

»Gräßlich, ja. – Aber ist die Lektüre im Westen, vielleicht gar bei Ihnen in der Schweiz gefundener Flugblätter, am Ende noch solcher aus Kreisen, die sich der bei Ihnen da und dort anscheinend hoch im Kurs stehenden Linken zuzählen, in jedem Fall so viel erbaulicher? Vergleichen Sie selber«, hatte jener, der mir gestern, nicht sonderlich begeistert, Majdanek gezeigt, besser: mich dort mit dem Unvorstellbaren und Peter Weiss alleingelassen, mein Erschrecken daraufhin kommentiert.

(»Ein Lebender ist gekommen«, was Weiss in *Meine Ortschaft* über Auschwitz geschrieben hat, empfand ich im Lager Majdanek vor Lublin, »und vor diesem Lebenden verschließt sich, was hier geschah. Der Lebende, der hierherkommt, aus einer andern Welt, besitzt nichts als seine Kenntnisse von Ziffern, von niedergeschriebenen Berichten, von Zeugenaussagen, er trägt daran, doch fassen kann er nur, was ihm selbst widerfährt. Nur wenn er selbst von seinem Tisch gestoßen und gefesselt wird, wenn er getreten und gepeitscht wird, weiß er, was dies ist. Nur wenn es neben ihm geschieht, daß man sie zusammentreibt, niederschlägt, in Fuhren lädt, weiß er, wie dies ist.

Jetzt steht er nur in einer untergegangenen Welt. Hier kann er nichts mehr tun. Eine Weile herrscht die äußerste Stille.

Dann weiß er, es ist noch nicht zuende.«) –

»Über die um einen gemütlichen Urschweizer gescharten Schläger und ihre Hatz auf Fremde – als der Big Boss in einer, wie Sie betonten, kaum moderierten Fernsehsendung während Stunden seinen Unsinn zum besten geben durfte, anscheinend bis ins Fernsehstudio hineinreichend –, haben Sie sich ja in der Diskussion vorhin, als Sie meinten, unser verbrämtes Schweiz-Bild korrigieren zu müssen, tüchtig ausgelassen«, hatte man mich erinnert. »Haben Sie sich Gedanken gemacht über das Gebaren jener am angeblich entgegengesetzten Ende des Spektrums, der Autonomen oder Anti-Imps, oder wie Sie diese Gruppen nannten?«

Sündenböcke, Zielscheiben für den Selbsthaß, kann man schaffen; auf allen Seiten: Palästinenser. Aus der Sowjetunion oder von sonstwoher in besetzte Gebiete Zugewanderte. Vertriebene. Neuansiedler. Ausländer als Schimpfwort. Farbige, Tamilen etwa, Verfolgte, politisch oder durch die Armut, die bei uns in der heilen Schweiz, dem hehren Hort der Freiheit – einem Landstrich mit überwältigenden Landschaften, ohne Zweifel –, Asyl suchen und allein schon durch ihre Bezeichnung gestempelt werden: Asylanten. Freiwild wie seinerzeit die Vaganten – im Land, unter Einheimischen, teils bis heute, Synonym für die Jenischen.

Alles, was nicht der engst gesteckten jeweiligen Norm entspricht, wird ausgegrenzt; völlig spontan (ab und zu wär's nicht schlecht, wenn der Kopf etwas besser wüßte, was der Bauch meint). Die Namen sind austauschbar.

Passiert etwas, wird, wie öfter in letzter Zeit, in der Schweiz auf Flüchtlingsunterkünfte geschossen oder werden diese samt den Bewohnern abgefackelt (für Schützenfeste ist ein echter Eidgenosse schließlich gerüstet; Feuer brennen nicht nur am Nationalfeiertag, und Nationalfeiertag ist für manche nicht nur der 1. August) oder wird einer allein auf offener Straße niedergeschlagen, völlig spontan, und, als ob nichts wäre, tot liegengelassen, so meldet die Polizei quer durchs Land in schöner Einmütigkeit: Der oder die Täter sind nicht bekannt. –

»Natürlich«, meint Janusz, die kaum angerauchte Zigarette im Sand austretend, »angenehmer ist es, sich mit der Beschreibung des Paradieses zu begnügen – zu dem Ihnen ein Deutscher das Stück geliefert hat.«

»Und die Musik dazu ist ebenfalls gesetzt; wiederum von einem Ausländer. Sie ist sogar etwas weniger hölzern als das Stück. – Aber kennen Sie Schillers Text in Robert Walsers Fassung«, frage ich, meinen Begleiter auf vergnüglichere Gedanken lenkend: »›Durch diese hohle Gasse‹, läßt Walser seinen Tell sinnieren, ›glaube ich, muß er kommen. Wenn ich es recht überlege, führt kein andrer Weg nach Küßnacht. Hier muß es sein. Es ist vielleicht ein Wahnsinn, zu sagen: Hier muß es sein, aber die Tat, die ich vorhabe, bedarf des Wahnsinns ... Der Entschluß ist gefaßt, das Schrecklichste ist getan, er ist schon erschossen durch den Gedanken. Wie aber? Warum lege ich mich in den Hinterhalt? Wäre es nicht besser, vor ihn hinzutreten und ihn vor den Augen seiner Knechte vom Pferd herunterzuschlagen? Nein, ich will ihn als ahnungsloses Wild betrachten, mich als den Jäger, das ist sicherer‹ ...: so, in Prosa, kann man sich den Willi anhören, nicht? Schillers Zitatenschatz für Kabarettisten und Volksschulen, und von Rossinis *Guglielmo T.* die Ouvertüre, wenigstens das Galoppthema daraus, mit dem jede Kurkapelle teetrinkender, Kuchen mampfender Noblesse und anderem Kalk Schwung in die Knochen zu musizieren versteht, dürften jedoch weiterherum bekannt sein.«

Immer noch neben der Nationalgalerie, längst im Schatten des *Dom Partii* und, jenseits der Neuen Welt, des mit einem Turmaufbau höheren, zeitiger die Sonne abfangenden grauschwarzen, von Kriegsblattern gezeichneten Palastes der *Pap,* (»Paß auf, Polen! – nein: *Polska Agencja Prasowa* natürlich, die polnische Presseagentur«, wie mir Janusz die Buchstabenkombination des modernistisch veralteten Signets auf dem Dach erklärte; diesem Palast gegenüber wiederum, von uns aus schräg hinter dem von einem Kranz kniehoher Betonkegel umrandeten, ohne eine Spur Bepflanzung sich vom Straßenniveau kaum abhebenden Rondell auf der Kreuzung, von der die *Nowy Świat,* so behauptete jemand, gekrümmt wie ein Tatarensäbel altstadtwärts abgehe, steht der *Klub Międzynarodowej Prasy i Książki;* mit seiner gelblichen, von der Sonne bestrichenen Fassade längs der *Aleja Jerozolinskie,* über dem Erdgeschoß, in dessen Schaufenster eine Reihe Periodika und Zeitungen aufgefächert ausgestellt der Zeit hinterher vielsprachig das Weltgeschehen kommentieren, prangt ein Fries in klassischer Antiqua, dem Reisenden aus Südwesten nach dem Krieg lange Zeit die direkte Erklärung für die staubgesättigte Luft: *Cały naród buduje swoją stolicę* (Das ganze Volk baut seine Hauptstadt), während als Dachbekrönung ein riesiges Chromstahl-Modell von Kopernikus' Planetensystem glitzert, das gegenüberliegende Grau etwas aufhellend), und inzwischen, müde vom Stehen, auf einem Stapel aufgeschichteter Bodenplatten hockend, beginne ich leicht fröstelnd Janusz vom Traum von der Entdeckung des Paradieses im 19. Jahrhundert vorzuschwärmen, den Daniel Schmid als Grundlage für seine das Kulissenhafte herausstreichende, in schmerzlich schönem Belcanto das Heroische verinnerlichende, vermenschlichende Zürcher Inszenierung von Rossinis letzter Stimmendemonstration gewählt hat.

Und ich versuche, jemandem, der wohl gleichfalls fröstelnd und gleichfalls zu träge, um etwas dagegen zu unternehmen, auf einem gleichen Plattenstapel mir gegenübersitzt und höflich zuhört, obwohl ihm keines von Schmids Werken bekannt ist, Daniels Filme begreiflich zu machen – ausgerechnet in dieser furchteinflößenden Umgebung ...

»Seinerzeit als Eigentum des Volkes gebaut worden, indem Parteimitglieder freiwillig, wie es unter dem Stalinismus üblich war, Geld spendeten, reale Beträge für einen symbolischen Ziegelstein zeichneten, wäre es nun, wo die Partei in allen Fugen knirscht, an der Zeit, zurückzufordern, was des Volkes ist«, hatte Janusz Stunden zuvor, auf dem Weg in die Nationalgalerie mich auf das Gebäude vor uns hinweisend, das gerade weidlich ausgeschlachtet zu werden scheint, erzählt – und dabei hatten sich, wieder einmal, seine Nasenflügel gekräuselt.

»Eigentlich müßte es ein leichtes sein, die der Partei in hellen Scharen davonlaufenden gottesfürchtigen Lämmer, die Schergen im Schafspelz und ihre willigen Zudiener, die's mit Abschwören der mit einem Mal so unrühmlichen Vergangenheit so eilig haben, zu motivieren, den ihnen eigentlich nicht nur symbolisch zustehenden Besitz freiwillig abzutreten, ihren Ziegel, im Wiederverwerten von Backsteinen sind wir Polen ja geübt, einer guten Sache zu vermachen, als Ablaß sozusagen – ob sie sich damit gleich ihre Ein-für-allemal-Entlastung, den vollen und ganzen Freispruch, ja die Absolution, ein Bigotten geläufiger Begriff, erkaufen können, mag später entschieden werden –, um so nach und nach in den Besitz des gesamten Parteipalastes zu kommen; zumindest zu einem Viertel, des untersten der vier Stockwerke, des Fundaments. Als Anfang. Platz bräuchten viele; um so mehr, als es an der Zeit wäre, die Kirchen zu räumen, weil dort Fundamentalisten wieder unbedeckt auftreten. Bald wird es nötig, auf der Straße und mit Streiks neuerlich Glaubensfreiheit zu fordern – oder ans Exil zu denken. Noch ehe man den Mörtel des einen Systems recht aus dem Jackett geklopft hat, sind militante kirchliche Kreise dabei, indem sie die Moralvorstellungen des Klerus zur

Staatsdoktrin zu erheben gedenken, erneut einen Totalitarismus zu zementieren. – Das Schreckbild einer solchen Entwicklung, ganz im Sinne der – wie Gombrowicz es formulierte – ›erbärmlichen polnischen Nationalkultur, die nur bindet und fesselt‹: ein autoritärer Kirchenstaat, eine Klerodiktatur. Auf dem Thron, wenn's schiefgeht, ein schnauzbärtiger haßschürender Friedensnobelpreisträger.«

Anderswo tönt es nicht besser.

Ein ausländischer katholischer Theologe, der, als Übersetzer arbeitend, das Pech hat, im Gegensatz zu mir perfekt Polnisch zu verstehen, wird seine kirchlichen Beobachtungen zu meiner Irritation in wenigen Tagen, wenn ich ihm beim Mittagstisch berichte, welch tiefen Eindruck mir am Vorabend ein Besuch von Popiełuszkos Kirche gemacht hat, nicht freundlicher zusammenfassen: »Schön. Das freut mich sehr. Aber kommen Sie in ein zwei Jahren wieder; Sie werden sehen, was davon übrigbleiben wird. Und wenn Sie vom großen Aufmarsch zu jener abendlichen Messe überrascht waren: In diesem katholischsten Land, das allenfalls zehn Prozent Nichtgläubige zählt – der Anteil der Nichtpraktizierenden ist noch geringer –, geht man zur Kirche, weil dort die polnische Nation haust und weil im Weihrauch-Schwall das Gefühl von nationaler Gemeinsamkeit aufkommt. Der jetzige Primas hat für die verschwindende Minderheit im Heer der Geistlichkeit, für die offenen, radikalen, nicht zu Kompromissen neigenden Basis-Priester von der Art des Ermordeten, der durchaus im Namen des Herrn gesprochen, aber auch und nicht weniger in dem der damals verbotenen Solidarität, nicht viel übrig, und er weiß, daß er dabei auf die Mehrheit zählen kann. Vergessen Sie ob all ihrer Begeisterung nicht: Die Polen sind gegen Deutsche, Tschechen, Russen, Juden, Farbige, Schwule, Kommunisten, Sozialisten, Protestanten, Katholiken und so fort – gegen so gut wie alles, abgekürzt gesagt. Einfacher zu formulieren ist schon, wofür sie sind, die Kreise, deren Frist man abgelaufen glaubte: ausschließlich für ihren einen und alleinigen polnischen Katholizismus, am besten vom Bug wenn nicht vom Ural bis an den Atlantik. Für ein sauberes Polen, ohne Präservative, ohne Abtreibungen, ohne Geburtenkontrolle, ohne Gleichberechtigung – und wohl auch ohne Bürgerbewegungen. Sie staunen? Es gibt aber nicht wenige, die hoffen, mit Hilfe ihres polnischen Papstes werde ihr Wunsch erhört werden.«

Und ausgerechnet hier, vor dem in Renovation befindlichen Tempel einer entweihten Kirche, versuche ich Janusz wie als Kommentar zu seiner Häresie, ausgerechnet Daniel Schmids Filme begreiflich zu machen, die Arbeit eines Filmers, dessen erstes Lichtspiel *Thut alles im Finstern, Eurem Herrn das Licht zu ersparen,* das fiktive Portrait der letzten europäischen Dienerschule oder, wenn man lieber will, das Portrait der letzten fiktiven Dienerschule, der Titel des Films Swifts *Anweisungen ans Gesinde* aus dem Jahre 1745 entlehnt, als das Gesinde nicht oder kaum lesen konnte und die Anweisungen eher zur nicht ganz ungetrübten Belustigung der Herren gedient haben mochten, beispielsweise in jener Sequenz gegen Ende des Werkes, in der die Kamera schier endlos kreisend über einem ausgedehnten Labyrinth schwebt, in welchem zwei in Kostüme weit zurückliegender Zeiten gewandete Figuren, Diener, die einander zu verfolgen scheinen, nach einem Ausweg irren, mit diesem unentwegten Kreisen der Kamera den Zuschauer wie im Taumel gleichsam auf einen Tranceflug entführend, ihn scheinbar aus der Zeit entrückend, bis durch eine kleine schadhafte Stelle in der Buchshecke sein Blick plötzlich und überraschend hinausgelangt, ihn aus der Künstlichkeit hinausreißt, und in dem Moment, wo die Realität einbricht, wo der sichtbar am Palastgarten vorbeidonnernde Verkehr – ein nadelstichfeiner Schock ist's – die Musik, den getragenen Klagegesang einer Flöte, der einen, tief im Kinosessel zurückgelehnt, längst eingelullt hat, übertost, die Bewegung, ehe auf einen Innenraum geschnitten wird, kurz einfriert, bereits sichtbar gemacht hat, wie sarkastisch seine Bilder eigentlich zu lesen sind: wie brüchig die Folie aus Wohlklang und Schönheit sein kann; verwirrend; doch wenn Verwirrung, wie es in *Thut alles im Finstern* heißt, »das Zeichen der Zeit ist, so liegt der Grund für diese Verwirrung in der Trennung zwischen den Dingen und den Worten, Vorstellungen und Zeichen, die sie bedeuten«; erst recht deutlich wird das dann in *Heute nacht oder nie,* seinem für mich schönsten Film, in welchem er das Herr-Knecht-Verhältnis in der Umkehrung als Parabel der Macht transparent werden läßt – weit weniger im jüngsten Werk um einen Nationalhelden, obwohl es die nicht minder ungesicherten Übergänge zwischen Realität und Fiktion, zwei wiederum zweifelhaften Größen, als Thema aufnimmt ... bis ich, mich in den Zeiten verheddernd, redend den Faden verliere.

Im übrigen, und je länger ich Janusz, der sich, seine Hände vor dem hochgezogenen linken Knie verschränkt, auf dem Steinplattenstapel leicht argwöhnisch, wie um vom Gesagten das Brauchbare herauszufiltern, zurücklehnt, Daniel Schmids Filme zu vergegenwärtigen versuche, beschäftigen mich immer noch die Bilder von vorhin, in dieser »Rumpelkammer alter Schönheit unter der Last vieler langweiliger Jahre einer schmerzlichen Destillation ausgesetzt«, wie mir Bruno Schulz sie im *Anderen Herbst* beschrieben hat:

»Verglommene goldene Dämmerung lag auf den alterswelken Leinwänden, auf denen Flotten von Galeeren und Karavellen, alte vergessene Armaden in Golfen ohne Flut und Ebbe vermoderten und die Majestät längst untergegangener Republiken in den geblähten Segeln schaukelte. Unter dem verrauchten und nachgedunkelten Firnis schimmerten die kaum noch sichtbaren Konturen von Reiterscharmützeln hervor. Über die Öde verbrannter Schlachtfelder zogen unter einem dunklen, tragischen Himmel erschreckend still zusammengedrängte Reiterzüge, von beiden Seiten in den Stau und das Blühen des Artilleriefeuers gezwängt. Und noch weiter im Hintergrund, schon am Rand des Abends, auf dem letzten Streifchen Land, wo an der Grenze des mattgoldenen Nichts ein welkendes Bündel Akanthus zittert, kreist immer noch ein Spiel Karten, der letzte menschliche Einsatz vor der heraufziehenden Nacht. Hinter jeder Kulisse, wenn sie welkt und sich raschelnd einrollt, zeigt sich ein neuer strahlender Prospekt, der ein Weilchen echt und lebendig wirkt, bis er verlöschend seine papierene Natur verrät. Und alle Perspektiven sind gemalt, und alle Panoramen sind aus Pappe, nur ihr Geruch ist echt, dieser Geruch verwelkender Kulissen, dieser Geruch großer Garderoben voll Schminke und Weihrauch. In der Dämmerung diese große Unordnung und dieses Gewimmel von Kulissen, dieser Wirrwarr der weggeworfenen Kostüme, in denen man endlos watet wie in raschelndem, verwelktem Laub. Es herrscht eine große Kopflosigkeit, und jeder zieht an den Schnüren der Vorhänge, und der Himmel, der große Herbsthimmel, hängt in den Fetzen der Prospekte und knarrt in den Blockrollen. Und dieses galoppierende Fieber, dieser gehetzte und späte Karneval, diese Panik der überfüllten Ballsäle und dieser babylonische Turm der Masken, die nicht zu ihren Gewändern gelangen können ...«:

Mich mit Schulz fragend, was für neue Abenteuer Don Quichotte in Sopliców erfahren würde und wie sich Robinsons Leben nach seiner Rückkehr ins heimatliche Bolechów gestaltete, habe ich nach wie vor, nach und nach, bei anbrechendem Dämmer, immer deutlicher, die Säle voll grausiger Schlachtschinken vor mir, Schlachtenhuldigungen, Verherrlichungen des Soldatenhandwerks, des Tötens: *Musée des beaux arts*.

Die Apotheose gleich zu Beginn. In der Eingangshalle über den Treppenarmen Siemiradzkis Riesenformat aus dem Jahre 1897: die Abschlachtung eines schwarzen Stiers, der brüllend und schnaubend und schwitzend, mit in die Flanken gebohrtem Pfahl verröchelnd, weiter – derart frisch wirkt die Farbe der gewiß kürzlich erst restaurierten Monumental-Schwarte – eimerweise Blut zu verströmen scheint. Auf den dampfenden Körper des verendenden Tiers gefesselt, eine schöne Nackte, eine inmitten dieser Blutorgie allzu weiß geratene Jungfrau, in lasziver Pose zur Schau gestellt: die gemarterte Christin – vielleicht hat sie auf den Namen *Europa* gehört –, inmitten erdrückender Architektur umstellt von einer Schar sie begutachtender Römer, deren Gesichter als ein Strauß gelungener Charakterstudien des Bösen durchaus studiert werden mögen ...

»Geschichte, Geschichte und immer Geschichte. Ich weiß: diese Bilder beweisen nichts für das, was das Volk fühlt. Sowenig unsere Siegesallee beweist. Das Volk ist reicher, als alle diese Maler wissen«, kommentiert Döblin, und er fragt: »Beweist überhaupt die *Geschichte* etwas dafür, was ein Volk fühlt? Wieviel vom Volk nimmt an dieser Art *Geschichte* teil?«

»Davon haben wir jetzt doch dauernd geredet«, spottet Janusz, »sprechen wir lieber von heute.«

WIRTSCHAFT Während wir die *Nowy Świat* entlang altstadtwärts schlendern –
»ich versuche diese Straße, ebenso wie weiter vorn die *Krakauer Vorstadt*, mit den Augen der Könige zu sehen«, so Janusz, »versuche mir zu vergegenwärtigen, wie sich der Königsweg den gepudert in stickiger Kutsche schwitzenden Majestäten auf der Fahrt hinaus in ihre Sommerresidenz nach Wilanów präsentierte: als eine staubige, schier unübersehbare Baustelle; jahrelang; genau wie nach dem letzten Krieg. – Hier gegenüber, in einem dieser prächtigen Häuser, oder was an ihrer Stelle in gleicher klassizistischer Aufmachung heute dasteht und dem, wie ich feststelle, Ihre ganze Bewunderung gilt, dort, in Nummer 45, hat übrigens Joseph Conrad, von dem ich Ihnen vorhin erzählt habe, als Kind gelebt. Kurz nur, bevor seine Eltern im Vorfeld des 63er Aufstandes verhaftet worden sind – als Anhänger der Roten nicht allein dem Ziel eines Sturzes der Macht des zaristischen Imperiums, sondern auch einem radikalen Umbau der polnischen Gesellschaft verpflichtet, und, einzig auf den eigenen Einsatz vertrauend, es strikt ablehnend, sich, weil allzuoft verraten, ein weiteres Mal auf den Westen zu verlassen, mit einem Wort, wie es sich für polnische Patrioten ziemt, militant, rebellisch und bis ins Mark romantisch: was Wunder also, daß der Aufstand, der jedem Operettenlibrettisten zur Ehre gereichte, zum Scheitern verurteilt war –, und die Familie 1861 mit ihrem kleinen Buben nach Wologda, ins tiefste Rußland, in eine Gegend mit nur zwei Jahreszeiten, wie sich

Conrad ausdrückt, einem weißen und einem grünen Winter, zum langsamen Dahinsterben verbannt wurde.«

Abends werde ich bei Bekannten nachlesen, was Conrad darüber schreibt, der erst viel später erfahren haben kann, daß die Anfänge des geheimen Nationalkomitees auf die Initiative seines Vaters zurückgingen und die ersten Versammlungen in ihrem Hause in Warszawa stattfanden, von dessen Zimmern er sich »nur an ein einziges« erinnert – »weiß und purpurrot, vermutlich den Salon«, wie er in seinen Erinnerungen *Über mich selbst* schreibt. »In einer seiner Wände befand sich der denkbar majestätischste Rundbogen. Wohin man gelangte, wenn man ihn durchschritt, bleibt ein Geheimnis; doch kann ich auch heute die Überzeugung nicht loswerden, daß alles von gigantischen Ausmaßen war und daß die in jenen ungeheuer großen Räumen erscheinenden und wieder verschwindenden Personen das übliche Menschenmaß, so wie ich es später kennenlernte, weit übertrafen ...«

Während wir, Janusz und ich, von der Nationalgalerie kommend, an diesem milden Herbstabend durch lichte Dämmerung, der Schein des scheidenden Tages auf immer verlorenerem Posten in Konkurrenz mit den Natriumdampflampen, dem Gaslicht der Kandelaber, über die *Neue Welt* in Richtung Mikołaj Kopernik altstadtwärts schlendern –

in welcher polnischen Stadt sitzt der Große aus Toruń nicht in gleicher oder ähnlich stoischer Pose da? Hier vorn an der Ecke, das Werk Bertel Thorvaldsens, als ein hübscher junger Mann, ein Jüngling fast, den Blick in die Ferne gerichtet, in der Linken, auf dem Knie abgestützt, sein neues Weltmodell, in der Rechten einen Zirkel, um seine Weltsicht auszumessen. – Was Thorvaldsen angeht, da hat auch die Schweiz ihren: In Luzern, nach einem kleinen Gipsentwurf des Meisters gefertigt – woran man einmal mehr sieht, daß die Eidgenossen bescheidener sind –, schützt ein sterbender, von einem abgebrochenen Lanzenschaft durchbohrter Kolossal-Löwe, den jeder Bildhauer mit etwas Geschick über Nacht in ein Nilpferd verwandeln könnte, in Erinnerung an die 1792 bei der Verteidigung der Tuilerien, für den französischen König gefallenen Schweizer Söldner mit schwerer Klaue die bourbonische Lilie: *Helvetiorum fidei ac virtuti.* – Bekanntlich, es steht in jedem französischen Schulbuch, waren es ja sie, die tapfren Eidgenossen, die, statt zum Volk überzulaufen, nicht einfach nur den König verteidigt hatten, sondern als erste in die noch keineswegs gewalttätige, sondern nur mit gutem Grund aufgebrachte Menge gefeuert hatten. Doch was Treue und Manneskraft beziehungsweise Tugend angeht, trivialste Soldatenklischees, deren sich auch die deutsche Wehrmacht rühmte, als sie für Hitler das Beste getan, das heißt, Gefolgschaftstreue und den Gehorsam nicht verletzte: Soldaten, erst recht also bezahlte Söldner, brauchen sich darüber weiter keine Gedanken zu machen, damals nicht und nicht heute, überlegt man, die Straße entlangschlendernd, an deren Ende, wie gesagt, Thorvaldsens Kopernikus thront, vor dem man von der *Nowy Świat* nach rechts abbiegen könnte, auf einen Abstecher hinunter an die Wisła. Das schwertschwingende Fischweib, in ihrer Linken einen Schild, mag aber, wie die Legende es will, vom Uferrand aus beim Eindunkeln jetzt weiter besorgt nach ihren Kindern rufen, den unzertrennlichen Geschwistern Wars und Sawa, bis in die Nacht hinein: »Wars! Sawa! Wars-Sawa, kommt heim! Das Essen ist fertig, Barszcz steht auf dem Tisch!« – ohne uns. Wir

194

verzichten auf die delikateste Rübensuppe und den Gesang der Sirene, gelüstet es uns doch eher nach einem kleinen Trunk, und zwar keinem Weichselwasser. – »Die Weichsel, zur Kloake verkommen, ist noch zur Bewässerung der Felder zu giftig«, wie Janusz meint, »und von der verkommenen Gartenkneipe unten an der Uferschnellstraße aus bei einem schalen Bier Fische in Rückenlage an einem vorbeitreiben zu sehen – ist das so erbaulich? Andere Zeiten, andere Sitten: Stand früher auf Brunnenvergiftung die Todesstrafe, standrechtlich vollzogen, scheffeln uns heute, hier so gut wie in Basel und weiter rheinabwärts, kleine wie große Dreckler und Giftmischer mit ihrem einträglichen Tun dumm …«

Die *Nowy Świat* altstadtwärts also, und danach in einer Kneipe in der *Krakowskie Przedmieście*, durch deren Fenster man schräg gegenüber eine Schar Kinder um Adam Mickiewiczs Denkmal ausgelassen Fangmich spielen sieht – wie vorhin um die niederen Stufen jenes von Prus, der nicht zu stören zu sein scheint. Aber was mag der Alte wohl den ganzen Tag vor sich hin sinnieren, von Rosenbeeten umgeben zu Boden starrend, die Augen, als wollte er die Erde durchbohren, hinter ovaler Brille zu Schlitzen verkniffen; das *Bristol* nebenan noch nie gerüstlos zu Gesicht bekommen, vor sich das *Europejski* und irgendwelche Ministerien? – »Er kicherte vor sich hin in Anbetracht der Taglöhner, die ewig auf irgendeine Arbeit warteten, der Handwerker, die nur damit beschäftigt waren, alte Kleidungsstücke zu flicken, der Straßenverkäuferinnen, deren ganzes Vermögen ein Korb mit ausgetrocknetem Backwerk ausmachte – in Anbetracht der abgerissenen Männer, der abgezehrten Kinder und der schmuddeligen Frauen«; das hat Prus jedenfalls seiner *Puppe* anvertraut: »Das ist unser Land en miniature, dachte er. Die einen gehen durch Entbehrungen, die andern durch Ausschweifungen zugrunde. Der Fleiß spart es sich vom Munde ab, die Tölpel sattzukriegen, die Barmherzigkeit züchtet unverschämte Nichtstuer, aber die Armut, die sich keine Sachwerte leisten kann, beschenkt sich selbst mit ewig hungrigen Kindern, die allerdings den großen Vorzug haben, früh zu sterben. Hier hilft kein Individuum mit Initiative, weil alles sich verschworen hat, es zu fesseln und in einem leeren Kampf – um nichts – zu verbrauchen.« Haben jene, die dem Dichter das Denkmal gesetzt, dessen Sätze gekannt? Und die, welche heute daran vorbei ins Parlament fahren? – Stadtauswärts wiederum, zurück in Richtung Kopernikus, gegenüber der Universität und unweit des unter der Last des Kreuzes Hadernden, geschützt in einem von Bäumen beschatteten Innenhof, trotzdem gewissermaßen unter Chopins Blicken – »mit ein paar zuviel intus aus dem *Staropolska* kommend, hat schon manch einer den Musiker nachts ob dem von der Straße zu ihm hochbrandenden Lärm im zweiten Stock oben entnervt das Fenster schließen sehen«, so Janusz, als wir dort vorbeigeschritten –, greift derweil der venezianische Condottiere Bartolomeo Colleoni vom Campo dei SS. Giovanni e Paolo wirkungsvoll wie eh und je in die Zügel – wie hat sich der denn hierher verirrt? – Eine Kopie aus dem zwanzigsten Jahrhundert, wie man erfahren wird, die Köpfe von Pferd und Reiter, genau wie Verrocchio es gewollt, in einem Moment von Bewegung leicht zur Seite gewandt, das Reittier, es handelt sich sichtlich um kein Kamel, im Dressurakt unnatürlich zum Paßgang gedrillt – währenddessen sich Nike etwas abseits, am Theaterplatz, wo jeden das Frieren anweht, wieder wird ohne Publikum zu erheben versuchen müssen …

Altstadtwärts schlendernd, und danach in einer Wirtschaft, erzählt mir Janusz von der Kunst (und) der Lebensführung:

»Allein schon die Einkaufsgewohnheiten! Man geht doch nicht aus dem Haus in der Absicht, das oder jenes zu kaufen – so naiv kann nur ein Schweizer sein, der gewohnt ist, morgens mit verschlafenen Augen in den nächstbesten Supermarkt zu stolpern, um aus dem Regal zu ziehen, was auf seinem Einkaufszettel steht. Nein, hier hofft man überrascht zu werden, kauft, was sich findet. Eine Schlange ist schon mal ein gutes Zeichen. Sie bedeutet, daß es möglicherweise bald etwas geben wird, das es gerade nicht gibt, also stellt man sich an, kommt mit den Leuten in Kontakt, redend oder indem man sich anschweigt – Vordrängeln hilft nichts, wo jeder im eigenen Interesse auf den anderen aufzupassen gezwungen ist: eine gewisse Ordnung muß sein. Ist man wochenlang für ein Bett angestanden, direkt oder im übertragenen Sinne, morgens und abends sich in eine Liste eintragend – man kann sich beim Anstehen aber auch vertreten lassen durch sogenannte Steher, Rentner meist, die sich damit ihren bitter nötigen Nebenverdienst verschaffen, gezwungen, sich im Stehen zu wahren Profis zu mausern, allein schon, um an die ihnen einzig erschwinglichen, noch subventionierten Grundnahrungsmittel Milch und Brot heranzukommen.

Wenn Sie – wie Sie mir erzählten – in Kraków vor einem Laden voller Brot eine lange Schlange älterer Frauen anstehen gesehen haben«, kommentiert Janusz meinen Einwand, »so hatten die sich eben angestellt um das im Laufe des Tages möglicherweise eintreffende Subventionsbrot, dessen Preis nicht die Kosten des Müllers deckt.

Diese Frauen hätten ja Zeit, mag es Ihnen geschienen haben; sie sonnten sich möglicherweise nicht ungern in diesen Tagen. Im Winter, wenn die eine oder andere mit geschwollenen Beinen, in schlechtem Schuhwerk und mit nicht besseren Strümpfen unter der unerträglichen Smogglocke stundenlang auszuharren gezwungen, dem beißenden Frost nicht länger zu trotzen imstande, plötzlich aus der Kolonne ausschert und wegschleicht, möchte man sie lieber nicht zu Gesicht bekommen. –

Um die unterbrochene Geschichte wieder aufzunehmen: Gibt es schließlich statt Betten Schränke, Ramsch so oder so, was tut das zur Sache; weit hinten in der Schlange, mit viel schlechterer Nummer, findet sich vielleicht jemand, wenn nicht, man hätte eigentlich früher draufkommen müssen, bestimmt im Bekanntenkreis – und ohne eine liebe Tante, und wär's aus der Umgebung von Przemysl, die gelegentlich mit Eiern vorbeischaut, zu Weihnachten vielleicht mit einem Indyk, einem Truthahn, im Tausch meinetwegen gegen abgetragene Kleider, aus denen die eignen Kleinen glücklicherweise heraus sind und die man selber wiederum von einer Cousine erhalten hatte, einer promovierten Volkswirtin, welche, weil sie das Glück hat, in Łódź noch eine Großmutter zu haben, die derweil auf ihren Jüngsten aufpaßt, für einige Zeit in Westberlin gerade das Kindermädchen spielt; besser noch: ohne einen auswärtigen Onkel, der ab und zu mit einem privaten Schwein im Fond nach Warszawa gefahren kommt, von dem, bevor es ausgebeint auf dem Schwarzmarkt – zu Füßen des Kulturpalastes oder vor dem *Supersam* vielleicht – im Nu unter die Leute gelangt, als Entgelt für die Sauerei im Hinterhof oder in der Waschküche erst einmal für den eigenen Topf ein ordentliches Stück abfällt, kommt niemand aus. In diesem

Bekanntenkreis, der, das leuchtet ein, nicht groß genug sein kann, oder eben in der Schlange, findet sich bestimmt jemand, der ein Bett übrig hat, erstanden auf ebenso langwieriger Suche nach einem dringend benötigten Schrank, jemand, mit dem man seinen glücklich erstandenen Schrank zu beidseitiger Zufriedenheit gegen das gewünschte Bett eintauschen kann, die allfällige Preisdifferenz in einer der gängigen Landeswährungen ausgleichend. Beispielsweise statt mit Dollars mit vor Monaten günstig erstandenem Wodka, dessen Wert sich in der Zwischenzeit vervielfacht hat und der bis Weihnachten noch ordentlich zulegen dürfte. Ein gutes Geschäft, für alle Beteiligten.

Wenn diese Misere schon ungeheueres Stehvermögen erfordert, ungeheuer zeitraubend ist, Zeit, die an allen Ecken und Enden bei der eigentlichen Arbeit fehlt, wobei man erst einmal unterscheiden müßte, welches nun die eigentliche ist: ob die offizielle, für die man sich, da sie wenig einbringt – Arbeitslosigkeit gibt es aber nicht, Nichtstun ist von Gesetzes wegen immer noch strafbar –, wenig einsetzt, ein paar Stunden täglich nur neben der Zeit eben, die, bezahlt zwar, wenn auch schlecht, obwohl man leicht mehr hat, als man auf dem offiziellen Markt überhaupt ausgeben kann, für die Organisation des Alltags draufgeht; oder der Nebenverdienst, der einem hilft, schlecht und recht über die Runden zu kommen. Was heißt: an Zahlungsmittel zu kommen, mit denen sich das Notwendige auch tatsächlich kaufen läßt. – Man bleibt dabei flexibel. Zwangsläufig. Mrozek und andere Protagonisten des absurden Theaters – ein schlecht gewählter Begriff übrigens – verblassen daneben zu epigonalen, braven Realisten, zu betulichen Beschönigern. Oder, wie jemand es kürzlich ausgedrückt hat: Für Euch im Westen ist Kafka Literatur, für mich ist es der Spiegel meines – na, Sie wissen ... täglichen Lebens.« –

Dabei kommt mir Janusz mit seiner Gestik, seinen Späßen, und wie er in den Himmel gucken kann und dann wieder, staunend, zur Bewegungslosigkeit erstarrt, auf seine ausgetretenen Turnschuhe, mit einem Streifen weniger nur als die unsrigen, manchmal wie eine geglückte Verbindung von Wladimir und Estragon vor.

Und Janusz teilt seine Beobachtungen über die Gesetzmäßigkeiten des Mangels mit:

Ob mir in den letzten Tagen die Schlangen vor den Kiosken aufgefallen seien – die landesweit, wie ich richtig festgestellt hätte, mein Frankfurter Verlag müßte dafür eigentlich mehr als dankbar sein, geradezu aufdringlich für mein Buch Reklame machten, auch wenn *Ruch*, frage man danach, überall bestimmt gerade ausverkauft sei.

An den mit *Ruch* überschriebenen Buden für den täglichen Kleinkram – derart hoffnungsfroh, heiße das polnisch doch soviel wie *Bewegung*, traue sich die Monopolstelle für das Kioskwesen nämlich zu nennen – stünden die Leute nicht meinetwegen an, bedauerlicherweise. Auch nicht unbedingt für Zeitungen:

»Wie seinerzeit, vor Ausrufung des Kriegszustandes im Dezember 1981, in einer Phase der Euphorie also, wo einem die errungene Freiheit allein plötzlich nicht mehr genügt, wo man sich für sie vielmehr gern auch etwas schön machen möchte, gibt es wieder keine Seife, die diesen Namen verdient, keine Rasierklingen, keine Streichhölzer. Nicht zu reden vom chronischen Mangel an Zigaretten. Es gibt nämlich immer noch Leute, denen sich die Türen zum *Pewex* nicht öffnen; die Pforten zu den *Staatsunternehmen für den inneren Außenhandel*, wie die Devisenschuppen, in denen sich für eine bestimmte Käuferschicht das Schlaraffenland ausbreitet, etwas nobel übersetzt werden könnten. –

Nach einigen Tagen Warszawa wird Ihnen der kürzeste Weg vom Kommunismus zum Kapitalismus bestimmt bekannt sein; er ist gerade eine Rolltreppe lang: Schreiten Sie vor dem Warenhaus *Centrum* einmal die Schaufensterfront ab, und erfreuen Sie sich drinnen – nehmen Sie sich die Zeit dazu, es erspart Ihnen den Gang in manche Museen – an den eintönigen Regalen. Suchen Sie dort beispielsweise einen Rest Teppich, könnten sie allerdings zur Antwort bekommen: ›Przepraszam! Aber sehen Sie denn nicht, hier haben wir kein Porzellan! Keine Teppiche finden Sie eine Etage drüber.‹ – Lassen Sie sich von der Rolltreppe nicht unnötig dorthin fahren; nein, fahren Sie aus dem Parterre des *Centrum* besser direkt in den ersten Stock des *Junior* hoch.

Das wär's: Unten der verstaubte, so gut wie leere Staatsladen – für den übrigbleibenden Ramsch interessiert sich niemand. Darüber in der Devisenetage – *hard currency only*, warnt ein Schild am Eingang; aber wer redet da schon von Apartheid – die schließlich wiederum dem Staate zugute kommenden Verlockungen.«

Mich erstaunt es, daß solche Geschäfte nicht längst gestürmt wurden.

Auf helvetische Verhältnisse übertragen bleibt jedoch festzustellen: neben Alkis, Junkies und Obdachlosen, vom Shopville bis hin zum Elend auf dem Platzspitz, einerseits, und – auch das nicht vergessen – neben dem bestimmt schönsten Geschäft der Stadt andererseits, jenem Laden, der im Schaufenster mit Dörrfrüchtearrangements, mit Kurpflaumen, Datteln und Smyrna-Feigen, assortiert mit Kandiertem und der Vielfalt von Nüssen, neben Kaffeebohnenkollektionen und Nudeln,

Nudeln, die jeden Pastaliebhaber in hellste Verzückung setzen, Kunstwerke präsentiert, florieren in Chrysopolis – nur Idioten vermögen zwischen dem und jenem keinen Unterschied zu sehen – ja auch weiterhin die Perversitäten an der Storchengasse, die schamlose Zurschaustellung des Teuersten vom Teuren, die hin und wieder sogar etwas abkriegt: Da und mit den Edelcomestibles der Münstergasse machen die Glaser das Geschäft.

»Rauhe Sitten. Systematische Demütigung scheint demnach fürs erste friedfertig zu machen, denn von Schutzgelderpressungen alla siciliana, im Stile der Mafia, hört man in östlichen Breiten erst aus Leningrad und den baltischen Staaten.« –

Und wiederum fehle der Zucker, um die bevorstehenden Wintertage zu versüßen; obwohl sich im Land draußen Berge von Rüben türmten. –

»Unnütze Dinge, gewiß, absolut nicht lebensnotwendig. Nur«, kontert er auf meine Verständnislosigkeit, »wenn es schon Mühe bereitet und unnötigen Ärger, Zigaretten zu beschaffen, kann ein Raucher doppelt nervös werden, wenn er eine hat und diese nicht anzünden kann. Für manche stellt allein schon der freie Zugriff aufs Feuerzeug eine Verlockung dar, der man nicht länger widerstehen möchte. Das erklärt Ihnen vielleicht die Trauben an den hohen Eisengittern vor einigen Botschaften – es schaut fast so aus, als ob ein Bienenvolk schwärmte, so drängen sich die Leute vor den Toren –, allen voran vor der amerikanischen, an der *Piękna*, deren durch den einstigen Park schräg hinüber bis zur *Ujazdowski-Allee* wuchernder Gebäudekomplex, eine modernistische Nachkriegsscheußlichkeit, das schmucke Schlößchen der Schweizer an der Ecke etwas in die Mangel nimmt.

Die Auswirkungen der Wanderlust sind gegenwärtig weiter westwärts zwar besser zu studieren: Um in den Westen zu gelangen, durchschwimmen sie inzwischen bereits die Oder. Gen Osten – das erste Mal, daß die lieben Nachbarn in unsere Richtung geflohen kommen. Kein Wunder, wenn die Deutschen in *Saska Kępa* drüben Hochbetrieb haben; nachlassenden inzwischen, seit den Lecks in Ungarn und der Tschechoslowakei. Ein Bekannter, er bräuchte unbedingt ein Visum für einen Monat als Gast an irgendeinem Institut in Paderborn oder weiß der Teufel wo – am Ort liegt's ja nicht; Hauptsache, man ist eingeladen worden, zu irgendwelchen Themen, die wiederum sekundär sind, zur Not wird einem schon etwas einfallen, ein paar Referate zu halten, und man kommt somit zu Devisen –, ein Bekannter aus Kraków hat vor der Botschaft, dreimal vergebens nach Warszawa hergefahren, ohne als Pole vorgelassen zu werden, Kohls lieben Brüdern und Schwestern von drüben bei deren Transsubstantiation – oder Konsubstantiation, ich will dieses Streites wegen kein Tintenfaß an die Wand schmeißen –, der Wandlung jedenfalls von Bürgern mit blauem zu solchen mit grünem Paß, zuschauen dürfen.

Nicht alle kommen aber von *drüben*. Immer mehr polnische Bürger, der Kanzler nennt sie noch großzügig ›unsere lieben Landsleute‹, teils lange nach dem Krieg geboren und kein Wort Deutsch sprechend, und sprächen sie, fiele ihnen zu Faust das Symbol des verhaßten Systems ein, gegen das man bislang, um es mit den strengen Herren nicht zu verscherzen, artig im Sack die Hand geballt hat, berufen sich im Wunsche, endlich dem Unrecht des Mangels hier zu entkommen, neuerlich wieder auf ihre deutsche Volkszugehörigkeit. Zum eignen finanziellen Vorteil. Wo's vielen am Nötigsten fehlt, ist jeder selber schuld, nein: bestraft sich jeder selbst, der das nicht versucht: Frei und ungehindert ohne Visum zum Zoo fahrend, muß es ihm in Berlin bei der richtigen Amtsstelle – sich als Vertriebener beklagend, was sich immer gut macht – nur gelingen nachzuweisen, und wär's mit einer eben erst auf dem Klempermarkt an der Mauer erstandenen Fälschung, daß seine Vorfahren während des Kriegs von den Eroberern auf die *Deutsche Volksliste, Abteilung 3*, gesetzt worden sind, Vater oder Großvater im Heer der Herren dienten und nicht im Untergrund, im Widerstand gegen die Besatzer gekämpft haben – und er kann als Deutscher, seinen polnischen Paß darf er behalten, in der BRD in Rente gehen: sorgenfrei auf Dauerurlaub in seiner angestammten Heimat. – Folgerungen? Die standen für jeden im *Spiegel* zu lesen: Deutscher ist, wer – freiwillig oder unfreiwillig – guter Nazi war.«

Im fahlen Lachen, das diesen Sätzen nachgereicht wird, hat sich Januszs Gesichtsausdruck verändert; noch schmaler wirken jetzt seine Augen, die Backenknochen noch ausgeprägter. Als wollte er eine lästige Fliege verscheuchen, wischt er sich über sein Gesicht, das mir plötzlich etwas schwermütig erscheint, müde, und grauer als eben noch, und streicht sich mit beiden Händen die Haare, seine dunkle Mähne mit einem leichten Stich ins Rötliche, aus der hohen Stirn und über den Kopf zurück.

Ich gebe ihm mein Feuerzeug: Auf der einen Seite ein Igelchen, seine Vorderfüße zum Gebet gefaltet, ums Haupt ein Heiligenschein. Wendet man es, blickt einen wiederum ein Igel an, oben sind ihm statt dessen Hörnchen gewachsen, unten ein Schwanz mit Widerhaken, und aus den Stacheln schaut ein Pferdefüßchen. Eine

Dame in Kraków, die an keiner Kirche vorbei kam, ohne das Kreuz zu schlagen, hatte es geschmacklos gefunden. –

Gern wüßte ich, was Janusz macht. Ich weiß, daß er ein enger Bekannter von Professor K. ist und früher in einem Untergrund-Verlag gearbeitet hat – doch was wird aus dem Untergrund, wenn er nicht mehr nötig ist? Hoffentlich geht es ihm am Ende nicht wie der Literatur, von der Döblin seinerzeit sagte, daß sie eine »Säule des Volkes« war – »solange das Volk unterjocht war. Nun man frei ist, wird aus der Säule ein Dekorationsstück.«

Eigentlich, wenn auch nicht offiziell, sei er arbeitslos, aber er arbeite natürlich, gegenwärtig gerade an einem Interviewband, Gesprächen mit mitteleuropäischen Intellektuellen; nein, Schweizer seien keine darunter. Wenn alles klappe, wenn sich die Frage des Papiers klären lasse, könne das Buch auf polnisch und deutsch erscheinen. An Interesse und Interessantem fehle es nicht; obwohl jetzt, wo alles nach Junk Food giere, Junk Culture, Junk Literature: Junk Books gefragter sein dürften; man sehe ja, was an den Ständen der fliegenden Buchhändler reißenden Absatz finde: Papp-Bestseller, mit Sex and Crime aufgepeppte Cover, innen öd.

Er habe sich auch schon überlegt, ob er offiziell nicht Fleischer werden sollte, im Verkauf; eine Stunde nach Geschäftsbeginn wäre der Laden leer, in weißer Schürze könnte er ans Aufräumen denken, etwas Kacheln polieren, um danach, bis ihm das Wasser im Mund zusammenliefe, von mit saftigsten Filets und Steaks gefüllten Chromstahlregalen träumend, auf seine Weise den Tag zu vertrödeln; diese Läden hießen sie liebenswürdig längst Garderobehandlungen, denn was es in ihnen immer habe: leere Haken, und einige Salami, die niemand begehre, weil man sie sowenig essen könne wie seinerzeit die Schlagstöcke der *Milicja*. –

Vielleicht sind es – ob's den Betrug erträglicher macht – die mit Wursthäuten kaschierten Knüppel der Arbeitermiliz, die seit den Gesprächen am Runden Tisch im Februar ausgewirtschaftet hat? Man wartet nur noch auf deren offizielle Auflösung. Nicht einfach unter neuem Namen weiterwirkend wie bislang, oder an der Flasche hängend beleidigt faulenzend: damit würden dem Land eine halbe Million neuer Arbeitskräfte frei, und mit denen, richtig eingesetzt, sollte die Krise doch zu meistern sein ...

Beim dritten Kaffee und einem weiteren Stück Torte – man begnügt sich mit dem, was es gibt; mir wird das Ganze nicht guttun, und für Janusz ist meine Einladung der reinste Luxus: was Wunder, wenn der Kaffee, eine recht eigenwillige Art gestreckter griechischer, das Pulver statt ökonomisch in einen Filter direkt in die Tasse geschüttet und mit heißem Wasser überbrüht, 1500 Złoty kostet, für uns also nichts, und eine, die als Assistentin an der Universität unterrichtet, gegenwärtig, wie mir Barbara, welche ihren Mann, wie sie scherzte, als Facharbeiter in die DDR exportierte, in Kraków erzählt hat, offiziell, auch wenn ich es kaum glauben mochte, nur gerade auf 80 000 kommt, zum gültigen freien Kurs umgerechnet Ende Oktober '89 knapp zehn Dollar (andere, was mir schon realistischer klingt, sprachen von einem Durchschnittseinkommen von stolzen vierzig Dollars; und das Einkommen der Assistentin immer gesehen im Unterschied zu dem eines Taxifahrers, oder eines Arbeiters der völlig maroden Schwerindustrie, der es in diesem Arbeiter- und Bauernstaat im Monat natürlich leicht, was zwar immer noch nicht viel ist, auf das Mehrfache bringt) –,

beim dritten Kaffee, nachdem ich ihm von der Datscha erzählt habe, die sich ein Schweizer samt einem ordentlichen Schwung Land in der Nähe von Kasimierz gekauft haben soll, auf einem Hügel mit Sicht auf die Weichsel, nur einen Steinwurf weit vom Erholungsheim des Staatssicherheitsdienstes entfernt – »nicht nur in schöner, auch in bis jetzt sicherer Umgebung also«, lacht Janusz – und unweit der Ruine einer romantischen Villa (den Bau hat der Besitzer, ein Industrieller, der rechtzeitig von Schwermetall auf Software umgesattelt hat, vor Jahren nach dem frühen Tod seiner jungen Frau aus Trauer um sie eingestellt), fragt mich Janusz unvermittelt:

»Ja. Warum steigen wir beide denn nicht gemeinsam ins Immobiliengeschäft ein und etablieren uns als Schieber? Ich mime den patriotischen Polen, mischle und sorge hintenum für Ware, für Liegenschaften und Land; Sie brauchen sich in Zürich einzig, das dürfte doch nicht so anstrengend sein, mit den Herren am Paradeplatz etwas anzufreunden: mit ein bißchen Phantasie sollten sich die Mechanismen des gegenwärtigen Polenmarktes ja weiterspinnen lassen. Schieber – ein Beruf mit Konjunktur.« –

»Auf! Laß uns jetzt in die Wirtschaft gehen«, hatte Janusz bereits vorhin, draußen auf der Straße, auf dem Weg ins Lokal zu mir gemeint, und nach ein paar Schritten: »Als Makler, als Immobilienspekulant erschreiben Sie sich bestimmt mehr als mit Ihren Büchern.«

Während ich mir in Gedanken vergegenwärtige, was sich schweizerseits in dieser Branche, die Kriminalität hinter arg fadenscheinigem Mäntelchen versteckt, in einem Raum mit rechtsfreien Winkeln alles tummelt, in der heimlichen Hauptstadt zumal, wo des rigorosen Reformators gute Manieren zu verwildern drohen und sein Sittenmandat zeitgemäß durch neue Spielregeln abgelöst wird (während Zwinglis Devise noch gelautet haben soll: ›Man kann nie genug haben, protzt aber nicht damit‹, so gilt heute: ›Wer unverfrorener schmiert, tüchtiger bescheißt und schneller blecht, macht den Stich‹ oder, wie ein Graffito sagt: ›Ich liebe nicht Gott, sondern Gold‹), wo Immobilien-Rambos, anfangs als kleine Notariatsgummis in einschlägigen Kanzleien dienend gut beraten nebenher in die eigne Tasche wirtschaften lernen oder, ehe sie groß einsteigen, mit Occasionswagen Gewinn machend, eine Zeitlang, wenn ihnen das große Geschäft mit kleinen Mengen, der Handel mit Kohle und Koks, zu riskant, Gebrauchtkarossen, deren Herkunft nicht gar so eindeutig ist, mit Vorliebe ostwärts verschieben, es auf die Schnelle, als kaum dreißigjährige Schnösel, indem sie ihrer Klientel – nebenher hat man sich in Managerkursen am Institut für angewandte Psychologie weitergebildet – überzeugend predigen, der Storch bringe die Kinder, zu Großgrundbesitz schaffen – das noble Messingschild an der feinen Büroadresse am Weinplatz wäre etwa in *Mäntelchen & Co. GoH – Handänderungen und Handreichungen* zu korrigieren –, und während ich, all dies vergegenwärtigend, mit etlichem Zweifel an meiner Tauglichkeit zu einem mir von Janusz vorgeschlagenen Job überlege, wie alt ich bereits bin, restlos veraltet für ein solches Geschäft jedenfalls, und wie weit ich es gebracht, grummelt er:

»Die im Zuge der Umwälzung offiziell abgehalfterten Bonzen der Nomenklatura, ›Gangs von Hochstaplern und Beutelschneidern, Vereinigungen von Gaunern und Bauernfängern, die die Arbeit scheuen und sich‹, wie es in einer Bauern-Zeitung gestanden hat, ›dank Mittlertätigkeiten dicke Polster zulegen‹, in den meisten Betrieben nach wie vor fest im Sattel sitzend, dank ihren in einem Dickicht aus Korruption, Betrug, Diebstahl und Amtsmißbrauch jahrelang aufgebauten Beziehungen nun ohne Angst, den Gürtel enger schnallen zu müssen, als erste flink in die Privatwirtschaft abwedelnd, oder, wie es ein Ökonom in einem Aufsatz kürzlich ausgedrückt hat: sich wie von Zauberhand gekitzelt, in einer Frischzellenradikalkur aus mürrischen, trägen, verknöcherten Verwaltern in gewiefte Manager wandelnd in der De-facto-Abschaffung der sozialistischen Kommandowirtschaft eine hervorragende Möglichkeit witternd, noch mehr und noch schneller Geld zu verdienen als bisher durch die Zuteilung von Gütern und Dienstleistungen unter dem Marktpreis aus Staatsbetrieben – die Bonzen werden ihre Transfers von der Staatskasse auf Schweizer Nummernkonten rechtzeitig getätigt haben.«

»Warum sollten sie nicht? Wo irgend in der Welt der Diktator einer Bananenrepublik oder seine luschen Vollstrecker auftauchen: der Finanzplatz Schweiz ist mit dabei.«

Nicht nur aus Komplizentum, Spießgesellentum, nein, es geht bis zur Beihilfe zum Massenmord; laut einem streitbaren Nationalrat, dem von Weißwäschern unter der Bundeshauskuppel ungern gesehenen schwarzen Schaf – seine Aussage wirkte wie ein Stich ins Wespennest und hat den letzten Hinterbänkler aus dem Vormittagsnickerchen aufgeschreckt, den abgebrühtesten Aufsichtsrat vom Studium der Bilanzen und dem lüstern verstohlenen Blick auf die Seite drei hochfahren lassen. Dazu wäscht man sich fleißig die Hände und flickt im Parlament, damit die nur ja nicht greifen, an Gesetzesparagraphen. Erwirkt der Bürger ausnahmsweise deren Änderung – sich, wenn er vom Initiativrecht Gebrauch macht, allerdings höchst verdächtig machend, ja nach Meinung derer, welche mit ihrer Verfassungstreue hausierend bei Wehrschauen und ähnlich lärmigen Volksbelustigungen zackig immer sperrigere Panzer und Blechvögel aus dem Zylinder zaubern und in Reden, bei denen es einen erstaunt, daß die Propagatoren von Law and Order nicht an ihren eigenen Floskeln ersticken, ihre Liebe zur Heimat feiern, gehört derart ungebührliches Tun wie die Ausübung verfassungsmäßiger Rechte strengstens observiert –, hält man nach der Abstimmung ein paar Jahre still und setzt sich, wenn wieder alles brav schnarcht, mit neuen Verordnungen hurtig über den Volksentscheid hinweg. Ob sich jedoch Fragen nach einem geeinten oder vereinigten Europa, denen man sich wird stellen müssen, will man demnächst nicht tatsächlich zum Sonderfall werden, nicht ziemlich isoliert, als reiche DDR gewissermaßen, dastehen, auf die Weise werden lösen lassen, ist zu bezweifeln; zumindest werden sie noch den sattesten Igel, und sich mit diesem bedrohten Tierchen zu vergleichen, maßen sich jene weiterhin an, die in der Meinung, selbst im Finstern sei der Klang des Goldes heller als jeder andere, alles unternehmen, die Augen zudrückend diesen Klang nicht zu stören, zu einem Blick über den Gartenhag hinaus zwingen. –

»Diese Herrschaften und was denen jetzt in Polen als erstes nachfolgt«, fährt Janusz fort, »in Polen wie wenig bekömmliche Pilze aus dem Boden schießt, eine unumgängliche Übergangserscheinung wohl, dürften es den am Aufbau des Staates Interessierten nicht leicht machen beim zukünftigen Regieren, also ließe sich – wir beide sind allerdings nicht die ersten, die auf diese Idee kommen – eine Zeitlang gut wirtschaften. In unserem Sinne. Ist das nicht einen Versuch wert? –

Natürlich ...«

»Warum immer *natürlich*? Warum kommt man nie auf die Idee zu sagen: künstlich ...«

»... läuft das auf den freien Markt hinaus; muß es.«

»Die reale Hölle ...«

»Sicher, Sie haben aber gut reden«, blockt Janusz meine Zwischenbemerkung im Ansatz ab; »wir wissen das, wir müssen dafür nicht erst zu uns kommen. Und doch ist es die einzige Möglichkeit, eine Wirtschaft zu führen, wie ein Senator kürzlich in einem Gespräch betont hat.

Ohne Zweifel, es gibt Diktaturen mit freiem Markt, aber keine Demokratie ohne freien Markt. Die Alternative: der Totalitarismus. Damit haben wir Erfahrung, da mußt du dich zufriedengeben mit dem, was du allenfalls bekommst; während andere sich eine goldene Nase anstecken, bekommst du die Verheißung des totalen Glücks verordnet, unter Zwang, und trotz allem. Verabreicht in Form von Murti-Bing-Pastillen. Und Witkacys rabenschwarze, bis in Einzelheiten längst eingelöste Vision einer Welt verordneten Glücks, ungetrübter konfektionierter Harmonie (wobei über Miłoszs These, daß Murti-Bing für einen Intellektuellen soviel verführerischer sei als etwa für einen Bauern oder Arbeiter, weil die Verheißung der Wirklichkeit werdenden großen Sehnsucht nach Harmonie und heiterem Glück auf ihn wie eine Kerze wirke, die er einem Nachtfalter gleich umkreise, um sich schließlich in ihre Flamme zu stürzen, vermutlich länger zu streiten sein dürfte) versuchen wir der Wirklichkeit hier gegenwärtig gerade aus dem Mantel zu schütteln. – Mit welchem Erfolg, wird sich erst weisen, denn, nicht zu vergessen: es gibt da noch einen Stuhl, Papas Stuhl, der nicht übersehen werden darf, der immer unübersehbarer im Weg steht.

Bislang jedenfalls galt: Wovon du dich ernähren konntest, wenn dir der Einheitsbrei mundete, war der Staatsoptimismus. Nicht nochmals hoffentlich ...«

»Oder es wird einem aufgedrängt, was man gar nicht braucht, weil man bereits alles hat. Die Mehrheit in unserer realexistierenden Demokratie, jene zehn Prozent jedenfalls, denen so gut wie alles gehört; und all die anderen geben sich der Täuschung hin, bald zu jenen zu gehören. Wer möchte nicht dazugehören. Die Freiheit beschränkt sich darauf: Wie in Panik, andernfalls krepieren zu müssen, ackert und schuftet jeder, strengt sich der Hinterstletzte krampfhaft an, sich noch mehr von all dem, was noch weniger gebraucht wird, leisten zu können.

›Hinter der Konsumsucht steht die Sehnsucht‹, habe ich in Zürich auf einer Mauer gelesen – ›die Unfähigkeit zur Trauer‹, wie jemand die Sehnsucht im Sprayspruch nächtens korrigierte.

Was aber Polen betrifft: Zum Totalitarismus und dem sich nun wie ein Steppenbrand bei Weststurm Stärke 10 zwischen Oder und Bug ausbreitenden, und wenn meine Beobachtungen nicht trügen, zwischen Ostsee und Tatra bereits im Stadium des fortgeschrittenen Ganoventums angelangten Kapitalismus müßte es doch Alternativen geben?«

»Wissen Sie«, verlacht Janusz meine Emphase, »es ist nun einmal verdammt leichter, aus einer Demokratie einen totalitären Staat zu machen als aus einem totalitären Regime eine Demokratie; Adam Michnik hat damit wohl recht: Aus einem Aquarium ließe sich eine Fischsuppe zubereiten – wie sie schmeckt, ist eine andere Frage. Doch, erklären Sie mir das einmal: Wie machen Sie aus einer Fischsuppe wieder ein Aquarium?

Im Grunde sind wir Gegner aller Ideen, wir sind Pragmatiker. Wir bauen uns zuerst den freien Markt, der muß entscheiden, was wird; das hat der Senator auch den verdutzten Gesprächspartnern auf deren besserwisserische Fragen geantwortet. Und wir bauen uns diesen freien Markt ohne Waren, ohne Geld – und ohne Kapitalisten –«

»Und was macht ihr mit den Bonzen; hat es wohl plötzlich nie gegeben?«

Janusz scheint mich erneut überhört zu haben.

»Ich muß dem Senator zustimmen«, betont er. Mich dünkt's etwas gar eilfertig, wie er es tut, wenn ich mir überlege, zu welchen Resultaten es der freie Markt anderswo bereits gebracht hat. Und mit einem Mal stört mich, wie Janusz seinen Bart frisiert hat, in einer Weise, die mir bis jetzt überhaupt nicht unangenehm aufgefallen war, die mir aber seit jener Bahnfahrt, als ein so zurechtgestutzter Herr von Basel bis Hannover, mochte ich mich noch so hinter einem Buch oder hinter der größten Zeitung verstecken, ohne Unterlaß auf mich eingeredet hatte – worum es ging, weiß ich nicht mehr, in Erinnerung geblieben ist mir das Wie, dieser sektiererische, schmierige Fanatismus im Vortrag, sein Ausdruck unerschütterlicher Gläubigkeit, von links wie rechts unausstehlich –, und hat nicht auch Janusz, mit mir einig, mich erst gestern lachend gewarnt, man bewahre sich vor allen Erlösern und deren heillosen Heilslehren –, bis ich außer dem bis auf einen schmalen Haarkranz ums Kinn säuberlich herausrasierten spitzen, unentwegt auf mich einhakkenden Mund nichts mehr gesehen hatte, eigentlich wie kaum sonst etwas zuwider ist: Ein völlig ungerechtfertigter Vergleich, beleidigend, wenn ich recht hinschaue, trägt Janusz doch auch ein schütteres Oberlippenbärtchen, so wenig zurechtgeschniegelt wie sein Kinnbart:

»Jeder soll machen können, was er will, hat der Senator gemeint.«

»Schön. – Nur, hat dein Senator nicht auch mit unübertrefflichem Schalk betont – oder irre ich mich –, daß er der Politik mit viel Widerwillen und Mißtrauen gegenüberstehe; daß sie für ihn weiter ein fremdes, unsympathisches Element darstelle; ›ein Gebiet‹, meine ich, hat er bei jenem vorzüglichen Mittagessen im eklektisch an Renaissanceformen angelehnten Rau-Schlößchen doch erklärt, ›auf dem sich vor allem recht durchschnittliche Menschen verwirklichen können, die von der Natur nur sparsam mit der Gabe selbständigen Denkens bedacht worden sind‹.«

Ausführungen, um die ich mich beinahe betrogen, denn, nervös wie ich war und selbstverständlich etwas zu früh vor Ort angekommen, verunsichert, ob ich überhaupt eintreten sollte, bin ich erst einmal, ohne geläutet zu haben und ohne zu zögern, vom Nebeneingang in der *Piękna* stracks weiter zur *Ujazdowski-Allee* geschlendert und, um rasch außer Sicht zu gelangen, vorn an der Ecke nach rechts abgebogen, ein paar Schritte weit wenigstens, bis zur jugoslawischen Botschaft, vor der ein Gedenkstein – man stolpert hier auf Schritt und Tritt über Geschichte und bleibt danach an ihr hängen: soviel hat man in den wenigen Tagen bereits gelernt – an das von einem Untergrundgericht über den Nazi-Kommandeur Kutschera verhängte, von Kämpfern der Heimatarmee anfangs Februar 1944 hier – in Form eines Attentats –

214

standrechtlich vollstreckte Todesurteil erinnert, wie mir das Wörterbuch herauszufinden geholfen hat. Vermochte ich mir schon nicht vorzustellen, wie die Gegend sich zu jener Zeit präsentierte – zerbombt, ja; aber wie? –, im Niesel überlegend, welches Wetter an jenem Wintertag geherrscht haben mochte, war ich, obwohl ich mich vor den eingeladenen Honoratioren, skeptisch, ob ich bei jedem Stuß aufs Maul zu hocken imstande sein würde, zu fürchten schien, anderseits wiederum höchst neugierig auf den eingeladenen Senator – sollte der nicht einst, kaum erwachsen, im Untergrund aktiv gewesen sein und könnte einen möglicherweise kompetent über Vorgänge aufklären, die einen mehr als das saftige Filet und der köstlichste Waadtländer interessierten? Über jene beispielsweise, an die dieser Gedenkstein, vor dem man gerade steht, trocken gemahnt – obzwar ich den Senator, und das wiederum wäre ein guter Grund, mich hintenum aus der Affäre zu schleichen, treffen würde, ohne viel von ihm gelesen zu haben.

Mein Anti-Bestseller-Reflex, auf den ich mir einiges einbilde, werde ich mir ein paar Tage später klein eingestehen dürfen, nachdem ich Versäumtes, die Bekanntschaft mit der schönen Frau Seidenmann, in der Bibliothek bei Freunden flüchtig nachholen konnte, hatte mir für einmal ein ungemein anregendes, nachdenkliches Vergnügen vorenthalten. Hin und her überlegend, das Dafür und Dawider abwägend, beschloß ich schließlich umzukehren, zur Botschaft zurückzulaufen, zögerlich; die Neugierde für die Art, in der Andrzej Szczypiorski sich von meiner Vorstellung unterscheiden würde, kratzte mir letztlich soviel Mut zusammen, einzutreten – underdressed ...

»›Die Politik‹, meine ich, hat jener beim Sorbet noch

ergänzt, ›ist ähnlich wie das Militär eine Art Prothese für diejenigen, denen es ohne eine solche Stütze im Leben miserabel geht und deren Vorhaben fruchtlos oder wenig fruchtbar sind.‹

Obwohl ich mich allein nicht getraute, diese Aussagen im Sejm, den ich zwar gerne einmal von innen sähe, überprüfen zu gehen – der Blick in einen Schweizer Parlamentssaal auf unsere sesselklebenden Verwaltungsräte beim Studium der Börsenkurse, was sich dann Sessionsgeschäft im Auftrag des Volkes nennt, bietet kaum Hoffnung zu gegenteiliger Ansicht.«

»Und dennoch, vorerst geht es zügig voran. Hier. Selbst wenn man nicht weiß, wie sich die Lage entwickelt: Nach all den Jahrzehnten Lethargie erscheint einem, was gestern geschah, heute schon wie tiefste Vergangenheit.

Ein delikates Problem, für die Tageszeitungen: Früher hat man die eigenen nicht lesen können, besser: nicht lesen mögen – die *Trybuna Ludu* war noch zum Einpacken der Kartoffeln zu unappetitlich –, und jetzt, wo etwas drin steht, gleichen sie am Morgen oft veralteten Geschichtskladden. Ein Journalist hat mir gesagt, er möge nichts mehr schreiben, er komme sich vor wie ein ergrauter Historiker, dem der nötige Atem fehle. Nachtlang sauge man sich Situations- und Kurs-Analysen aus dem Hirn, um am Morgen mit Ach und Krach vielleicht zuhinterst auf den Wagen des Zuges aufspringen zu können, dessen Lokomotive weit vorn längst um die nächste Kurve gestampft sei.

Ein Problem nicht einzig des Tagesjournalismus; gezwungen, immer alles besser zu wissen, heute und morgen wieder, auch wenn das mit den Thesen des Vortags jeweils kaum noch etwas gemein hat, geht es den Journalisten ähnlich wie den Politikern ...«

»Janusz, wenn Sie die Politiker erwähnen, denken Sie jetzt aber nicht etwa an die Vertreter unserer eidgenössischen Betonfraktion? Nach einer Abstimmung ...«

»Bei Ihnen, verzeihen Sie, spricht man – falls mich die Zeitung recht unterrichtet hat – von *Volks*abstimmung«, unterbricht Janusz meine Unterbrechung, mit der ich ihn unterbrochen; »das Volk macht in der Schweiz, habe ich ausgerechnet, durchschnittlich dreißig Prozent der stimmberechtigten Bevölkerung aus ...«

»Wenn das Resultat einer Abstimmung nicht hundertfünfzig Prozent zu ihren Gunsten ausfällt, haben die strammen Eidgenossen, mit den Parteipräsidenten zusammen allen voran die empfindlichen Weisen zu Bern – Minister wie unsere jetzigen Bundesräte, sieben derartige Intelligenzpotenzen, die alles in den Schatten stellen dürften, was seit 1848 bei uns auf Ministersesseln gehockt hat, soll man anderswo erst einmal finden –, tags danach, als hätte sie über Nacht schwerster Alzheimer befallen, schlicht vergessen, was sie vor dem Urnengang ihrem Volk auftischten. Und wenn Politiker, es wird sich überall gleich verhalten, daran erinnert werden, was sie am Vortag propagierten, sind sie falsch zitiert worden, klagen sie die Medien an, die, so sehr sie buckeln, den Herrschaften ständig ein Dorn im Auge zu sein scheinen ...«

»Das ist mir schon aufgefallen. Kein Wunder, wenn man die Zeitungen, wie ich es im *Klub* oft mache, wo die Westpresse meist nicht rascher zu bekommen ist, um einen Monat zeitverschoben liest: die Lektüre wird dadurch wesentlich amüsanter.«

»Das Tempo wird jedoch nicht nur Journalisten und

Politikern zu schaffen machen; zum Problem wird es auch für Zeitgeist-Surfer ...«

»›Der Zeitgeist herrscht mit mörderischer Macht‹, sagt Herbert zu Recht. O ja – ein halbes Jahr Berlin hat ausgereicht, verstehen zu lernen, was das heißt. Was einem heute bei Ihnen im Westen in die Finger gerät: Gestricktes; zwischen Buchdeckel geklemmte Beziehungskisten, nach bekanntem Muster gezimmert: Zwei Personen lieben sich, eine stört die Liebenden, es gibt Stunk, einer oder eine wird gemordet, den davonkommenden Rest verzehrt die Schuld; etwas Horror des Alltags, Leiden an sich und so weiter, gewürzt mit einer Prise Psycho: Produkte vom Abwechslungsreichtum eines Autobahntunnels, in vollmundiger Klappentextpoesie einander übertrumpfend von Gemischtwarenhandlungen als das Nonplusultra auf den Markt geschludert: *Belle Tristik* ...«, mault Janusz, den Rest erkalteten Kaffee in seiner Tasse, an dem er die längste Zeit derart sparsam gesüpfelt hat, in einem Zuge runterkippend, meinen zaghaften Einwänden keine Spur Beachtung schenkend.

Warum aber ereifert er sich plötzlich so? Es wird doch nicht mit dem beklagten Papiermangel zusammenhängen? Oder haben ihn meine Einwürfe genervt, vertrug er meinen Widerspruch von vorhin, als es um seinen Senator ging, derart schlecht? –

Er weiß vermutlich nicht, wie einverstanden ich mit ihm bin.

»Talmi«, schimpft er, »in welchem sich die Unzahl von Autoren bestimmt auch jetzt, wo sich die Literatur, wie ein Schriftsteller, den ich in Berlin für meinen Band interviewte, betont hat, endlich autonom endlich ihrer eigentlichen Aufgabe widmen könnte – so sie überhaupt eine hätte –, nämlich ›die Wirklichkeit, so wie sie ist, unmöglich zu machen‹, in bewährt altbackner Manier – Balzac ist dagegen der wahre Avantgardist –, dem sanften Gesetz von Angebot und Nachfrage verpflichtet, der Neuen Zeit annehmen wird. Genau wie der Schwulst bei uns zu Parteizeiten, für den es nie an Papier gemangelt hat; und kaum viel interessanter als der Schund, der bei den fliegenden Buchhändlern jetzt reißenden Absatz findet.

Oder man geht mit postmodernen Beliebigkeiten hausieren; so lebenswichtigen, daß höchstens ein paar empfindsam allem Neuen zugewandte Preisrichter danach zu krähen nicht müde zu werden scheinen.«

Schade, daß Sie den leidenschaftlichen Leser vom Jurasüdfuß nicht kennen, jenen in griechischer Metrik bewanderten Kritiker, ein Literatur-Aficionado, der in der kleinen Runde zu fünft, vom Versuch nicht abzubringen, mit anarchistischen Reiseprospekten die Fremdenverkehrswerbung zu unterwandern, unter Maulwürfen an Bakunins Grab gesessen haben muß, zwar nicht ganz unauffällig frisiert, und der niemanden braucht, der ihm beim Lesen das Lineal hält, möchte ich Janusz, hörte der überhaupt zu, unterbrechen.

»Überfliegen Sie nur«, eifert er weiter, »was auf den Kulturseiten alles von sich gegeben wird. Worüber der eine oder andere sich allenfalls aufregt, wenn ihn einmal etwas unvorbereitet trifft, weil einer etwas gesagt hat, was man gerade nicht sagt, selbst wenn es nicht oft genug wieder und wieder gesagt werden kann – ich behaupte nicht: muß –, das ist dann nicht neu genug. Oder die, die in ihrer Einfalt nichts zu sagen haben, brüsten sich mit der Schlachtung heiliger Kühe; aus Prinzip ...«

Januszs Tirade läßt mich, nach Beispielen suchend,

abdriften: »Dünnes Wasser, zum Lachen; wir meinen, so bringt das nichts«, hat einer kürzlich in einer Talkshow, irgendwie muß sich halt jeder seine Position schaffen, vor allem verteidigen, vor laufender Kamera gehämt, überlege ich, ein Loch in die Luft starrend, während Janusz weiterredet, und daran erinnert, versuche ich mir zu vergegenwärtigen, wie jener Klugscheißer – vielleicht gehört er zu denen, die anderntags ihre Rezensionsexemplare eingeschweißt beim Antiquar gegen bibliophile Kostbarkeiten eintauschen gehen – zu Hause am Schreibtisch den Zweihänder schwingt. »Einmal mehr: kalter Kaffee«, erinnere ich, beckmesserte der Wißbesser bei seinem tollen Auftritt, kaum des Lesens kundig, es müßte sich denn um Notenschrift für Trommel und Pauke handeln, spitz seine Benotung säuselnd. –

»Wenn sich die Literatur in desolatem Zustand befindet«, werfe ich ein, »in welchem dann erst die der Zweitverwerter? Vernagelt, wie sie sind, ist ihnen ihre Dummheit jedoch niemals klarzumachen ...«

»Die gibt's überall, diese siegreich schikanösen, vom unterschiedlichsten Schimmel befallenen Selbstsuchtinvaliden – um Krzeminski, einen Autor der Jahrhundertwende, zu paraphrasieren. Hier wie dort sind es die vielleicht übelsten Opportunisten: Sich als Individualisten spreizende Scharenwesen, wie kaum jemand sonst nach Zustimmung gierend. Der eitelste Schriftsteller vermag ihnen das Wasser nicht zu reichen.«

»Da sich viele Leser aber mit dem Konsum der Kulturseiten zu begnügen scheinen, wäre es vielleicht angebracht, statt Bücher Literaturkritik zu rezensieren.«

»Wenig erbauliche Aussichten. So oder so. Eine grausliche Freude steht einem bevor: das Loch im Eisernen Vorhang als Vorwand für Love-Stories; Staatsschutzaffären, wie es der Zeitgeschmack will, flink im Politthriller aufbereitet. Auch wenn die Neue Zeit bei der Geschwindigkeit, welche die Ereignisse angenommen, bis zum Erscheinen der gutgemeinten Histörchen samt deren Aufsud im Feuilleton nicht mehr gar so neu sein wird.« Sie brauchen all das ja nicht zu lesen, möchte ich Janusz, wär's die Aufregung wert, entgegnen; der weltbewegende Wust, primär wie aufgekocht, bewirkt nichts. »Du wirst die Massen nicht bewegen; abscheulich, aber wahr, du kannst deinen Satzbau verbessern, nicht die Menschheit«: als Schriftsteller und Reisender in Sachen Literatur darf ich mich mit dem bescheiden, was ich kürzlich bei einem Philosophen, einem höchst lustvollen Pessimisten, gelesen habe. –

In Fahrt gebracht, reizt es mich, Janusz, wenn wir schon über die Presse schimpfen, vorerst einmal die Freude an seinem Leibblatt, der *Neuen Zürcher Zeitung*, die er neben anderen ausländischen Zeitungen und Zeitschriften von der *FAZ* bis zum *Spiegel* seit Jahren im *Klub Miedzynarodowej Prasy*, im *Club der Internationalen Presse*, liest und auf die er sich gern, zumal wenn wir uns über die Schweiz nicht einig werden – zwischendurch, so ätzend sein Blick ansonsten sein mag, scheint er in seiner Sehnsucht nach dem Paradies vom Bedürfnis überwältigt zu werden, kurz ganz fest die Augen zu verschließen –, etwas zu vergällen.

»Was das Feuilleton angeht – nicht allein, weil sein Chef ein feinsinniger Übersetzer ist; ich werd' Ihnen mal seine Übertragung von Leopardis *Canti* senden, oder etwas von Ramuz –, ich wüßte in der Schweiz keine andere Zeitung, die tatsächlich eins hat, und im deutschsprachigen Raum keine, die als Tageszeitung in dem

Umfange neuere Literatur abdruckt und auf Bücher in fremden Sprachen hinweist; inzwischen werden auf deren Kulturseiten, solang sie ihrem Allerheiligsten nicht nahe treten, sogar Sticheleien geschluckt –, was also das Feuilleton angeht: einverstanden, im großen und ganzen. Was die Reichhaltigkeit ihres Auslandteils betrifft: auch darüber kann man reden – selbst wenn sich ›der Polarstern über den Niederungen der deutschsprachigen Presselandschaft, das Zentralorgan des realexistierenden Kapitalismus‹, wie die Zeitung von einer Wirtschaftspostille kürzlich charakterisiert worden ist, mit der Kommentierung des einen oder anderen Jahrhundertereignisses, das anderswo die Spalten füllt, Zeit läßt; vermutlich, hört man die Konkurrenz schnöden, weil es ganz einfach seine Zeit brauche, bis die Brieftauben aus aller Herren Länder mit den Neuigkeiten an der Falkenstraße ankommen – oder man folgt der Maxime: Nicht alles, was man weiß, gehört ins Blatt.

Das Großartigste, das Archiv der Zeitung, wo man freundlicher und zuvorkommender bedient als in jeder Zürcher Bibliothek arbeiten kann, wo ich, statt mir am Mikrofilm-Bildschirm die Augen zu verrenken, noch die alten Zeitungs-Bände durchblättern darf und dabei, einen Artikel suchend, meist Spannenderes entdecke, Annoncen etwa, aus denen ich mehr über die Geschichte erfahre als im Leitartikel, kennen Sie leider nicht einmal.

Immerhin, Sie haben recht, gibt es bei der Zeitung Leute, für die der Journalismus mit Schreiben, mit Sprache zu tun hat. Die Berichte des Nahost-Korrespondenten, des Weisen aus dem Morgenland, wenn Sie wollen, zähle ich dazu – außer ihm hat mir niemand Rushdies *Satanische Verse* annähernd komplex im kulturellen Kontext eingebettet vorgestellt. Trefflich auch die Kritiken des Pianoforte-Experten; Sie gehen recht in Ihrer Annahme: dieser Kritiker entschädigt den Leser nicht selten für das verpaßte Konzert. In Siena – dank der Fernausgabe, die ein eifriger Tourist, als die Reiseleiterin das Zeichen zur Wanderung in die umliegenden Hügel gegeben, auf dem Campo liegengelassen hat – habe ich mich diesen Sommer amüsiert – Zürich kann mit dem nötigen Abstand höchst amüsant sein –, wie er, sich fragend, ob es genüge, ›viel sehen zu dürfen, um ... wenig hören zu können‹, mit spitzer Feder einen von der Werbung als Genius angepriesenen Klavierlöwen gebändigt hat, der mit ausholender Gestik und wildem Mähneschütteln ein Yuppie-Publikum mit discosound-verstopften Gehörgängen in der Zürcher Tonhalle schier bis zur Ohnmachtsepidemie ergötzt haben soll.

Je näher der Falkenstraße sich die Ereignisse jedoch abspielen – Südafrika beispielsweise liegt gleich vor der Tür –, desto einäugiger schielt die alte Tante – so liebevoll wird das Blatt gelegentlich auch genannt.

Und was die Schweiz, was Zürich betrifft – da mag ich zwar ebenso blind sein; frei nach Sterne müßte ich mir den Vorwurf gefallen lassen, ein Mensch sollte zuerst sein eigenes Land ein wenig kennen, bevor er sich über dieses richtend ins Ausland begibt, und ich habe niemals einen Blick ins Großmünster getan, noch die Nationalbank besichtigt oder die Börse besucht, obwohl alle drei öfter an meinen Wegen lagen –, was Zürich betrifft oder die samstäglichen Leitartikel, welche viele nur deshalb lesen, um sich wenigstens einmal die Woche tüchtig aufregen zu können: dort entpuppt sich das Blatt von der Falkenstraße, zeigt die Zeitung ihr Gesicht ungeschminkt. Gerade in Zeiten, wo Spuren von Bewegung auszumachen sind, und sei es nur die Initiative für eine Schweiz ohne

Armee, über die, auch wenn Sie ihr an der Uni vor wenigen Tagen wenig mehr als eine hämische Bemerkung abzugewinnen vermochten, in der Schweiz in wenigen Wochen, Ende November, abgestimmt wird. – Für die M.A.CH.T Inc. nichts weiter, befürchte ich, als ein ärgerlicher, letztlich für sie folgenloser Sprayspruch auf Beton, bei Lichte besehen, jedenfalls als solcher behandelt, wobei die Rechnung die Verursacher – die, welche von ihren demokratischen Rechten Gebrauch machten – zu zahlen haben werden. Eine Initiative mit nicht der geringsten Chance, angenommen zu werden – schon dreißig Prozent Ja-Stimmen wären ein Traumresultat –, denn das Kernstück des schweizerischen Staatssystems, auf das auch diesmal furchtlos gesetzt werden darf, ist ja die Selbstdegradierung, das permanente Abstimmen gegen die eigenen Interessen:

Ein Volk von Mietern ist hier naturgemäß, um nur ein Beispiel zu nennen, gegen ein Gesetz für den Mieterschutz, und die Handvoll Immobilienhändler und Grundbesitzer schaffen es selbstverständlich, sie haben schließlich die Mittel, daß das Volk oder was sich an die Urne bequemt – es fühlt sich geschmeichelt, wenn es von Machtinhabern im Abstimmungskampf als Souverän angeredet wird – brav ein Gesetz gegen die Bodenspekulation verwirft.

›Das Recht auf Profit durch Bodenspekulation (auf Kosten des Gemeinwohls) gilt der schweizerischen Mehrheit, die keinen Boden besitzt, als Inbegriff der Freiheit‹, wie Max Frisch schreibt; obwohl von zweihundert Eidgenossen einer soviel besitzt wie die hundertneunundneunzig andern zusammen. Auf Immobilien bezogen lautet die Rechnung: ›Zehn Eidgenossen stehen vor zehn Stühlen, und es stellt sich heraus, daß acht von diesen Stühlen eben nicht frei sind, sondern einem einzigen Eidgenossen gehören. Er vermietet aber‹, so Frisch, unser seit Jahren und Jahrzehnten glaubwürdigster Botschafter des Landes, dieser politisch langsam aber sicher bankrotten Firma Schweiz AG, und neben Jean Ziegler nicht wenigen Eidgenossen der vielleicht verhaßteste Bürger, den die offizielle Schweiz, so lang es ging und so weit es geht, übersieht.

Im Zusammenhang mit der Armeeabschaffungs-Initiative hat sich Frisch, sein selbstauferlegtes Schweigen brechend, mit einem luziden Stück, einem *Palaver*, wie er es verschmitzt nennt, in die Diskussion eingemischt, vor Altersweisheit sprühend. Ein Beispiel draus will ich Ihnen nicht vorenthalten: Anstelle der nächsten großen Wehrschau – die so sicher kommt wie in der Kirche das Amen; und die Eidgenossen brauchen keine Oktoberrevolution als Anlaß, die Stacheln zu sträuben – wünscht sich der Großvater des Stücks im ganzen Land einen gewöhnlichen Werktag, nein: eine Woche – ›das kostet die Steuerzahler nämlich gar nichts‹ – BÜRGER IN UNIFORM: ›Alle Schweizerbürger, die diensttauglich sind, erscheinen am Arbeitsplatz in ihrer militärischen Uniform ... nichts weiter. Und alles ohne die militärischen Rituale. So wie sonst ... Und nach einer Woche rufe ich dich an und du sagst mir, was dir aufgefallen ist ... Wieweit die Kader in Wirtschaft und Industrie und Presse und Hochschulen identisch sind mit unseren militärischen Kadern, und wir überlegen uns, wessen Leibgarde sie ist, diese Armee ... ein paranoider Club. Oder weißt du, wieso diese Schweiz sich immerzu bedroht fühlt? Wo ich hinhöre: ihre Angst, daß sie durchschaut werden‹, so der Großvater zu seinem Enkel. – Ein starkes Stück, nicht?

Wie ich am Telefon erfahren habe, hat sich im Schauspielhaus Zürich nach der Premiere bei einem Streitgespräch auf der Bühne in den Kulissen des Stücks – Ausgewogenheit ist Helvetiern oberstes Prinzip – ein Altbundesrat, bei dem man den Kalk rieseln hört, wenn man ihn nur dasitzen sieht, als Literaturkritiker aufspielen dürfen. Nicht neu übrigens: wenn Frisch das Glück hatte, mehrfach ist's vorgekommen, mit einem neuen Werk über die Prärie der Kulturseiten hinaus Staub aufzuwirbeln, besorgten es ihm Inlandredakteure oder Wirtschaftsspezialisten.

Ein Streiter der gleichen Partei, Offizier und Schnüffler von Gottes Gnaden, dessen durchaus nicht zu privaten Zwecken angelegte Privatkartei über alles, was sich, durch seine Brille betrachtet – und da er sich wie der Exminister zu den Liberalen zählt, sieht man sich zur unangenehmen Annahme gezwungen: aus liberaler Sicht –, staatsgefährdend gebärdet, Jahre vor den Fichten-Schränken des Bundes aufflog, die jetzt grad einige etwas um den Schlaf bringen, soll seine Toleranz und Gesprächsbereitschaft freien Sinnes und besser, als seine schönsten Worte es vermocht hätten, demonstriert haben, indem er sich vor laufender Filmkamera mitten aus der Diskussionsrunde von der Bühne verabschiedete; ich hoffe, er tat's nicht nur, weil zwei – ihm nicht genehme – Frauen auf dem Podium saßen.

Die Schweiz – hohe Tiere, die ihre Köpfe durch schmalere oder breitere goldene Faßreifen und Eichenkränze zu sichern suchen, sind sich dessen gewiß; wobei man sich fragt, wie viele Nudeln beispielsweise den des Zürcher Erziehungsdirektors armieren, welcher sich in einer Weise, die, ins richtige Größenverhältnis gesetzt, der von Hager oder eines ähnlichen Hegers zur Ehre gereicht, als

Kulturfreund und freimütiger Kulturförderer aufspielt (oder ist es nur ein gerissener Schmiereschauspieler in der Rolle des Magistraten), daß er es – als hoher Offizier oder als Bürger? – in seiner Verantwortung der Jugend gegenüber nicht verantworten kann, diese im Schauspielhaus dem Frischen *Palaver* auszusetzen und darum vor der Abstimmung kurzerhand alle geplanten Schulaufführungen für die Gymnasialstufe aussetzen läßt – ich hoffe, nicht etwa aus Angst, die nicht stimmberechtigten Jungen infiltrierten mit ihrer Meinung die ihrer urnenfaulen Alten? –,

die Schweiz ist zuerst einmal eine Armee und dann erst eine Demokratie oder, wie es die sich zum Vorteil der andern mit Kinkerlitzchen gegenseitig lähmenden Gegner und Verächter von unnötig vergoldetem feldgrünem Kalk auf den Nenner gebracht haben: eine Militärdemokratie, in der die Armee so viel Platz beanspruche, zu viel, daß für die Demokratie zu wenig bleibt:

– All das mit einbezogen, entpuppt sich das Blatt von der Falkenstraße, dessen Sitz heute, nach dem Umbau der Oper, eigentlich an der Goethestraße liegt, aus der Nähe besehen nicht selten als unsere *Trybuna Ludu*, vergangener Tage meinetwegen.

Aber wenn ich *Trybuna Ludu* sage, muß ich gleich anfügen: nur als deren eine. Pluralistisch, im Sinne verfassungsmäßig verankerter Meinungsfreiheit – selbst wenn's um diese bestellt ist, wie Schopenhauer sie definierte: »Freiheit, objektiv, hängt ab vom angeborenen Vermögen oder einem Mäcen, und von Mäßigkeit der Wünsche« –, machen sich, um ein reichlich abgegriffenes Bild zu strapazieren, in unseren gemäßigten Breiten im Blätterwald, der Jahr für Jahr von immer weniger, dafür um so stämmigeren Stämmen getragen wird (Quizfrage:

Wann wird der Deal sie zu einem Bündel, einer ordentlichen Faschine vereinigt haben?), mehrere Tribünen den Alleinanspruch der Wahrheit streitig. Abgesehen vom Blatt, das, überregional aufs Inseratemonopol spekulierend, keinerlei Haltung einnimmt, und einem in alle Haushaltungen brüllenden Gratisanzeiger, von dem es zuviel verlangt wäre, wenn er eine andere Haltung als die der Auto-Inserenten einnähme, und vielleicht jenem Wochenblatt, das sich mit fürs Überregionale scharfem Auge der Welt annimmt, in dem enthusiastisch mäkelnde Kultur-Kasper über lokale Niederungen hinweg wahre Purzelbäume schlagen – für Fun and Pep, der mir, wie er auch verwürzt wird, ob mit, ob ohne Stars and Stripes meist reichlich fad schmeckt –, sind es in Zürich deren zwei, die sich beide zu Recht auf Volkes Stimme berufen, auf die des jeweils eignen.

Es ist – nicht nachdrücklich genug kann das betont werden – ungemein wichtig, daß es die andere gibt: ohne sie hatte es vor allem die eine weit leichter gehabt: sie brauchte nur das ins Bild zu setzen, was in ihren Rahmen paßte. Jetzt fliegt da und dort dies und das auf, was Selbstgerechte bisher nicht aus dem Schlaf geschreckt hat; fällt es schwerer, wie bislang den Deckel dicht zu halten; kocht's ab und zu arg über.

Gut so.

Täglich und wöchentlich serviert, ob als klassische Bleiwüste angerichtet – neben all dem Geflimmer und Geflatter und Bildgeknatter geradezu eine Wohltat fürs Auge – oder (Frage: wann steht ein Facelifting an?) als wilder grauschwarzer Layoutschrott auf den Tisch gerotzt: sowenig wie die anderen brauche ich auch die Breilein beide nicht zu schlucken, wenn sie mir nicht munden; Volkes Stimme hin oder her – die Freiheit wenigstens bleibt mir als Leser; oder ich versuch' sie mir zu bewahren.

Sich an der einen Tonart inklusive aller Börsenkurs-Cluster voll und ganz erfreuen zu können, mangelt es schon am Kontostand; der andern Diskant wiederum, vor allem wenn sie mir stramm ihre Kulturauffassung vorsingt, ungetrübt genießen zu können, ist man schlicht zu wenig taub.

Und was die Wahrheit angeht, da hat ohnehin jener alte Jude aus Lublin recht, der gespottet: ›Wahrheit? Es gibt doch keine Wahrheit, nur verschiedene Grade der Lüge.‹ Oder, wie ich bei Brandys gelesen habe: ›Wann ist mir zum erstenmal in den Sinn gekommen, daß es nicht nur einen Teufel gibt?‹

Selbstverständlich hat sich jedes der Zürcher Blätter, mögen sie nun *WoZ* oder *NZZ, Zürcher Prawda* oder *Trybuna Ludu* heißen, sich aufs Gleiche berufend durchaus etwas anderes meinend, Toleranz und Gerechtigkeit, Freiheit und Solidarität aufs Banner geflickt; das andre, durchaus nicht feige Blatt – daß es den eigenen Mist natürlich, so weit es geht, bedeckt hält: wer wollte ihm das verargen? man erwartet schließlich auch bei ihm keine Ausnahme – etwas mehr im luxemburgschen Sinne als das staatserhaltende«, erörtere ich meinem geduldigen Zuhörer. »Einem Bekannten, der sich nach längerer Abwesenheit aus dem Ausland zurück im heimatlichen Getöse umgehört hat, will – absolut unvertraut mit dem Vertrauten – aufgefallen sein, daß die beiden erwähnten Blätter in gewisser Hinsicht inzwischen so weit voneinander entfernt sind, daß sie sich, wie sehr sie vom Kapital her verschieden und welche Waffenplätze sie auch trennen, hintenum, statt sich länger zu befehden, zu beidseitigem Gewinn die Hand reichen könnten: Denkverbot

hier wie dort. Statt Offenheit ideologische Verhärtung.
›Aber das Wunderbare an den Schweizern‹, hat er mir
kürzlich geschrieben, ›ist ja gerade, wie sie ihren angeborenen, in jeder einzelnen Psyche vorherrschenden Totalitarismus immer wieder demokratisch verbrämen‹ – um
auf alles einzudreschen, was aufmuckt, nicht in die jeweilige Schublade paßt, wobei die Heftigkeit der Hiebe – wie
lautete doch das Gesetz vom Zweck und den Mitteln? –
proportional zum Solidaritäts- und Toleranzgeheepe zunimmt; ja, die in der Beziehung Vorlautesten, vergessend, daß keine Tyrannei, nicht einmal die des Ideals,
rechtmäßig sein kann, haben die eigentümliche Fertigkeit, vermutlich das Erbe aus jenen Zeiten, wo sich
Eidgenossen im Solddienste fremder Herren, auch lang
nach Marignano noch, die Köpfe verdroschen, so weit
perfektioniert, daß sie, jeglicher Proportionalität abhold,
mit Vorliebe auf solche einstechen, die letztlich ihresglei-
chen wären, die es sich, des Gleichschritts wie jeglichen
Gesinnungsterrors leid, nur nicht verkneifen können,
kurz aus der Reihe zu tanzen – was passieren kann, ohne
daß man's recht will, zumal einem in diesen Reihen
bereits übelgenommen werden kann, wenn man sich,
staunend über soviel gläubige Inbrunst, still und unauffällig, und ohne Lust, dieses unziemliche Tun in Verlautbarungen gleich öffentlich zu rechtfertigen, abseits stellt
und eine Weile zuschaut.

Setzt man in diesem Kleinmutgärtchen, in welchem
den Vordenkern in Sachen Kultur und Gesellschaft die
Geißelung alles Totalitären vielleicht darum so leicht
über die Lippen geht, weil jeder von ihnen inzwischen
sein eigenes totalitäres System ist, nicht immer wieder
entschieden zum Sprung über den Hag an, von der
Neugierde gestachelt, vom Verdacht geleitet, daß sich

außerhalb vielleicht auch noch etwas tun könnte, ist es unvermeidlich, daß man im heimatlichen Zwielicht über kurz oder lang bald da, bald dort und – statt sich an die Verhältnisse zu gewöhnen, wird man nachtblind – bald fortwährend über ein Beetchen stolpert, mal diesseits, mal jenseits des Gräbleins einem der sorgsamst gehegten Pflänzchen zu nahe tritt. Das dürfte in Polen nicht viel anders, und wenn, bald gleich sein. –

Wie auch immer: Wenn angestrengter Mief zu lang in die Nase sticht, kann es einen reizen, dem einen oder anderen Rechtschaffenen, der sich, von keinem Makel gezeichnet und ohne daß durch die stärkste Lupe Spuren von Selbstironie oder Selbstzweifel bei ihm zu finden wären, als Gewissen der Nation – seiner – plustert, sich Büchners Worte leihend, die jener seinem *Danton* geliehen, mit dem Risiko, den Spruch prompt selber um die Ohren geklatscht zu bekommen, in die wie Scheuklappen umgeschnallten Gesetzestafeln zu ritzen: *Robespierre, du bist empörend rechtschaffen, ich würd mich schämen dreißig Jahre lang mit der nämlichen Moralphysiognomie zwischen Himmel und Erde herumzulaufen bloß um des elenden Vergnügens willen Andere schlechter zu finden, als mich. –*

Wirklich, allein nur, wenn man sich die Presse anschaut: von viel Beweglichkeit ist in helvetischen Landen, der besten aller Welten, wenig zu spüren.« –

»Jetzt sind Sie es aber, der sich enragiert. – Doch lassen wir das.

Auch wenn wir beide seit Stunden herumsitzen, dumm quatschend im Kaffeesatz rühren und uns in ewig sich im Kreis drehenden Spekulationen verzetteln: Ob wir's wahrhaben oder nicht, es ist alles in Bewegung. Hier in Polen jedenfalls.«

Was es bräuchte, damit das in Bewegung Gebrachte vorankäme, denn erst kämen härtere Zeiten aufs Land zu, die härtesten stünden Polen noch bevor, sehr bittere; dazu, weil ineffizient arbeitende, unrentable Staatsbetriebe nicht länger lukrativ subventioniert werden würden und darum recht bald am natürlichen Bankrott eingingen, Arbeitslose in solcher Zahl, daß sie, ob von Gesetzes wegen zulässig oder nicht, kaum länger zu übersehen sein würden – zu fragen bliebe, wie lange die Bevölkerung bei der bevorstehenden notwendigen Gesamtsanierung des Landes, ohne während des Umbaus einfach ausziehen zu können, durchhalte –, was es bräuchte, erzählt mir Janusz, wäre jetzt nicht so sehr Hilfe, oder was sich hinter diesem Ausdruck für Almosen verberge; gut, humanitäre Hilfe für die Armen, dagegen sei nichts einzuwenden, damit löse man die Probleme jedoch nicht.

Nein, was es bräuchte, aber davon könne fürs erste niemand high werden, wäre Zusammenarbeit – tatsächliche und nicht jene vom Huhn und dem Schwein, welche sich, auf Initiative des Huhns, für die Eröffnung eines Frühstücksrestaurants auf ein Joint Venture geeinigt hätten nach dem Modell: Sie liefern den Schinken und ich die Eier –, und der Westen tue sich schwer mit Zusammenarbeit: Jahrelang, seit '56 eigentlich, seit den Streiks und Unruhen in Poznań, dann wiederum 1970 nach den Unruhen und Streiks in Gdańsk, und erneut zehn Jahre später nach der Ausrufung von Solidarność, sowie vor allem im Winter darauf, 1981, im Dezember nach Verhängung des Kriegsrechts, als das öffentliche Leben auf den Hund kam, ja, nur schon eine Hochzeit als verbotene Versammlung einen Akt des Widerstands darstellte und als solcher geahndet wurde, habe er sich weitgehend mit

Solidaritätsadressen begnügt. Gut und billig; ihn letztlich nichts kostende Ermahnungen, Aufmunterung gegen das Böse schlechthin, das in unseren Breiten heute dummerweise – ein Pech für kalte Krieger und die treffsicheren Waffenfabrikanten – nicht mehr eindeutig zu orten sei. Nicht von ungefähr habe es in Polen stets die Überzeugung gegeben, der Westen verrate einen; so sei das in der Zeit der Teilungen Polens gewesen, dann in der napoleonischen Ära, während der nationalen Aufstände, 1830/31 und 1864, und in der Jalta-Zeit:

»Auch jetzt, nach jedem größeren Streik – bald zehn Jahre dauert die Leier nun – heißt es aus Richtung Sonnenuntergang immer wieder: Macht weiter so; sobald die und die Bedingungen erfüllt sind – wem eigentlich steht es zu, Bedingungen zu stellen? –, wird man hilfreich zur Stelle sein.

Nun wäre es soweit – wer das nicht einsieht, ist nicht mehr nur auf dem einen Auge blind.

Um sich am Ende nicht in Seldwyla oder einem anderen netten Krähwinkel erwachend verschlafen die Augen reiben zu müssen, ist es jedoch vor allem an der Zeit, in Polen – man kann es nicht genug betonen – endlich vom leidigen Sonderfall-Denken wegzukommen ...«

Im Selbstfeiern des Sonderfalls, schon weil beide die gleichen Nationalfarben trügen, nicht von ungefähr die von Blut und Schnee, in ersten Linie aber, weil darin anscheinend beide Meister seien, könnte sich Polen, schlage ich, Januszs Gedanken unhöflich unterbrechend, vor, in einem Joint Venture mit der Schweiz zusammentun.

Nationalflaggenmäßig dürfte es, wie gesagt, keine Probleme geben: Polen – katholischer als der Vatikan, müßte es ihm mehr als ein paar Messen wert sein – bräuchte dem Adler nur das gemästete Kreuz unterzuschieben. Die Eidgenossen andererseits könnten den Aargauern endlich offiziell erlauben, den Stammsitz der k.-k.-Monarchie angemessen zu beflaggen: sie bekämen mit dem Vogel, dessen lahme Schwingen in gemeinsamer Pflege bestimmt bald wieder höhenflugtüchtig gepäppelt wären, zu den königlich-kaiserlichen Herzen, die seit jeher in Muri verwahrt worden sind, einen Hauch von Habsburg, das wilde Kerle zu urvordenklicher Zeit, sich illegalerweise zusammenrottend, laut Schulbüchlein mit Roß und Reitern, Stumpf und Stiel in den Sumpf gestampft haben, ins Wappen zurück.

Da beide, Polen wie die Eidgenossenschaft, an der Geschichte kranken, sei es, weil man daran im Blut erstickte, immer wieder, bis in jüngste Zeit, sei's, weil man, während die Geschichte an einem – oder man selber, zum Eisklotz gefroren, an ihr – vorbeidriftet, völlig neutral, ohne zuzusehen, andere ersticken half, gerade auch in jüngster Zeit, dürfte das endlich einmal ein Joint Venture sein, das beiderseits nichts als Vorteile brächte. –

Auch wenn die Schweiz, wie gesagt, eine völlig andere Geschichte hat, verglichen mit den polnischen Irrungen und Wirrungen gar keine, wie ich, höre ich Janusz noch lange zu, bald das Gefühl habe; in neuerer Zeit zumindest nicht – und länger gibt es sie nicht.

Um nicht an ihre einzig bewegende Zeit, an die ihrer Gründung, an die Jahre um 1848 erinnert zu werden – für einmal waren die Bewohner überwältigender Landschaften nicht abseits gestanden, im Gegenteil: während rundum jede Bewegung bereits in ihren Ansätzen gefesselt und abgewürgt wurde, hatte das europäische Wunder einer Confédération ausgerechnet in der Schweiz Wirklichkeit werden können –;

um sich nicht Gedanken machen zu müssen, wie weit diese Zeiten, auch wenn seither keine hundertfünfzig Jahre verstrichen sind, zurückliegen und was aus jenem Aufbruch geworden ist: eine heitere Eidgenossenschaft – Bananenrepublik und verfilzter Duckmäuserhort, in dem jeder wache verbindende Gedanke, wenn er über das Trachten nach Profitlein hinausziehlt, seit Jahrzehnten in staatlichem Auftrag, um den Staat, oder was sich als solcher ausgibt, vor seinen Bürgern zu schützen, in einer widerwärtigen, höchst gefährlichen, für den Spießer charakteristischen Mischung aus bürokratischem Perfektionismus und geistigem Dilettantismus als potentielle Bedrohung registriert, fichiert, geahndet wird; vom gleichen Staat, der sich jetzt erdreistet, die gleichen Leute, Musikerinnen und Musiker, Künstler, Künstlerinnen, Schriftstellerinnen und Autoren, die bei jeder Gelegenheit, wenn es den Betonköpfen an der guten Laune fehlt, sie einfach Politclowns zu schelten, als Opfer von Frustrationen, als senile Ausbunde an Primitivität desavouiert werden, kurz, Bürgerinnen und Bürger in der ihnen zugedachten Rolle von Ausstattern und Unterhaltern einzuladen, einen fragwürdigen Geburtstag zu feiern, ihm das Fest zu verschönern, beschämend gering entlohnt, denn für Prostitution, gerade dieser Art – Sadomaso ist in –, gälten, wenn schon, andere Tarife. Wer jetzt aber, aufgeschreckt durch den Bericht einer parlamentarischen Untersuchungskommission, die eingesetzt worden war, das Straucheln einer Ministerin zu durchleuchten, und nebenher an den Tag brachte, was längst zu wissen gewesen war, plötzlich den Erstaunten mimt, den Entrüsteten spielt, als kleiner Trotzkopf mit seinem Stämpfeln glaubt, den Großen Vater das Fürchten lehren zu können, wird nie kapieren, daß Beton kein Gehör hat, muß die letzten Jahre in einem gesegneten Tiefschlaf gelegen haben –;

um nicht an den Aufbruch um die Mitte des 19. Jahrhunderts erinnert zu werden (der bankrott ging, kaum daß es losging – man lese nur den *Salander*), rühmt die Festgemeinde die Öffnung im Osten – das Wackeln und Zerbröckeln der Gerontokratien hilft prächtig vom Beton im eigenen Lande abzulenken, von der Tatsache etwa, daß Leute, die der Nomenklatura den Gehorsam aufkündigen, die Zivilcourage zeigen, indem sie den Militärdienst verweigern, Dissidente also, denen sich anderswo nach und nach endlich die Zellentüren öffnen, hier weiter hinter Schloß und Riegel wandern –, und gleichzeitig sucht sie Zuflucht in einem weit zurückliegenden, für große Teile des Landes höchst willkürlichen Datum, das vor hundert Jahren vom Staat, der 1991 nicht nur am ersten August, nein, 365 Nationalfeiertage lang seine angeblich siebenhundertjährige Geschichte zu feiern gedenkt, zufällig zum Nationalfeiertag erkoren wurde; selbst wer sich jetzt – doch nicht etwa aus Angst, sich selber ins Abseits gestellt zu haben? – mit Gepränge im Scheinwerferlicht noch so vehement dagegen stellt, hat sich durch das verordnete Datum den Zeitpunkt längst fälliger Diskussion diktieren lassen.

Offiziell flüchtet man in den Mythos, zu drei pathetisch die Finger in die Höhe reckenden Hirten auf stillem Gelände am See. Ein Staat, der nichts so fürchtet wie Revoluzzer, den Willen zur Veränderung, wendet sich ausgerechnet einer Zusammenrottung ungewaschener Freaks zu, marginalen Landadligen, die sich als Sprecher der Bauern und Hirten ausgaben – ein paar subversiven

Elementen an der Gotthardroute, die um eigene Vor-
rechte bangend den labilen Zustand des Reichs als Folge
des plötzlich eingetretenen Machtvakuums nach dem
Tode König Rudolfs von Habsburg anno 1291 zur politischen Hetze mißbrauchten und ein rechtswidriges Papier
mit antiautoritärem Inhalt verfaßten, das von den Nachfahren großmäulig Bundesbrief genannt wird, wie ein
Architekt aus den ehemaligen Habsburger Stammlanden
erzählt:

»Bezeichnenderweise«, so der Aargauer, »hatten jene
Gesetzesbrecher bald Streit mit den Nachbarn, und weil
sie wehrlose Klöster überfallen und ausgeraubt hatten,
sollten sie 1315 endlich zur Räson gebracht werden;
leider gelang dies nicht. In einer grausamen Schlächterei
am Morgarten überwältigte ein Haufen der Terroristen
mit einer rechts- und sittenwidrigen Taktik unsere Ord-
nungstruppen.« Und so ging's weiter, bis französische
Revolutionssoldaten *Liberté, égalité, fraternité* singend
1798 über den Jura spaziert kamen und den von den
Eidgenossen geknechteten und ausgebeuteten Untertanengebieten die Erlösung brachten: »Weil die Helvetik
zwar viele Ideale, aber kein Geld besaß – die französischen Befreier hatten es gestohlen –, war sie jedoch unbe-
liebt. Und die ehemals Gnädigen Herren, die steinreich
gewordenen vollgefressenen Ausbeuter, eine Art Ma-
fiosi, sabotierten sie, wo sie konnten ...«

Ein Fest wert, für Knallköpfe. Erinnernd an einen von
gegenseitiger Eifersucht zerfressenen Ständestaat, in welchem ein paar Machtzentren – Chrysopolis, rechtschaffen, seit je Zucht und Ordnung verpflichtet, und Bern mit
seinen drolligen Bärentatzen – gegenüber Zugewandten
und den Untertanenlanden, dem Aargau, dem Tessin,
Gebieten des Welschlands, die erst nach der Französi-

schen Revolution aufatmen durften, das Sagen hatten; wie im heutigen Bundesstaat.

Auch die mit dem Steinbock im Wappen haben nicht zur Alten Eidgenossenschaft mit ihren Dreizehn Orten und Örtchen gehört, sind erst in der Helvetik, nachdem französischer Geist alten Marotten, Relikten mittelalterlicher Staatsform, den Garaus gemacht, sie zumindest etwas abgewetzt, zum Staate in jener damaligen Form gestoßen: als ein Staatenbund mit eigenen Untertanenlanden, eigenen Pfründnern, Podestaten, Vögten und Subvögten, Volkstribunen und Söldnerführern, der, sich nicht neutral verhaltend – heute noch liegen dort mafiose Strukturen offener zutage als anderswo –, über Jahrhunderte in schlimmste Wirren verstrickt, unter anderem in den Strudel des Dreißigjährigen Krieges gerissen, teil hatte an der europäischen Geschichte; entschiedener als das sich neutral stellende Chrysopolis mit seinen um das Wohl der Stadt bedachten Zunftmeistern, auf dessen Boden die Kriegsparteien ungehindert Söldner für ihre Dienste rekrutierten: mit der einen sich die Augen verdeckend, war man nicht gehindert, mit der andern nach hinten die hohle Hand zu machen – und in die ist ordentlich etwas abgefallen. –

Parallelen zu heute?

Bewahre!

»Erst einmal will man im Westen jetzt abwarten; dem Osten gegenüber. Manche haben jedoch nicht mehr viel Zeit – Datsun und Toyota sind da«, erzählt Janusz; »auch wenn ich nicht sonderlich darauf erpicht bin, daß Polen, in Teilen oder als Ganzes, zur Kohlplantage verkommt, man beginnt sich ernstlich zu fragen, wo Volkswagen bleibt.

Nur der Sextourismus, der hat bereits tüchtig zugelegt; ganze Flugzeuge voll, dem Geräusch nach überwiegend Bayern, laut jedenfalls, kurz herjettend, wenn Bangkok zu weit, verlustieren sich inzwischen übers Wochenende auf hierher verlegten Feuerwehrbällen.

Sie müssen sich nur in den Hallen der einschlägigen Hotels umsehen; nicht gerade im *Victoria*, da geht es aber nur nobler zu, besser im *Forum* – Rache der Schweden, wie dieser braune Hotelturm an der *Marszałkowska* vom Volksmaul geheißen wird.

Wenn Sie an Gesellschaft interessiert sind, die finden Sie dort; rasch. Vorausgesetzt, Sie fühlen sich in Nordischer Fichte aus den serbelnden Wäldern der Karpaten wohl.« –

Gegen die Einrichtungen der Marke *Röhrender Elch* – ist der inzwischen nicht abgeschossen worden? – lobe er sich die im Krieg schwer beschädigte von Otto Wagner aus dem *Bristol*, in deren Genuß er allerdings nie gekommen. Er habe nie das Vergnügen gehabt, auf Wagner-Stühlen zu sitzen – es wäre denn als Knirps, zusammen mit seiner Wiener Großmutter, und daran vermöge er sich nicht zu erinnern. Statt ihn wie anderes zu restaurieren – darauf verstünden sich die Polen, nicht zu Unrecht gälten sie als die weltbesten Restauratoren –, sei der Jugendstil aus dem *Bristol*, das seit über zehn Jahren hinter Gerüsten versteckt verlottere, in den fünfziger Jahren, zur Zeit, als sich martialische Zuckerbäcker aus dem Osten hier am unverfrorensten das Sagen anmaßten, leider herausgerissen worden, etwas voreilig, so daß er sich, wenn es ihn heute nach Kuchen gelüste und er zur Abwechslung mal das *Europejski* aufsuche   allein begnüge er sich mit dem Stehcafé vorn im Grand Hotel, an der Ecke zur *Krakauer*

Vorstadt –, in Gedanken an getilgter Ornamentik erfreuen könne.

Selbst wer nur mehr den Charme der Fünfziger-Jahre-Scheußlichkeiten in sozialistischer Ausprägung kennenlernen wolle, müsse sich sputen. Ein Wunder, daß nicht auch jenes Stehcafé längst nordisiert, dessen gesamte jetzige Einrichtung nicht längst in den Westen verschachert worden sei ...

Der letzte Schrei. Wo man eintritt, neben all dem nordischen Ramsch made in ČSSR fühlt man sich, aus westlicher Sicht grenzt's an ein Wunder, in Polen immer wieder (warum muß man auf den Reiz der Rückständigkeit erst aufmerksam gemacht werden?) in die fünfziger Jahre zurückversetzt.

Noch.

Mit grellfarbigem Neon und Halogen-Spots ungemütlich aufgepeppt, an den Wänden, weil das Zielpublikum im real existierenden Kapitalismus bis hin zur Uhr am Handgelenk, auf welcher Hammer und Sichel, die Zeiger, anstelle der Ziffern einen Kranz kyrillischer Lettern abstreichen, jetzt Perestroika trägt und Union Jack wie Südstaatenflagge samt dem Hauch von Freiheit und Abenteuer vorübergehend out sind, als Schmuck, besser passend zu Champagner und Kaviar, die obligaten Sowjetembleme – Supergeil: damit ließe sich mancher modisch veraltete Kreuzberger Schuppen aufmöbeln. Auch im Frankfurter Westend machte sich die Einrichtung nicht schlecht, genausogut wie in der Mühle Tiefenbrunnen, als Bar neben der *Blauen Ente*, dort allerdings in etwas edleren Metallen nachgebaut ...

»Aus dem Stehcafé im *Europejski* jedenfalls«, meint Janusz, dem die Zürcher *Ente* kein Begriff ist (ein Glück, möchte ich meinen, daß er nicht einmal ahnt, was an

Gestelztheit ihm entgeht: der Neid müßte den Spötter glatt verzehren): – »aus jenem Stehcafé im *Europejski* ließe sich etwas machen. Als ich mir dort kürzlich bei einer Tasse Kaffee, der Kuchen wieder mal alle, zum *Bristol* hinüberträumend vorgestellt, wie es sich in Wagners Einrichtung wohl hat Kuchen essen lassen, hat nebenan, an einem der kleinen Tischchen beim Eingang, ein auffallend lässiger Typ, auf seine Begleiterin im engen Lederjäckchen mit ausgestopften Schultern einredend, in dem Sinne gefachsimpelt:

›Klar, eine bessere Musik würd' ich auflegen‹, hat der vermutlich von der Münchner Freiheit hierher eingeflogene Lackel das Lächeln seiner Schönen ergänzt: ›Als erstes müßte eine ordentliche Anlage her …‹« –

Die Musik, an eine Lichtorgel gekoppelt und mit den erforderlichen x-hundert Watt Power um die Ohren geknallt, enthebt einen unnötiger Konversation: wer ist dafür in solchen Lokalen nicht dankbar.

Am Vortag, zusammen mit Iwona, einer Studentin, die, den sozialdemokratischen Realismus satt, der die BRD-Literatur auszeichne, wie sie betont, von räuberischen Umtrieben angetan, ausgerechnet über neuere Schweizer Literatur abzuschließen gedenkt, von einem Spaziergang zurück auf dem Weg zur Uni, ins Institut unten an der *Browarna*, wo ich mich mit Janusz, weil er da leichter als drüben in Praga zu finden sei, verabredet hatte, vom *Ogród Saski* kommend über den *Siegesplatz* schlendernd, vormals *Sächsischer Platz*, nach 1930 *Plac Józefa Piłsudskiego* und, als die Braunen hier gewütet, neu gestaltet naturgemäß nach dem Braunauer benannt, während Döblin zu berichten weiß, wie er 1924 als Augenzeuge auf ebendiesem Platz beunruhigt der Zerstörung

einer Kirche, der mächtigen, fünfkuppligen russisch-
orthodoxen Alexander-Newsky-Kathedrale, beiwohnte
und irritiert verfolgte, wie ein kaum fertiggestelltes Gebäude, von dem er zwar durchaus wußte, daß es für die
Bevölkerung hier eine Faust darzustellen hatte, »eine
ganz und gar eiserne, die auf den besten Platz der Stadt
niederfiel und deren Klirren man immer hören sollte«,
wiederum geschleift oder, wie er es nennt: abgetötet
wird,

und indem mir Iwona erzählte, daß dieser Platz, der
Siegesplatz eben (nach dem Krieg, so absurd es sich angesichts seines Zustandes ausnahm, war Polen von der
Siegermacht nun mal zu den Siegern gezählt worden), auf
welchem der Papst, der Polen eigener Papst, bei seinem
ersten Besuch, im Sommer 1979, eine Messe zelebriert
hatte, zu der, wie erwartet, das halbe Land herbeigepil-
gert war, kurze Zeit nach Wojtyłas Visite, als anstelle des
für die Messe gegenüber dem Grab des Unbekannten
Soldaten aufgerichteten Kreuzes auf dem Asphalt ein
mächtiges Blumenkreuz, täglich erneuert, um Nacht für
Nacht von staatlich organisierten Stiefeln zertrampelt zu
werden, nicht welken wollend an diesen Volksauflauf
erinnerte, zur gefährlichen Kultstätte geworden, aufgerissen werden mußte und als Baustelle – was gab es denn
hier zu bauen? – für lange Zeit hinter hohen Bretterwän-
den verschwunden war, weihte sie mich in ihrer Geschichtslektion gleich ein Stück weit in die Geheimnisse
von Absperrzäunen und Baustellen ein: Wie verhält es
sich demnach mit der abgesperrten Baustelle vor dem
Haus der Partei, überlegt man unwillkürlich; und wie
war das bei jenem Pavillon auf dem Rondell am Zürcher
Bellevue, in welchem sich im Winter 1980 eine junge Frau
der Kälte überdrüssig mit Benzin übergossen und ver-

brannt hatte und der danach, als die von der Polizei in der ihr so vertrauten Rolle einer Straßenräumequipe nachts jeweilen weggeschafften Kerzen und Blumen über Wochen hin – woher hatten die den ganzen Sommer über Geprügelten und Schikanierten mitten im Winter die Kraft, sie zu erneuern? – Tag für Tag wiederum den Platz schmückten, hinter einer Bauabschrankung versteckt werden mußte, damit in aller Ruhe das dem zentral gelegenen Platze angemessenere Café für eilige Umsteiger eingerichtet werden konnte, eine Glas-Stahl-Konstruktion, durch deren Scheiben die Angestellten, Tamilen oder Nordafrikaner, zusehen dürfen, wie durchschnittliche Einheimische draußen ihre Landsleute abstechen, ganz spontan und unbehelligt, während Beamte einer privaten Wach- und Schließgesellschaft in Polizeifunktion unliebsame Gäste überprüfen und aus dem Lokal und vom Platze komplimentieren; als Übergangslösung...

Am Vortag, als ich mit Iwona nach ihrer Geschichtslektion über Plätze und Baustellen vom *Plac Zwycięstwa* kommend am *Europejski* entlang spazierte, jenem Hotel aus dem letzten Jahrhundert, dem ersten modernen in Warszawa, das, wie meine Begleiterin wußte, neu errichtet und zusammengeflickt nach dem Krieg erst einmal einige Jahre als Sitz der Militärakademie zu dienen hatte, ausgerechnet, waren wir, bevor wir kurz auf einen Kaffee einkehrten, in der *Ulica Bagińskiego*, gegenüber dem abweisenden Bau ohne eigentliche Kanten, einem Ministerium vermutlich (dem für Staatssicherheit vielleicht, wie meine Begleiterin ungewohnt zurückhaltend mutmaßte; der Bewachung nach könnte es sich durchaus um jenes handeln, wobei die gelangweilten Milizionäre, zusammen mit der Wachablösung vor dem Grab des Unbekannten Soldaten hinten am Eingang des Parks in einem

Säulengangfragment des Sächsischen Schlosses, einem Ruinenstück, das den Krieg und das große Aufräumen überdauert hatte, hoffentlich bald als Touristenattraktion anzupreisen wären – ob sich Fotografieren hier schicke, nun, das möchte sie immer noch bezweifeln, vielleicht ließe sich eine offizielle Abbildung, die es sicher auch täte, auftreiben), einer Zigeunerin begegnet, die vor dem Hoteleingang mit ihrem Kind auf dem Arm, welches, wie von ihm erwartet, mit steinerweichender Leidensmiene angestrengt seine Beinchen zu verrenken hatte, auf ein älteres Paar einredete, das, einem Taxi entstiegen, eben angekommen sein mußte, vom Flughafen her vielleicht – *Welcome to Poland* –, für eine überhöhte Pauschale auf kürzestem Weg in die Stadt gefahren, oder bei laufender Taxuhr über ein paar größere oder kleinere Umwege, wobei der zu bezahlende Fahrpreis in diesem Falle berechnet wird, indem der angezeigte Betrag mit dem gerade gültigen Tagesfaktor multipliziert wird.

Während der Herr, der selber nur ein kleines Köfferchen aufgehoben hatte, seine Brieftasche einsteckend Anweisungen erteilte, war ein Portier noch mit dem Gepäck beschäftigt, derweil sich der Fahrer, wieder eingestiegen, aber vielleicht war er gar nie ausgestiegen, bei offnem Wagenschlag bereits eine Zigarette angesteckt hatte.

Sich der Dame im Pelz, indes das Mädchen auf dem Arm seiner Mutter dazu mitleidheischend das hohle Händchen machte, bis zur Handgreiflichkeit aufdrängend, ihr das Schicksal aus der Hand zu lesen, brach die Zigeunerin, als jene, mit der einen Hand, als ginge es ums Leben, ja, um mehr, ihre Handtasche umklammernd – was auffiel, waren ihre dabei immer weißer werdenden

Knöchel –, von ihrem Mann gezogen durch die Drehtüre im *Europejski* verschwand, in eine, weil eindeutig zu spät erfolgende, mir etwas aufgesetzt wirkende Fluchtirade aus. Ob sie mit deren Wirkung eher auf uns beide, auf Iwona und mich als dürftige Zuschauerkulisse, abzielte oder ob sie mit ihrem Ausbruch vor ihrer Kollegin reüssieren wollte, die, wie mich dünkte, schmunzelnd, jedenfalls völlig entspannt, einige Meter neben dem Eingang mit gerafften Röcken am Boden hockte, war nicht ersichtlich; die Tirade der Zigeunerin war aber derart höflich, daß mich Iwona mit dem knappen Hinweis, der von ihrem Mann durch die Drehtüre aus dem Verkehr gezogenen Dame wäre eben gewünscht worden, ihr möchten auf der Stelle die Haare ausfallen, bat, sie für einmal ihrer Dolmetscherinnenpflicht zu entheben ...

Die Damen übrigens, schließt Janusz, ehe er sich für einen Moment entschuldigt, seinen Wirtschafts-Einrichtungs- oder Ausstattungs-Exkurs, die Damen, die sich mir in einschlägigen Hotels, falls ich ihnen (abends allein von einem Stadtbummel zurückkehrend und froh, der vor dem Haus bettelnden Kinderschar entkommen zu sein, welche zusammen mit ihren Kötern, die jedem Ankömmling, ehe er sich versieht, gleich ungeniert traulich in den Kniekehlen schnüffeln – die feuchten, sich von hinten anschleichenden Schnauzen dürften kaum jedermanns Sache sein –, in gebührendem Respektabstand zu den aus der Nähe besehen recht abgewetzt livrierten Portiers, die in Warnhaltung unbestechlichen Blicks nach einträglichen Karossen Ausschau halten und mit auf dem Rücken verschränkten Händen auf und ab schreitend ihrer gewichtigen Erscheinung Geltung zu verschaffen und hochmütig in die Luft starrend ebenso geflissentlich alles, was ihnen als übersehenswert erscheint, zu übersehen verstehen, solang die Distanz eben einigermaßen gewahrt bleibt, ungehindert ihrer Tätigkeit nachgehen können) nicht bereits am Eingang beinahe unausweichlich in die Quere käme, anböten, kaum daß ich die Halle durchschritten und an der Bar säße, oder mir, dem einsamen Gast, spätestens auf dem Zimmer, noch bevor ich die Jacke ausgezogen – auf die Réception immerhin sei Verlaß: so der erste und nicht unzutreffende Gedanke –, mit hartnäckigem Geflöte als Business Girls ihren unaufschiebbaren Besuch in furchterregendem Englisch telefonisch ankündigten, vermöchten die Stiefel zu 270 000 Złoty zu kaufen, die mir in einem feinen Schaufenster hinter der Marszałkowska aufgefallen und deren Preis mich so in Staunen versetzt habe.

Stiefel, die, wie ich erinnere, ja auch jene gepflegte, im nachhinein besehen vielleicht gar arg aufgedonnerte junge Mutter getragen hatte, zu Besuch aus dem Westen, aus den Staaten möglicherweise, welche, während ich mit Professor K. zur Besprechung meiner Lesung, beratschlagend, ob es Sinn habe, nochmals die *Schnee-Fuge* aus *Flug* zu lesen, ergänzt durch die *Totenlitanei*, aufgelockert, falls die Zeit reiche, mit der *Paraphrase über einen irischen Inserateakquisiteur*, oder ob man es nicht eher mit einer Montage aus *Ruch* versuchen sollte, was ein ganz hübsches Potpourri über jene Eidgenossenschaft abgäbe, im Restaurant des *Forum* nach einem Imbiß beim Kaffee gesessen, am Nebentisch ihrem kleinen Buben, bis er ihm schier zu den Ohren herausquoll, aus einem Glas *Johnson's*-Karottenbrei eingefüttert, als einer der geschniegelten, dunkel gekleidet, den Blick, als wären es allesamt ihrem Chef nacheifernde Bodyguards des Generals, oft hinter einer Sonnenbrille versteckt

(oder fast so, als hätten sie alle – wenngleich kaum
Schatten von Belmondo – ausgiebig *A bout de souffle*
studiert) in der Halle herumlungernden oder im Gespräch mit Kollegen in die Sessel geflegelt das Geschehen
in der Halle inspizierenden Herren, deren meist zu grobe
Hände, neben klobigen Uhren oft zusätzlich von zu
schweren Ringen verunziert, im ersten Moment nicht zu
ihrer übrigen Erscheinung oder Aufmachung passen
wollten, an ihren Platz gekommen und, ihr flüchtig den
Arm überlegend, deutlich hörbar etwa zugeflüstert, mir
zwar Unverständliches, worauf sie das Kind, ohne daß
dieses etwas dagegen einzuwenden gehabt, im Gegenteil
vergnügt strampelnd und »Babcia, Babcia!« brabbelnd
seine Putten-Ärmchen nach ihr ausstreckend, zur Wei-
terfütterung der Oma reichte, aufstand und in Richtung
Halle wegstöckelte, dem Herrn hinterher: ans Telefon
gerufen, nahm ich an. – Ja, zur Arbeit beordert, wie
Professor K., dem aufgefallen sein mußte, wie meine
ganze Aufmerksamkeit dieser Szene gegolten, mich an
seinem Eis löffelnd korrigierte: Und schauen Sie auf die
Uhr, falls Sie, etwa aus volkswirtschaftlichem Interesse,
interessiert sein sollten zu erfahren, wie lange die Schicht
dauert.

»Damit der hiesige Arbeitsmarkt, für den real existierenden Kapitalismus spottbillig, nicht zum nächstgelegenen
Fernen Osten der Westeuropäer ausblutet«, fährt Janusz
fort, nachdem er wieder am Tisch zurück ist (»der viele
Kaffee, und das Gesöff nicht gewöhnt, Sie verstehen ...«,
entschuldigt er sich), »und damit sich das Land nicht in
kürzester Zeit selbst verhökert – schon einem durch-
schnittlichen Bank-Konzern müßte es ein leichtes sein,
sich mit einem einzigen Telefon – ein Glück, daß die

Leitungen in den Westen dauernd zusammenbrechen – beispielsweise ganz Masuren und die Kaschubische Schweiz in die Tasche zu stecken ...«

»Oder, warum eigentlich nicht«, schlage ich vor, »ist das keine verlockende Perspektive: Die vom Schneemangel arg geplagten Organisatoren der, obzwar inzwischen von Neuseeland über ein paar lateinamerikanische Diktaturstaaten bis hinauf nach Schweden betrieben, in erster Linie immer noch alpenländischen Pistenrutscherei, die sich dessen ungeachtet kühn Kampf um den Weltcup nennt, könnten sich jetzt, wo die Künstler, wie ich vernommen habe, aus dem Tatra-Kurort mehrheitlich abgezogen sind – ›verwöhnt wie Sie von zu Hause her durch jungfrauliche Erhabenheiten sein müssen, dürfte es sich für Sie kaum lohnen, allein Witkacys Gebeinen wegen dorthin ins Gebirge zu fahren, nach Hintertupfing, wie jener den Nobelort gelästert‹, ist mir in Kraków, meine Reisepläne korrigierend, geraten worden ...«

»Zumal die in der Ukraine oder in Weißrußland, jedenfalls in ehemals polnischem Gebiet ausgebuddelten Skelettreste, welchem Streiter sie auch gehört haben mochten, allein aufgrund des Gebisses bestimmt nicht die sind, als welche sie kürzlich in Zakopane oben wiederum ihre Ruhe gefunden«, pflichtet Janusz jenen bei, die mich abgehalten, in die Tatra zu fahren. »Selbst wenn Ihr verehrter Witkacy selig, der zu Lebzeiten am Ende zahnlos zu mümmeln gezwungen war, bestimmt seinen Spaß dran fände, plötzlich wieder mit intaktem Gebiß seinen entsetzlichen Scherzen frönen zu können ...«

»Jedenfalls: die in anderen abschüssigen europäischen Gegenden, welche mit in der Dachschräge Sennhütten imitierenden Chalets-Blocks und dergleichen architektonischen Niedlichkeiten beinahe zur Gänze verhüttelt sind, in den letzten Jahren trotz aller Aufrüstung von Schneemangel geplagten Organisatoren des Ski-Weltcups könnten Zakopane, und wem kann das nicht recht sein, denn auf heimatlichen Hängen, die, wie sich herumgesprochen haben dürfte, besser als andere dem Herrgott zugekehrt sind, auch wenn der in letzter Zeit – womit hat man sich diese zum Himmel schreiende Ungerechtigkeit verdient? – ausgesprochen etwas gegen Schnee haben muß, ist mir jede Kanone weniger ein Gewinn, zum Nabel ihrer Welt küren. In einem Handstreich, mit einer einzigen – die stumpendicken Füllfederhalter sitzen den Herren locker – flüchtig auf ein Papierchen gesudelten, harte Tatsachen verheißenden Unterschrift ...«

»Ja, dort oben in Zakopane und Umgebung ließe sich noch manches im großen Stil verschandeln«, mutmaßt Janusz.

Auch diesbezüglich stehe man in Polen erst in den Anfängen. Obzwar Alphütten und die Modelle von ein paar alten typischen Holzhäusern, ihre Innenausstattungen zusammen mit den altertümlichen Gerätschaften präsentiert, Holzrechen, Heugabeln und Mistfurken malerisch um Stickereien und Góralen-Trachten arrangiert, bereits im *Tatra-Museum* zu bewundern seien. Und nachdem es winters – weil am Lauberhorn wiederum kein Schnee läge, so daß die Mürrener Bauern von ihrem Barry bellend die Schafe auf die Weide treiben lassen könnten – einige Jahre lang hintereinander bis in die hinterste Stube hinein geheißen haben würde: »Wir melden uns heute direkt aus Zakopane, wo in wenigen Minuten zur *Lauberhorn-Abfahrt* gestartet wird«, dürfte man sich – da sei er zuversichtlich, wenn er lese, wie weit es berüchtigtere Ski Arenen gebracht hätten –, dem Smog Kraków entfliehend (und ehe die Dreckschleudern von Nova Huta nicht dichtgemacht würden, werde es dort nicht besser mit dem Smog, der, vom Menschen zu schweigen, die schönsten Restaurationen wegätze, bevor die Gerüste recht von den Gebäuden seien – und fortschrittlicher als all die hintennachhinkenden Politiker, die das bald einmal unausweichlich zu spüren bekämen, schränkten den Smog bereits jetzt keine Grenzprobleme mehr ein), vor erschlagendem Bergpanorama, das bis in die Gipfelregionen hoch unübersehbar eine weithin sichtbar in den Waldgürtel gehauene und sich über die Geröllhänge hinziehende *land art* zeichnete, Schrammen, die vom esoterischsten Science-fiction-Archäologen schwerlich als Landebahnen exterrestrischer Gäste zu deuten sein dürften, in der Freizeit im zugehörigen Botanischen Garten, dank opfervollem Einsatz eines rührigen Verkehrsdirektors, der sich bei seinem Kollegen im *Heidiland* das Rüstzeug geholt, durch anständige Straßen und die dazugehörige Parkplatzinfrastruktur erschlossen, während der aperen Zeit, vom ersten milden Frühlingswochenende an bis tief in den Herbst, den entlang eines kleinen Bachlaufs und rund um den hübschen, mit Umwälzpumpe regenerierten Forellenweiher zwischen Steinmäuerchen angelegten, liebevoll ausgeschilderten Arrangements der wegplanierten Pflanzenwelt der Hohen Tatra und des Podhale widmen ...

Museum und weitläufiger Garten zusammen, da bin ich sicher, ergäben die geradezu ideale Kulisse für eine Folge des nächstens bestimmt von der Eurovision ausgestrahlten *Musikantenstadels*.

Begleitet von feixenden Hackbrettlern aus Kitzbühel und von einem breitbeinig die Polier- und Prokuristenpranken in die Taschen der Halbleinenen gestemmt im Sennenchutteli zum Mikrophongalgen empor röhrenden

Jodeldoppelquartett aus Berchtesgaden und Brig, zäuerlernden Appenzeller Talerschwingern, ganze Alpaufzüge auf den Hosenträgern quer über der Brust, einem Dutzend Einsiedler Treichlenschwingern und Schellenschüttlern, sechs Peitschenchlöpfern aus Schwyz und den Churer Ländlerfreunden verstärkt (unter den Gästen befänden sich neben ein paar Cheflern noch der Schweizer Carlo Brunner, das Blasorchester *Schwarze Pumpe* aus Leipzig, das Kärntner Doppelsextett, geleitet vom Bruder des weit über Kärnten hinaus bekannten Heimat-Politikers, die Kastelruther und die Feldkirchner Spatzen, die Volkstanzgruppe Schrunz, Regina, Kurt und Paola, Päuli Paulsen und die Gruppe *Truck Stop*), könnten in der ersten Folge aus Zakopane, in einer Gemeinschaftsproduktion von ARD, ORF und unserem Fernsehen der deutschen und rätoromanischen Schweiz mit dem polnischen, zum Auftakt eines Renn-Wochenendes vielleicht, singende, rotbackige, vor Jugend strotzende Stickerinnen aus Chochołów in geblümten Röcken und Schultertüchern, während dazu die roten, von der Großmutter auf die Tochter vererbten Korallenketten auf ihren hochgeschnürten, züchtig in weiße Blusen gehüllten Busen im Takt hüpften, mit markdurchdringenden Jauchzern und Heulern, kleinen Trallala und kauzigem Holdrio die auf der Bühne den blutjungen Klöpplerinnen gegenüber in währschaften, mit den Stickereien und dem Geklöppel eben dieser jungen Mädchen geschmückten weißen Tuchhosen verkleideten, im Halogenflutlicht sich runde Filzhüte tief in die Stirn gedrückt in kunstvoll bestickten Wämsern aus Bärenfell schwitzend mit geflochtenen Lederschuhen markig den Takt stampfenden und um die Wette Schwarze Madonnen und mehr oder minder schiefe Gekreuzigte schnitzenden Holzbildner aus Dębno Podhalanskie (wie die verbissen werken, kann es sich nur um die angeblichen Zukünftigen der Stickerinnen handeln) zu noch eifrigerem Tun animieren. Die ausgelassene Sangeslust, Musik, Schweiß und der Sturm stiebender Späne volksdümmlich in krachendem Deutsch moderiert, das mit Sicherheit niemanden, einen Fremdsprachigen nicht und auch keinen sogenannt deutschsprachigen Schweizer, dessen empfindsame Psyche strapazierend ihm den heimatlichen Wohlklang vergällend, ja, ihm richtiggehend Magengrimmen bereitend, an das in der Schweiz nun mal von links bis rechts, von braun bis grün so suspekte, verhaßte Hochdeutsch erinnert und dafür um so entschiedener im Geiste von Europa '92 dem von maßkrugstemmenden Serviererinnen umtanzten Publikum – ›Erscheinen Sie bitte in Tracht‹, forderte die Einladung zum Folklore-Gaudi diskret – reaktionsvereinend volksverblödend grenzüberschreitend tüchtig das Schunkeln einbläut...

Und die Gläubigen unter den Pistenflitzern in hautengen paradiesvogelfarbigen Trikots, die jeden, ob Anatom oder schlicht Voyeur, zum Studium des unbedeutendsten Muskelpakets an den gestählten Kraftbolzen verführen, fänden erst noch, ehe sie sich im Kampf gegen die Uhr abwechselnd rote und blaue Stangen um den Kopf schmettern lassen, Trost oder Stärkung im nahen Wadowice, dem Geburtsort Klein Wojtyłas, der es auf Papas Stuhl geschafft und darum vielen seit Jahren als *die* große Autorität des Landes gelte; manche spotten bereits, Polen werde erneut aus dem Exil regiert...

»Zuvor aber« – meint Janusz, der, was den Skizirkus betrifft, da er soeben banausenhaft die Slalomkünstler im Abfahrtsrenndress durch die Tore hat wetzen lassen, ordentlich dazulernen müßte –: »zuvor, damit sich dieses

Land jetzt nicht zu Schleuderpreisen samt und sonders selbst verschachert, ist es nötig, den Złoty zu härten: Man hofft, aus ihm bis in einem Jahr eine konvertible Währung zu zaubern.« –

Wie das zu machen ist, kann ich mir allerdings nicht vorstellen. Ich müßte in Zukunft vielleicht den Wirtschaftsteil aufmerksamer lesen.

Das Lokal, fast leer, als wir eintraten und Janusz einen Tisch wählte, der Gewohnheit von früher folgend, steuerte er einen in der Raummitte an – »sicherer vor Philips und anderem Ungeziefer«, wie man früher zu sagen pflegte –, hat sich nach und nach gefüllt, unmerklich; und ohne daß ich mich gestört fühlte, ohne Angst, mit meiner Stuhllehne dem hinter mir sitzenden Gast gleich ins Gehege zu kommen, kann ich mich hier recken und strekken, wie ich will: Für unsere Verhältnisse, verglichen mit Lokalen in der Kapitale des Kapitals, sind die Tische hier angenehm locker im Raum verteilt.

Warszawa ist nicht Chrysopolis. In einer Stadt von Geldwäschern und Apothekern, wo der Kaffee von mürrischen Kellnern mit der Pipette zum schnellen Verzehr geträufelt wird: was braucht's da Kaffeehäuser in Wiener Tradition, damit einer den halben Tag vor seinem langen Braunen die Zeit verliest; ein halbes genügt, wird sich der Proprietario von ein paar am Bellevue erschacherten vergoldeten Quadratmetern gesagt haben. Wo im *Odéon* einst Geist und Witz versammelt beim Wein gesessen, können in der um seine Erinnerungen amputierten Hälfte die Lackel von nebenan nun Schlipse und Jacketts anprobieren. Und um Miete und Umsatz endlich ins rechte Verhältnis zu bringen, sollen dort bald Pillen über den Tresen gereicht werden.

Im Gegensatz zu Chrysopolis türmen sich auf den Stühlen hier in Warszawa dafür keine Jacken und Mantelknäuel; alles, was drinnen überflüssig ist, hat man draußen an der Garderobe bei den heimlichen Chefs des Lokals – nicht nur von ihrem Lohn her gesehen – abgegeben, sicher bewacht für bescheidenes Entgelt, und findet man zum Schluß dummerweise die Marke nicht mehr, um seine Sachen wieder auszulösen: erneut ein bescheidener, doch nicht zu klein zu bemessender Betrag auf die Hand, und du darfst den Tresen umgehen, dir selber aussuchen, was fehlt oder paßt.

Nebenan haben zwei gutgekleidete Herren Platz genommen; sie trinken Tee. Während sie sich angeregt unterhalten, zeigt der eine mit auffallend feinen, gepflegten Händen dem andern über den Tisch weg irgendwelche eng bekritzelten oder schraffierten Papiere – sind es Computerauszüge, versponnene Texte, überladene Pläne oder einfach skriptorale Zeichnungen? –, die er dann wieder ordentlich in sein Aktenköfferchen mit Zahlenschloß zurücklegt.

Janusz, wiewohl er genau weiß, wo er sie eingesteckt hat, sucht wieder einmal nach seinen Zigaretten.

Ein Ritual, sich das Rauchen abzugewöhnen? – Nein, aber eine Schachtel reiche so etwas länger.

Während er raucht, unterhalten wir uns über den Beton konträrer Systeme und die Unvergleichbarkeit gleicher Probleme, die Wohnungsnot etwa, die es hier wie dort gibt. Obwohl das Problem nicht damit zu lösen ist, vielleicht nicht einmal verständlicher wird, wenn wir die anderthalb Zimmer – oder sind es zweieinhalb? –, in denen ein Minister in Warszawa mit seinem Sohn lebt, mit den Quadratmetern verrechnen, auf denen sich in Bern ein Bundesrat mitsamt seinen Katzen, ohne seine

Fabrikantenvilla hinten im Stumpenland aufzugeben, einrichten kann.

Fest steht, kommen wir überein, damit wir uns nicht in heikle Spekulationen verirren, daß die Schweiz vielen Polen nach wie vor als Paradies gilt, in dem jeder Bewohner zumindest Schokolade-, Käse-, wenn nicht gar Uhrenfabrikant sein muß.

Eine ziemlich schreckliche Vorstellung, wie ich einzuwenden wage.

Wahr daran könnte so viel sein, daß in diesem Paradies, zur Sehnsucht hinzu, baldmöglichst in einem mit schnellem vierradgetriebenem Geländewagen (der als lautstarker wuchtiger Protest gegen die Zementierung des Landes der Umwelt erst dann richtig grünen Touch gibt) nach den unvermeidlichen, zum Dröhnen aus den Lautsprechern auf dem Gaspedal spielend Tag für Tag geduldig zu überstehenden Staus auf den Ausfallschneisen der Städte rasch erreichbaren, neben dem obligaten Shopping-Center und der Squash-Halle inmitten ähnlicher Fertigbau-Schlößchen im Grünen gelegenen Eigenheim den König zu spielen, jeder von seiner eigenen Bank träumt und, diesem Traum nachhängend, sich willig – Tempo, Tempo, Tempo! – von der Stechuhr hetzen läßt; als Konsumzombie, den eine Unterhaltungsmaschinerie davor bewahrt, völlig vereinsamt je allein zu sein, und dessen Freiheitsdrang sich neben dem dicken Wagen in der Möglichkeit erschöpft, mit der Fernsteuerung auf der Flimmerkiste im Einheitsbrei zwischen dreißig Kanälen hin- und herscootern zu dürfen. Um nicht darüber nachdenken zu müssen, warum die aus Frankreich importierten Freiheiten, um die man sich seinerzeit bemüht, seit dem kurzen Traum vom Paradies im letzten Jahrhundert derart verluderten.

Und was einem nicht paßt, weil es nicht ins Paradies paßt, wird aus demselben weggeschafft – das, versuche ich meinem leicht verdutzten Begleiter zu erklären, nur dank Fremden ist, was es ist: dank Einbruch des Ungewohnten in die Selbstgefälligkeit und der Tatsache, daß es lange Zeit ein Auswandererland gewesen war, ein Land von – wie sie heute genannt werden – Wirtschaftsflüchtlingen, die sich in härteren Zeiten anderswo ihr Brot suchten und suchen durften. Im Paradies selber hat man's vergessen, jetzt, wo vielen bereits wieder zu viel ist, wenn auf hundert Eidgenossen (was sind das überhaupt; sind's die einem fremd gewordenen Einheimischen jedweder Couleur? fragt man sich, zunehmend unschlüssig, je weiter dieses Land wegrückt) auch nur ein einziger Flüchtling, ein Asylsuchender kommt. Ein Asylant, wie die amtliche Bezeichnung in der Sprache der Einheimischen lautet, die, unerschütterlich wie Gotthard-Granit, von ihren »guten Diensten« überzeugt, in ihrem mustergültig abgelegenen Horst mächtig viel auf ihre »humanitäre Tradition« halten. Obwohl fünfundneunzig von hundert dieser unerwünschten Vaganten – was vielen zu wenig ist – rasch weggeschafft werden: »Ausgeschafft«. »Erledigt«, wie sich der zuständige Bundesrat in seiner sprachlichen Unbedarftheit, die System hat, ausdrückt – falls der Herr ein Wörterbuch benutzt haben sollte: das des Unmenschen –, wenn er, sich in christlicher Verantwortung der damit zu erringenden Popularität voll bewußt, zur Zufriedenstellung seiner Landsleute ohne zu erbleichen verschärfte Gesetze kommentierend unterstreicht, daß Asylgesuche aus gewissen Ländern künftig keine mehr seien: Flüchtlinge nur aus Rassegründen sind keine, hat es einst geheißen, aus eigennütziger Furcht, das Boot, falls mehr als nur die Herrschaft drin säße, möchte, von ein paar angeheuerten Knechten gerudert, kentern, und damit ist man im Umgang mit den seinerzeit an der Grenze refüsierten Juden, deren Pässe auf Schweizer Wunsch europaweit mit einem J gezeichnet waren, schließlich gut gefahren. Folgerichtig – weitum werden Grenzer zur Zufriedenheit christlich gesinnter Politiker auch diese nette Vorarbeit zu würdigen verstehen – stempelt die Eidgenossenschaft die ihrer heute abgewiesenen Flüchtlinge gut sichtbar mit einem R: *refusé*. – Daß die Schamröte im Gesicht manch eines Reisenden an der Grenze mit Leichtigkeit die Farbe seines Passes übertrifft, die Farbe jenes Heftchens, in der neuesten Ausgabe noch aufdringlicher leuchtend, das dem Schweizer, so das Klischee, Tür und Tor öffnet, in Wahrheit aber – ein Alptraum – eines nicht so fernen Tages für den Inhaber an mancher Grenze das Aus bedeuten könnte: wen schert das im Bunker?

»Spekulieren wir noch etwas über das Ost-West-Gefälle, das leider nicht einfach mit Escherschen Tricks aus der Welt zu zeichnen sein wird«, lacht Janusz, »und über eine unvermauerte DDR« –

»Ein höchst verlockender Gedanke«; wobei sich, während wir ihm nachhängen, Januszs listiges Gesicht zu verdüstern scheint:

»Das bedeutete aber: Auf einen Schlag achtzig Millionen Deutsche; eine unheimliche Zahl . . .«

»Wären Ihnen achtzig Millionen Eidgenossen soviel lieber?«

»Und es bedeutete, daß die Oder gesamtdeutsche Grenze wird, Ostgrenze der EG. Als erstes dürfte dann der Zaun gegen Polen erhöht werden, besser armiert, ein reiches von einem armen Europa trennend; und die Bewohner auf polnischer Seite, die Polen, seinerzeit nicht freiwillig in fremdes Eigentum eingedrungen, von den Deutschen, die damals nicht alle selber abgezogen, sondern gegangen worden sind, als Täter angesehen, würden einmal mehr Opfer werden – ein Konfliktherd jedenfalls ist hier, solange der Haß nicht abgebaut wird, sicher; beidseits des Flusses. – So oder so aber, eine unvermauerte DDR, erst recht ein unvermauertes Berlin: welch prächtiger Gedanke.« –

Ende Oktober ist tatsächlich nichts mehr auszuschließen: Von Woche zu Woche sind es drüben mehr; irgendwann ist der Druck im Kessel groß genug. Erst waren es ein paar Tausend, »antisozialistische Störer, vom Westen gesteuerte Randalierer«, die man wie eh und je niederknüppelte, gleich jenen, die zuvor am Bahnhof Dresden einigen Tausend anderen, welche im verriegelten und während der Fahrt auf ganzer Strecke streng bewachten Transitzug über einen kleineren Umweg aus Ungarn kommend das Land verlassen, Adieu winken wollten – zum Knüppeln und wenig anderm hat man die überflüssigen Burschen vom Staatsschutz schließlich gedrillt; im Stechschritt. Dann, kaum ist der Alte mitsamt dem Club seiner Gerontokraten gepurzelt, ausgekrenzt von einem ewig lachenden Pferdegebiß, dessen Anblick als Mauerschmuck – *Großmutter, warum hast du so große Zähne?* – kaum lange zu ertragen sein wird, sind es bereits Zehntausende; am Montag darauf plötzlich Hunderttausende, die sich *wider den Schlaf der Vernunft* – noch keinen Monat zuvor, nach den Bildern der kalkweißen Greisenmauern auf den Tribünen in der Karl-Marx-Allee anläßlich des verordneten Jubels zum vierzigsten Jahrestag der *Dötschn Dmokratschen Repblik*, vom Chef über Mielke bis zum großen Kulturfreund Hager alle versammelt, ihnen zu Füßen, wie gewohnt streng observiert, ein Heer von die Faust im Sack um eine harte Mark ballenden Fähnchenschwingern, hätte man es sich nicht einmal vorzustellen vermocht – jetzt unüberhörbar eine Frechheit erlauben, für die ihnen bis eben noch der Knast sicher gewesen, nämlich unbekümmert auf die Straße zu gehen und einfach zu rufen *Wir sind das Volk* ...

Woran liegt es – ist es allein der Klang? –, daß ich dieser verfänglichen Losung vielleicht in jeder anderen Sprache (aber auch da bin ich mir nicht so sicher) weit eher, vor allem leichter zustimmen könnte, ohne daß mich, wie hier, wenn ich sie in den Nachrichten des polnischen Fernsehens als O-Ton über den verwirrenden Bildern aus Leipzig höre, als das einzig Verständliche neben dem mir fremdsprachigen Kommentar, sogleich ein Mißklang sticht; ein Stich sich ins Gehör bohrt, in einer Mischung, bin ich ehrlich zu mir, von Widerwillen und – nein, nicht Mitleid, eher: Verachtung, und die Frage, was in ein paar Wochen im Gleichschritt gegrölt wird, mir jede Freude über die ach so freudige Parole sogleich vergällt?

»Wenn der Teutoburger Wald rauscht und das deutsche Gemüt sich in die Brust wirft, klingt der Brustton der Überzeugung nun mal etwas markig: *Hojohe! Halloho!*« so Professor K. – »Was, Sie kennen das Gejohle der Matrosen, mit dem der *Fliegende Holländer* nach der Ouvertüre einsetzt, nicht? Da werden Sie aber schleunigst etwas nachholen müssen, falls Sie demnächst mitreden möchten.«

Trotz allem, tröstlich ist es: Auf Leipzigs Plätzen wird es langsam eng ...

Frage man besser nicht weiter. Und doch, spätestens jetzt, da der Alte den Hut genommen – *Wer zu spät kommt, den bestraft das Leben*, hatte der Tribünengast dem Gehörlosen nach Abnahme der martialischen Prozession beim lauen Abschiedsbruderkuß ins Ohr geraunt –, besser: der Verein uneinsichtiger Greise endlich aufgelöst worden ist, die selbsternannten Monumente, die, wie Monika, meine Kollegin aus Pankow sagte – und wer einmal das Glück hatte, zur Rush-hour von der S-Bahnstation *Ernst-Thälmann-Park* aus staunend den Wagentroß der Funktionärs- und Führungsriege, der ihr Vorpeitscher irgendwie abhanden gekommen scheint, auf dem Heimweg nach Wandlitz in überhöhter Geschwindigkeit über die zur Protokollstrecke herausgeputzte, plötzlich wie leergefegte Greifswalder Chaussee aus Richtung Palazzo di Prozzo und Ministerratsgebäude herandonnernd stadtauswärts preschen zu sehen, dem drängt sich diese Einsicht auf –, längst nicht mehr wußten, was ein Rotlicht ist, unter dem Druck der Straße einfach wegbröselten, müßte es erlaubt sein, um nicht gänzlich unrealistisch auf allzu schiefe Hoffnungen zu verfallen, vorauszuträumen, der Devise *Nur keine Panik vermeiden* verpflichtet zu fragen, wie lange es dauert, bis aus den Reihen des Volkes, einer zweifelhaften Größe, der Ruf nach *einem* grölt: *Ein Volk, ein Reich* – nein, die Parolen kennt man. –

Im Fernsehen die Bilder von der Großdemo auf dem Alex: *Wollt ihr die totale Kopie?* Ein anderes Transparent fragte: *Wollt ihr den totalen Kohl?*

»Vergeßt bei eurem nur zu verständlichen Heißhunger bitte nicht: *Kohl bläht*«, warf einer der Studenten ein.

»Obgleich Deutschland auf polnisch *Niemcy* genannt

wird – *niemy* heißt stumm –: der *Niemiec*, zumal wenn er in Scharen von seinesgleichen auftritt, ist mir dennoch nie sonderlich stumm vorgekommen«, flachste Janusz, als wir uns gemeinsam die Fernsehnachrichten anschauten: »Grund zur Besorgnis besteht aber keiner, nicht einmal wenn jetzt mit einem Schlag die Grenzen aufgingen: einzig in Italiens Arenen den Krieg erklärend, werden sie sich, wie viele es bis dahin sein mögen, nächsten Sommer tüchtig ausschreien dürfen. In der schwarzrotgoldnen Elf wird sich bestimmt wieder ein Simulant finden, der sich im Endspiel nach diversen zielgerichtet Runde um Runde weiter bringenden Spielchen taktisch klugen, nur stinklangweiligen Null-Fußballs im entscheidenden Moment im Strafraum gekonnt vor die Füße eines weniger nervenstark dem entscheidenden Treffer entgegenrennenden, alle Taktik vergessenden Gegners fallen läßt und so für seine Mannschaft den entscheidenden Elfmeter herausspielt, damit das mächtig aufwallende Sieg! Sieg! der Schlachtenbummler zum bildfüllend zufriedenen Strahlen des Kanzlers auf der Ehrentribüne über Eurovision bis in die abgelegenste Stube erfreut – und manch schöne Erinnnerung weckt.«

»Als total Fußballunbedarfter – wenn Sie mich fragen, ob die Eidgenossen nach ihrer empfindlichen Niederlage bei Marignano bei den nächstjährigen Schlachten in Italien überhaupt mit dabei sein werden, muß ich mit der Antwort leider passen – wünschte ich mir eine schwarzafrikanische Mannschaft, die im Endspiel, nachdem Italien als Fußballnation am Boden liegt, nicht zu bremsend die schwarzrotgoldne Elf ungeachtet aller Elfmeter-Kalkulation im Colosseo einfach über den Haufen spielte ...«

»Einem deutschen Magistraten«, so Janusz, »böte sich

erneut eine Gelegenheit, zur obligaten Grußadresse, als schlechter Verlierer die Lippen verkneifend – auch das strahlte in die letzte Stube –, mit ›Liebe Neger ...‹ anzusetzen.« –

So oder so, überlege ich, von meinen Beobachtungen ausgehend Januszs Vorstellung aufnehmend auf Bevorstehendes schließend: Horden halbnackter Wilder von nördlich der Alpen werden nächstes Jahr in Italiens Städte einfallen und sich an weltmeisterschaftsspielfreien Tagen zu den übrigen Touristenmassen hinzu, das urbane Leben zum Kollaps treibend, auf Plätzen lümmeln; achtlos an gotischen Bildtafeln vorbeistreichend, mit den Ausdünstungen Tempera und Goldgrund angreifend, werden sich die gelangweilten Horden Fußballbegeisterter aus aller Herren Länder, neben denen die Gruppen obligater Japaner mit ihrem technisch verlängerten Blick kaum noch ins Gewicht fallen, eislutschend und Pommes frites futternd schwitzend und dampfend durch Museumsgänge und Gassen quetschen, David entgegen, ohne auch nur einen flüchtigen Blick für Michelangelos unvollendete Sklaven zu haben, auf das eigentlich furchteinflößende Mannsbild zu, das nach einem Aug aufs Original an Ständen draußen in der prallen Sonne in jeder Größe für wenig Geld zu haben ist, um dann ermattet in Dome und Kirchen einzufallen und auf den Altarstufen zu dem übrigen Müll, den sie auf ihrer Spur unentwegt absondern, ihre leeren und halbleeren Bier- und Colaflaschen zu deponieren ...

»Am Ende«, meint Janusz, mich, indem er mir seinen beißenden Zigarettennebel ins Gesicht pustet, aus ungehörigen Wachträumen weckend, unserem kurzen Schweigen ein Ende setzend, mich zu dem unterbroche-

nen Diskurs zurückgeleitend, »am Ende werden vielleicht die Schweiz und Rumänien die letzten europäischen Länder sein (Albanien, von der Geschichte vergessen, gibt es möglicherweise, ohne daß es jemand bemerkt
hat, längst nicht mehr), in denen die Betonfraktion auf
leergefegten Plätzen weiter ungerührt ihr Monument
pflegt.« –

Vom Nebentisch her, wir hatten den beiden Herren
keine weitere Beachtung geschenkt, unvermittelt die
Frage an mich:

»Entschuldigen Sie, mein Herr, stammen Sie vielleicht
aus der DDR?«

Es ist Zeit, daß wir zahlen.

GEOGRAPHIE II   Ausschnitte zweier Biogra-
phien; zwei Schicksale: Bruno Schulz, ein Ver-
wandter Kafkas und Vorfahre von Danilo Kiš, in seinem
galizischen Städtchen, auf dem Gebiet der heutigen
Ukraine, in jenem Teil, welchen sich die Sowjetunion im
Krieg nach einigem Hin und Her, völlig legal gemäß den
Vereinbarungen zwischen den Nazis und den Sowjets im
Ribbentrop-Molotow-Pakt vom August '39, von Polen
geholt hat – wieder, wie die einen meinen –, einen Landstrich, stelle ich mir vor, durchweht von den »warmen
Winden aus der Walachei und von der Moldau«, wie es
im *Anderen Herbst* heißt; »eine gewaltige gelbe Monotonie zog herauf, das süße schale Wehen vom Süden her.
Der Herbst wollte kein Ende nehmen. Wie Seifenblasen
stiegen die Tage auf, immer schöner und ätherischer
werdend, und jeder schien derart bis zur letzten Möglichkeit veredelt zu sein, daß jeder Augenblick der Dauer ein
über alle Maßen verlängertes Wunder und geradezu
schmerzlich war ... « –,
    Bruno Schulz, nachdem er im dortigen Getto, von der
Gestapo, als deutsches Militär Drohobycz besetzte, anfänglich zum Katalogisieren konfiszierter Bibliotheken
gezwungen, eine Zeitlang als Schreiber und Zeichner des
Kapos geschunden wurde, seinem Protektor, einem
Schreiner aus Wien, der sich als Architekt aufspielte und
den er in allen Posen immer wieder zu portraitieren hatte,
in der requirierten Villa die Schlafzimmerwände des
Kindertraktes gegen das Entgelt von ein paar beschlag-
nahmten, für jeden Normalsterblichen unerschwing-

lichen Lebensmitteln, die auch noch Schwester, Neffen und Cousinen über die Runden zu bringen hatten, mit Märchenillustrationen zieren durfte, den Kindern Hänsel und Gretels Horror, den Wolf und die sieben Geißlein, Rotkäppchen und Hans im Glück auf die Wände bannte und als Protégé des örtlichen Referenten in Judenfragen schließlich der Ehre teilhaftig wurde, die sogenannte Reitschule im Hauptsitz der Drohobyczer Gestapo mit Frauenfresken und Paar-Akten auszuschmücken, seine Arbeit im vergeblichen Wettlauf gegen die Zeit absichtlich immer wieder in die Länge ziehend, mit weiteren Details ausschmückend, anderseits jedoch, wenngleich er über gefälschte Ausweispapiere und die nötigen Devisen verfügte, eine mögliche Flucht, weil er seine Angehörigen nicht allein zurücklassen mochte, fortwährend hinausschiebend, zum Leidwesen der Freunde, die mehrmals bis ins Detail geplant hatten, daß ein für den Widerstand arbeitender, als hoher Gestapo-Offizier verkleideter Funktionär des Geheimdienstes nach Drohobycz fahren, ihn dort im Getto vorgetäuscht verhaften und nach Warschau bringen sollte, wo bereits für ein Versteck gesorgt war, ist von einem SS-Mann, einem Scharführer, der mit Schulzens Protektor, da dieser seinerseits einen vom SS-Mann protegierten Zahnarzt umgelegt hatte, schon seit längerem im Streit lag, am 19. November 1942, am sogenannten Schwarzen Donnerstag, mittags, während einer von der Wache zum Gaudi provozierten wilden Aktion – *Gemma Tauben schießen!* wurden diese Belustigungen von den gelangweilten Besatzern geheißen –, auf offener Straße erschossen worden, worauf Günther, der junge Schütze, als er den Schreiner später getroffen, durch seine Rache befriedigt und zackig den Arm hochreißend, mit Triumph

265

gelacht haben soll: »Du hast meinen Juden getötet – und ich deinen ... «: Der beschwerliche Weg nach Westen, nach Treblinka Majdanek Auschwitz, blieb Schulz dadurch erspart.

Der andere, Stanisław Ignacy Witkiewicz, zusammen mit dem dritten aus dem Umkreis der Katastrophisten, Witold Gombrowicz, einem als Abkömmling der Szlachta seit Jahren in Warschauer Literatencafés heimischen Weltmann, welcher 1939 im Wunsche, der polnischen Provinz zu enfliehen, den »Polen von Polen zu befreien« gewissermaßen, das Kreuzschiff *Chobry* besteigend, den Stolz Polens, das zu seiner Jungfernfahrt auslief, unbemerkt der einen Katastrophe entkommen, auf dem Atlantik vom Krieg im fernen Europa überrascht und statt in Buenos Aires, wo das Schiff anlegte, mit seinem Begleiter nur für ein paar Tage Zwischenstation an Land zu gehen (war's dienstags?), rasch zu einer etwas anrüchigen Randexistenz absteigend, ehe er nach Jahren eine Anstellung als Sekretär der Polnischen Bank angenommen, oder, wie er selber es ausdrückt: die Bürokratie ihn aufsaugte und mit ihrem Papierkram und ihrer Absurdität erstickte, während das wirkliche Leben sich von ihm entfernte wie das Meer bei Ebbe und er mit letzter Kraft *Trans-Atlantik* schrieb, für Jahrzehnte dortbleiben sollte –,

Witkiewicz, wie Gombrowicz, den es entsprechend seiner Devise »Je klüger, desto dümmer« ans entgegengesetzte Ende der Welt, dorthin, »wo Amerika seinen Finger zwischen drei Ozeane steckt«, verschlagen hatte, eng mit Schulz befreundet und von den Polen zärtlich Witkacy genannt, Dramatiker, Romancier, Philosoph, Maler und Fotograf, ein unermüdlicher Experimentierer mit Drogen aller Art, ob mit Meskalin, mit Sprache oder mit Farben (wobei er in seinem Essay *Nikotin, Alkohol, Kokain, Peyotl, Morphin, Äther,* einem Traktat über seine eigenen, in den zwanziger Jahren gemachten Erfahrungen, Zigaretten und Wodka als die banalsten und schädlichsten ausdrücklich aussondert: als Massendrogen, die nichts als die klaren Funktionen des Hirns zerstörten), Inhaber auch einer Portraitfirma, in deren Reglement er festgehalten hat: »Jede Kritik des Kunden ist absolut unzulässig. Der Kunde muß zufrieden sein. Mißverständnisse sind automatisch ausgeschlossen«, im September '39, nachdem Hitler Polen überfallen hatte, mit Tausenden anderer von Warschau die Flucht nach Osten antretend – »eine Asphaltstraße in der Sonne mit Bäumen endet in einem gelben Tor, hinter dem es nur noch absolute Dunkelheit gibt«, hatte er auch sich prophezeit –, machte, nachdem er in Brest-Litowsk die Bombardierung der Stadt durch deutsche Flugzeuge miterlebte, was sein Gehör, bereits schwach, noch weiter verschlechterte, als zwei Wochen später von Osten her, genau wie es im August in den Geheimen Zusatzprotokollen des Hitler-Stalin-Paktes festgelegt worden war, die Russen angriffen, am 18. September in einer bewaldeten Gegend unweit des Dorfes Jeziory im einstigen Wolynien eigenhändig Schluß: »Er schnitt«, notierte Czesława Korzeniowska, seine mit ihm flüchtende Geliebte, in ihr Tagebuch, »mit einer Klinge sein Handgelenk auf, aber das Blut wollte nicht fließen. Er schnitt die veriköse Ader am rechten Bein durch, aber auch dort gab es kein Blut. Während ich mich immer schwächer fühlte, rief Staś: ›Schlaf nicht ein! Laß mich nicht allein!‹ Und nach einer Weile sagte er: ›Sobald du einschläfst, schneide ich mir die Kehle durch ...‹ Als ich aufwachte, war es bereits

Morgen. Er lag auf dem Rücken neben mir mit eingezogenen Beinen, die Arme an den Leib gepreßt, die Hände um den Hals geklammert; seine Augen und der Mund offen; auf seinem Gesicht ein Ausdruck der Erleichterung. Die Entspannung nach einer großen Anstrengung.« Er hatte sich die Halsader durchgeschnitten; hatte endlich Ruhe. Beide feucht vom Morgennebel, herabgefallene Eicheln auf ihnen, versucht die Geliebte ihn zu begraben, indem sie mit bloßen Händen die Erde über ihm zusammenscharrt.

Zeichnungen und Grafiken von diesen beiden Autoren, vom einen sind es ein paar seiner grellen Portraits, auf denen genau verzeichnet steht, was und in welchen Dosen beim Malen zum Resultat geführt hat; vom anderen, der darin seinen schwärzesten, als entartete Phantasien verschrienen Obsessionen frönte – was die Nazis keineswegs hindern sollte, ihn, ehe er einer Fliege gleich zerquetscht wurde, eine Zeitlang als Illustrator ihrer privaten Lüste zu mißbrauchen –, einige Blätter aus dessen frühem Zyklus *Xięga bałwochwalcza* – dem *Buch vom Götzendienst,* seinem Buch der Bücher der Idolatrie, hängen im Adam-Mickiewicz-Literaturmuseum in der Altstadt, in einem mehrfach umgebauten Mietshaus aus dem 15. Jahrhundert, liest man, von welchem zwar, laut Architekturatlas, vor dem Hintergrund der Arkade und eines Teils der gotischen Mauer und im Innern einer Nische mit Resten der ursprünglichen Bemalung, einzig das Portal aus dem 17. Jahrhundert erhalten geblieben sein soll, am *Rynek Starego Miasta,* dem wunderschönen, in raffinierter Polychromie ausgestalteten alten Marktplatz, wo sonnenseits auf Staffeleien ausgestellt das von der Ostsee zur Adria, vom Atlantik bis an den

Bosporus gleich entsetzliche Geschmiere und Geschummer auf Idioten wartet, die ihre Dollars hier gegen polnischen Kitsch tauschen wollen.

Hier, oder wenig weiter vorn, auf dem nächsten Platz, wo ein paar lottrige Droschken aufgereiht stehen, Mähren im ihnen umgehängten Sack an Kleie kauen, die Kutscher gelangweilt auf Kundschaft warten und sich, während des Wartens selber in die aufgerissenen, abgeschabten Polster gelehnt, mit Sprit einheizend die Zeit vertrödeln, derweil Spatzen lauthals um Pferdeäpfel streiten – – – Doch, da war ich schon, durchfährt es mich, das erste Mal hier durchlaufend, dieser Platz ist mir bekannt, ja, ich habe ihn nur düsterer, bedrohlicher in Erinnerung, in einem giftigeren gelbbraunen Licht: Am einen Rand, richtig, erhebt sich die Sigismund-Säule; auf der breiten Brücke über den Autotunnel, auf der Überführung, unter welcher der Verkehr in Richtung Praga hervorschießt, die Schar lümmelnder Jungen, und wie einer, etwas abseits der Gruppe, genüßlich, ganz langsam und ruckweise, einen Kieselbrocken über die Brüstung ins Leere hinausschiebt, ehe er sich nach dem kurz darauf einsetzenden Bremsquietschen, vom aufgeregten Gebimmel einer Straßenbahn überlagert, auf das, bevor es ruhig wird, Geräusche von zerberstendem Glas folgen werden, zufrieden wegdreht: Ein *kurzer Film über das Töten* –

Vorn auf dem Platz vor dem Schloß der polnischen Könige, in welchem täglich Scharen von Besuchern, freiwillige, oder abgeordnete Schulklassen, mit Filzpantoffeln an den Füßen, schlurfend, damit die Latschen nicht verloren werden, zu breitbeinig, mit ihren Schrittlängen den natürlichen Gang karikierend, als frühgealterte Gesellschaft mit dem bestimmten verunsicherten Ehrfurchtsblick unter den Argusaugen in einer Ecke Stullen verdrückender Aufseherinnen durch die Säle geschleust Böden bohnern, die Böden eines Neubaus, 1971 in frühbarocken Formen begonnen, der, obwohl, wie an so manch anderem Haus der Altstadt, bereits wieder an ihm restauriert wird – an einer Ecke, der ein schlecht gesteuerter Wagen zu nahe gekommen ist, sieht man unter dem abgeschlagenen Putz rostige Armierungseisen –, vor wenigen Jahren erst, zuletzt der 1973 bis 83 rekonstruierte Nordostflügel, fertiggestellt worden ist und sich heute, von allen Verunreinigungen der Geschichte entschlackt, wieder in der Gestalt zeigt, die er bereits Ende des 18. Jahrhunderts angenommen hatte, unter Stanisław II. August Poniatowski, dem letzten König – zur eigentlichen Königin, zur *Matka Boska Częstochowska,* der *Czarna Madonna,* pilgert man weiterhin nach Tschenstochau –, dem es gelungen war, aus Venedig Canaletto als Raumgestalter für sich zu gewinnen, dessen Veduten aus jener Zeit, die man nach der ersten Bombardierung im Herbst 1939 aus dem Schloß rechtzeitig in Sicherheit gebracht hatte, beim Wiederaufbau als Bauvorlage dienen konnten; nicht nur bei dem des Schlosses, sondern der ganzen, von den Übermenschen mit deutscher Gründlichkeit total zerstörten Stadt. –

»1943 war das Getto drangekommen; im Jahr darauf, als die unbezwingbaren Armeen längst nicht mehr nach Osten marschierten, sondern das, was von ihnen übrigblieb, hinter dem Schutzbild des Propagandagerassels aus dem Volksempfänger in umgekehrter Richtung unterwegs war, der Rest« hat Janusz erzählt. »Dieser letzte Akt unter den Augen der jenseits der Weichsel abwartenden Roten Armee. Wenn nach dem kleinen Scheißer aus Braunau Warschau auszuradieren war, höchstens noch einen Punkt auf der Landkarte hätte darstellen dürfen, so hatte Stalin, in seinem Konzept, lästig so was, ebenfalls durch den Widerstand der *Armia Krajowa* gestört, anscheinend nichts gegen Hitlers Vorgehen einzuwenden gehabt.

Falls Ihnen das Signet der *Heimatarmee,* ein aus den Buchstaben W und P (*polska walczy* – Polen kämpft) geformter Anker, der, von Solidarność abgewandelt und sich angeeignet, bis heute Mauern und Gräber ziert, bisher nicht aufgefallen sein sollte, werden Sie es morgen sehen«, erklärte mir Janusz, der bemerkt hatte, wie mich sein Hinweis auf die jedem Kind bekannte *Armia Krajowa* ein Loch in die Luft gucken ließ. »Morgen, an Allerheiligen, wenn auf dem *Cmentarz Powązkowski,* dem Ehrenfriedhof, wieder eifrig Geschichtsunterricht betrieben werden wird. Wenn an dem in den letzten Jahren wenigstens für diesen einen Tag der staatlichen Macht entzogenen Ort (selbst während der schlimmsten Zeit des Kriegsrechts sahen sich die Greifer und Schläger aus den Reihen der Staatssicherheit an diesem einen Tag gezwungen, abseits zu warten) die Greuel der Geschichte im flackernden Lichtschein der Kerzen vor den Toten – Tote bleiben jung – auferstehen und in den Köpfen derer wach werden, die diskutierend an den Gräbern und vor allem an den Stätten, die an fehlende Gräber erinnern – *am Boden des Kopfes* lagert sich einiges ab, nicht nur die *Abfälle eines Gedichts* –, ihrer Toten gedenken: der Toten des Warschauer Aufstandes, wie auch der Opfer des Stalinismus von 1945 bis heute. Oder jener von Katyń, der 1940 in einem Wald westlich von Smoleńsk durch Genickschuß abgeschlachteten, in einer Kiefernschonung verscharrten polnischen Kriegsgefangenen.

Versuchen Sie sich einmal vorzustellen – die Hitze des von der Schießerei glühenden Laufs bereits in Ihrem Nacken spürend, eisigen Druck in den Schläfen, während der, der eben noch nackt neben ihnen gestanden, vornüber in die Grube wegsackt –, welchen Bleiberg es für Abertausende von Kugeln braucht; nein: wie Sie nach der Schlächterei, wenn die Schergen, von ihrem Tagwerk müde, abgezogen sind und eine trostlose Ruhe über dem Waldstück lastet, durch den nur langsam im Sand versikkernden Blutsee zu waten hätten. –

Massengräber, die ›von größtem propagandistischem Wert‹ seien, wie der deutsche Generalgouverneur von Krakau, während in seiner Nähe Tag und Nacht die Öfen von Auschwitz rauchten, notiert hatte, als deutsche Soldaten 1943, nach dem Rückzug der Roten Armee, die Leichen von über viertausend der durch Stalins Schergen exekutierten polnischen Offiziere in Katyń exhumierten ...

Um auf Canaletto zurückzukommen: seine Veduten, die nach dem Krieg als Bauvorlage dienten, schmücken heute im Schloß am angestammten Platz wieder jenen nach dem Maler benannten Saal. Und da man beim Wiederaufbau der Stadt, wie gesagt, auf diese Vorlagen aus dem 18. Jahrhundert zurückgriff – der Streit, ob sie nun von Canalettos Hand sind oder nicht, ist müßig: als Bauvorlage taugten sie –, stehen heute, von *Praga* her betrachtet, wieder alle Giebel und Türme der Altstadt wie auf Canalettos Veduten am genau richtigen Platz.« –

Wenn ich überlege, was mir Schang Hutter, der Bildhauer, dessen grazile, zerbrechlich sperrigen Figuren in weitausholender Geste über jede ängstliche Einhagung und duckmäuserisch modisch opportune Abschottung hinausgreifen, und zwar nicht erst seit seine *Veitstänze* in *Berlinen,* wie er die geteilte Stadt in der Verdoppelung nennt, der Erstarrung hüben wie drüben einheizten, von Warschau erzählt hat, jenem von 1968, als er, obwohl es bereits damals jeden, der etwas auf sich hielt, westwärts zog, ein Jahr lang – »in Gegenrichtung gehend, kann man den Leuten besser ins Gesicht sehen«, wie mein Freund lachte – in Polen gearbeitet hatte, zu einer Zeit, als sich hinter Sigismund Wasas Säule, am Rande der Altstadt, wo man heute wieder vorgeführt bekommt, wie Majestäten hausten, nichts als ein Steinhaufen gewölbt habe, Ruinenschutt, und wenn ich im ersten *Tagebuch* von Max Frisch nachlese, wie sich die Skyline ihm 1946 präsentierte: Seither hat sich hier allerhand getan.

Ein Regime, von dem man's nicht unbedingt erwartete – aber war's das Regime? Polen ist nicht Preußen –, hat sich sogar ein Königsschloß geleistet ...

Die Stadt demnach nichts als eine in irrem Taumel zustande gekommene gigantische Fälschung? Nicht weniger verlogen als unsere wie mit schlechtem Gewissen hinter vorgehaltener Hand hinter intakt gelassenen Fassaden gewinnmaximierend zu Tode sanierten Altstädte? Als Zürcher Paradebeispiel gegenwärtig, eindrückliche Kulisse für einen Kriegsfilm wie für die Fortsetzung von *Stalker,* die Fassade des Konsumvereins, das Mini-Colosseo am Stauffacher.

Nein; im Gegensatz dazu ist die wiederaufgebaute Warschauer Altstadt vielleicht eher Ausdruck und Beweis dafür, daß sich die Herren am Tisch, wo der Wille zum Widerstand nicht unterzukriegen ist, ihre Geographie auf Dauer eben doch nicht ganz eigenmächtig aus-

handeln können, mit welchem Terror sie es auch zu er-
zwingen versuchen. –

Wie schaute es in der Schweiz heute wohl aus, hätte
offener Krieg die Städte zerstört?

STAROPOLSKA Im Restaurant *Alt Polen* nach der Lesung zusammen mit Leuten von der Uni: Am Nebentisch ein Angetrunkener, der, wie ich glaubte, längere Zeit die mir gegenüber sitzende strenge Schönheit, eine Assistentin, anzumachen versucht – ich habe auch glückliche Säufer gesehen, müßte ich, einen Filmtitel variierend, ehrlichkeitshalber hier anfügen – und später dann, immer aufdringlicher werdend, ich kann der Unterhaltung nicht folgen, Dreck von seinem auf unseren Tisch herüber schiebt; als alles nichts hilft, fängt er, enerviert wohl durch unsere auf deutsch geführten Gespräche, nach mehreren Batterien Wodka, die er in kurzer Zeit in sich gekippt hat, herumzubrüllen an, erst polnisch, dann russisch und am Ende in Englisch, das für mich, wenn mir nicht übersetzt würde, nicht verständlicher ist als sein Polnisch: Der Tisch gehöre ihm, und brüllen dürfe er, abgesehen davon, so laut er wolle – wer ein zu feines Gehör besitze, könne anderswo philosophieren; anderseits habe er aber seinen Tisch da ja gekauft, für zweihundert Dollar, die Stühle gleich mit eingerechnet, doch – prahlt er, aus dem Hosensack gezogene Banknotenbündel schwenkend – es könnten auch mehr sein, was liege ihm am Preis, und darum werde er als rechtmäßiger Besitzer jetzt alles nach Hause tragen, dahin, wo es gemütlicher zu und her gehe, und kurz abräumend, indem er mit geübtem Griff mitten hinein ins Tischtuch packt und es hochreißt, daß Teller und Gläser, Aschenbecher und Essensreste durchs Lokal fetzen und ein Scherbenregen zu Boden geht, vor dem sich die übrigen Gäste, sich möglichst nichts anmerken lassend, ducken, schickt er sich an, vom Wirt umtanzt, der, zu einer weiteren Runde Wodka bereit, beruhigend zu verhandeln versucht, gemeinsam mit seinen Zechkumpanen die von ihm beanspruchten Möbel aus dem Raum zu tragen. –

»Warum der Wirt nicht die Miliz ruft? Wollen Sie unbedingt mit ansehen, wie das ganze Restaurant zu Kleinholz gehauen wird? – Nein, von denen hier, die dann bald Zulauf hätten. Die Miliz hat hier nichts zu suchen, diese Zeiten sind glücklicherweise vorbei.« Sie traute sich auch gar nicht mehr her – oder es ginge eben los wie beschrieben.

Lektion, wie weit verinnerlicht ich mein Obrigkeitsdenken habe.

In der Woche darauf, ich habe das Bedürfnis, eine Weile allein zu sein, um mir die Eindrücke der vergangenen Tage durch den Kopf gehen zu lassen, ein langer Spaziergang der Wisła entlang, zwischendurch in der von Janusz geschnödeten Uferkneipe auf ein Bier einkehrend; auf der Terrasse eine Gruppe abgerissener Gestalten beim Kartenspiel; andere sitzen einfach da, stumm oder vor sich hingrummelnd, starren ins Glas, nirgendwohin. Vielleicht stimmt die eingängige These, daß Reichtum dumm mache, apathisch, doch nicht so ganz; sicher macht er satt, und ob anderseits Armut, in Alkohol ertränkt, die beste Voraussetzung für Fantasie ist, möchte ich hier nicht beantworten müssen. Von der Sirene und den großen runden Blumenschalen davor, in denen Geranien und Petunien kümmern, rote und weiße, gehe ich durch die von der Schnellstraße zerschnittene Grünanlage in Richtung Mariensztat, verweilend, in Betrachtung des Laubs, das sich über Nacht stark gelichtet hat – der leiseste Luftzug reicht nun, es in trocken raschelnden Schauern von den Bäumen zu wehen –; dann wieder den Krähen zusehend, den Fischern: tatsächlich, in dieser Kloake stehen Fischer, auf den Sandbänken oder über die Knie tief im Wasser.

Plötzlich Gekreisch, Aufregung in den unordentlichen Auen; ein streunender Hund hat dafür gesorgt. Er scheint eine Spur zu verfolgen, setzt kreuz und quer durchs Laub, kommt geradewegs auf mich zugerannt, dreht in gebührendem Abstand ab, hechelt an mir vorbei, stoppt, daß es ihn beinahe überschlägt, schnüffelt an einem flachen Haufen gelber und leuchtend roter Ahornblätter, die der Wind in einer Senke zusammengefegt hat, stutzt und schleicht dann, den Schwanz einziehend, mit gesträubtem Fell von dannen; rauschende, tosende Stadtstille kehrt wieder ein.

Im Laufe des Nachmittags ist es grau und diesig geworden, gegen vier beginnt der Tag in die Nacht zu kippen; im schmutzigen Dämmer treiben lastende Wolken über den fast stehenden, träg Schlieren und Schaumpakete vorantreibenden Fluß.

Auf dem Weg in die Altstadt, unweit des Instituts, an der *Browarna*, am Eingang zum *Park Kazimierzowski*, der sich bis zur Universität oben am Abhang erstreckt, treffe ich auf Studenten, die mich ansprechen, bevor ich sie wiedererkenne. Statt nach dem Eindunkeln weiter draußen zu quatschen, setzen wir die Unterhaltung in einem Café fort; obwohl ich sie einladen möchte, trinken sie alle, während ich mir für sie sündhaft teuren Kaffee bestelle, ihren Tee: ein Glas heißes Wasser mit einem Beutelchen drin, das kaum färbt.

Wieder draußen an der frischen Luft, verabschieden wir uns: Auf ein baldiges Wiedersehen.

Während sie sich zu den Haltestellen der Straßenbahn, der Busse begeben, nehme ich die Treppe zum Schloßplatz hoch, wo mir auf halber Höhe von oben ein Paar entgegenkommt, undeutlich auszumachen; ich bleibe stehen, mache Platz, weiche an die Mauer zurück; im Rücken die kalten Bruchsteine, lasse ich passieren: zwei betrunkene Milizionäre, vielleicht sind es auch Soldaten, der eine möglicherweise von der Luftwaffe – ich kann die Gattungen an den Uniformen immer noch nicht unterscheiden –, in seltsamem Tanz über die Treppe.

Derjenige, der besser auf den Beinen ist, hilft dem im Vollrausch, indem er ihn stützt, nein, ihn mit ausgestreckten Armen an den Schultern, den Achselpatten gepackt Stufe um Stufe hinab vor sich her schiebt, seinen Kollegen mit großer Anstrengung so weit anhebend – ob und wieweit sich dabei in dessen Schwerpunkt versetzend, bleibe dahingestellt; offensichtlich ihn aber regierend –, daß, den Boden kaum noch streifend, einzig die hängenden schlenkernden Stiefelspitzen über die Stufen schleifen, um ihn auf jedem Zwischenabsatz fallen zu lassen, wie eine schwere Marionette, deren Fäden losgelassen werden, so daß der andere jeweils schlagartig zusammensackt und mit verdrehten Gliedern liegenbleibt, regungslos.

Augenfällig die Vorteile, die diese verrenkt am Boden liegende Figur aller Sinne mächtigen Soldaten im Felde voraushat; und es sind, überlegt man, durchaus keine negativen; daß der zwischendurch Abgestellte sich nicht ziert, sein geringster.

Sobald der Schlepper, vornübergebeugt, sich mit den Händen auf den Knien abstützend, mal seitlich sich an

die Mauer lehnend, mal auf der andern Treppenseite sich
mit der einen Hand ans steinerne Geländer klammernd,
wieder zu Atem und Kräften gekommen ist, sich auf
einem Absatz dazu eine Zigarette ansteckend und hek-
tisch ein paar Züge in sich hineinziehend, rauchend, als
ginge es um die letzte, bis die Vorstellung, das Spiel von
neuem beginnt, der nächste Treppenabschnitt in Angriff
genommen wird, Absatz um Absatz von der St. Anna-
Kirche herab – wo mir Janusz im Durchgang neben dem
freistehenden wuchtigen Glockenturm auf dem Statuen-
sockel der Heiligen eine interessante Variante des Wider-
stands-Emblems gezeigt hatte, »das Signet einer neuen
Partei vielleicht, der Partei mit drei Mitgliedern«, wie er
meinte, denn statt daß ein P aus einem W emporwächst,
liest sich das Graffito eher wie eine 3, die sich vorn ans P
lehnt und mit diesem unten in Ankerhaken auskrümmt.

Vom Schlurfen der Stiefel und dem Geschnaufe des
Schleppers abgesehen fast tonlos bewegt sich das Paar,
ohne mir irgendwelche Beachtung zu schenken, als ei-
gentümliche Pantomime an mir vorbei und weiter die
Treppe hinauf, welche hier – eine zweite, wenn auch
nicht ganz so schön angelegt, analog dazu jenseits der
Straße – seitlich des nach dem Krieg ausgehobenen Ein-
schnitts für die Ost-West-Trasse, die von da aus den
Verkehr in einem Tunnel unter dem südlichen Teil des
Schloßplatzes durchleitet, den *Plac Zamkowy* (den
Schloßplatz also, wo der schwedische König Zygmunt
III. Waza, der Warszawa 1596 zur Hauptstadt ausgeru-
fen, ein fanatisch-religiöser Streiter, der, nach Kräften die
Gegenreformation fördernd, immerhin verhinderte, daß
Polen in den Dreißigjährigen Krieg hineingezogen
wurde, und, den Rücken der Altstadt zuwendend, seit
dem 17. Jahrhundert auf einen mächtigen Kreuzstab

gestützt mit gezogenem Krummsäbel widerlichster Unbill trotzend als das nach der Syrena sozusagen zweite Wappen von Warszawa in zweiundzwanzig Meter Höhe über allem Geschehen auf monumentaler Säule harrt – deren Granitschaft zwar nach fast jedem größeren Krieg, so selbstverständlich auch nach dem letzten, erneuert werden mußte) mit den Haltestellen unten an der *Aleja Generała Świerczewskiego* verbindet.

Mit einiger Mühe unten an der Treppe angelangt, sind die beiden Uniformierten, plötzlich sichtlich in Eile, bestrebt, durch die *Nowy Zjazd*, im Schutze der Büsche der Mariensztat ausweichend, weichselwärts davonzuwanken, sich möglichst rasch von der Dunkelheit schlukken zu lassen.

Die wenigen Leute, die dem seltsamen Paar begegnen, schauen weg, gehen ihren Gang, tun, als sähen sie nichts.

UMSCHLAGPLATZ »Es gibt keinen jüdischen Wohnbezirk in Warschau mehr! Die Großaktion wurde am 16. 5. 43 mit der Sprengung der Synagoge um 20.15 Uhr beendet.« –

Ich werde hoffentlich unfähig sein, mir ein Familienalbum wie vorher ansehen zu können, seit ich in der Ausstellung über den Getto-Aufstand das Faksimile des *Stroop-Berichts,* der mit diesem Zitat schließt, gesehen habe;

den Bericht jenes Polizistensohns, der, unter dem Denkmal Hermann des Cheruskers, dem »Symbol treupreußischer, alldeutscher, pangermanischer Haltung«, wie er sich ausdrückt, groß geworden, Freiwilliger des Ersten Weltkriegs, 1915 für seine Verdienste an der französischen Front mit dem Eisernen Kreuz zweiter Klasse geehrt, Mitbegründer der NSDAP im ehemaligen Fürstentum Lippe und ehemals Obersekretär des Katasteramtes zu Detmold, in der SS rasch zum Generalmajor aufgestiegen (aufgrund weltanschaulicher Einstellung, wie er betont, läßt er sich in der Zeit von Josef zu Jürgen umtaufen), als Musteroffizier von Himmler die Sonderaufgabe übernimmt, das Getto zu vernichten, und danach, vom Chef des Generalstabs, Generalfeldmarschall Keitel, »im Namen des Führers und Obersten Befehlshabers der Wehrmacht« zum Dank für seine gründliche Arbeit mit dem Eisernen Kreuz erster Klasse ausgezeichnet – die Ehrung, die er so sehnlich erwartet, wird ihm vom eigens nach Warschau fahrenden General Krüger an die Brust geheftet; »es gab einen Galaempfang, Ansprachen, Champagner, ein offizielles Mittagessen und so weiter, und nach dem Essen einen Ritt durch den *Łazienki* zu einer von mir organisierten Gardenparty mit Appetithäppchen, Torte, Schnaps und Bier; als Gäste alles Generäle und hochgestellte Persönlichkeiten; während auf der Bühne des *Theaters auf der Insel* eine Kapelle spielte, sang man, es herrschte eine ungezwungene, ritterliche Stimmung, wie es sich für richtige SS-Männer gehörte«, so Stroop –, zum Polizeipräsidenten von Warschau reüssierte:

Ein in der Sprache der Täter kommentiertes Fotoalbum, sauber in genarbtes Leder gebunden, mit Kordeln zum Zubinden; der Titel in Fraktur, in kalligraphischen gotischen Buchstaben; die Bildlegenden in gestochener Sütterlin: die Ordentlichkeit der Spießer bei der Vernichtung einer Kultur. Auf den Fotos neben der Häßlichkeit der Henker die Schönheit der »Banditen«; die Würde in den Gesichtern derer, die, aus ihren Verstecken gezerrt und durch Ruinen getrieben – »Aus Bunkern geholte Banditen vor ihrer Durchsuchung«, sagt die Legende –, Frauen, Kinder, Greise, einen Augenblick, nachdem ihr Licht auf dem Film festgehalten worden ist, niedergemäht auf dem Pflaster gelegen haben – »Im Kampf vernichtete Banditen« –, umringt und begutachtet von sich ihre Maschinenpistolen überschulternden schwerbewaffneten Männern in Stahlhelmen – Schar- und Oberscharführer; Soldaten:

In welchen Betrieben, als Mitglieder welcher Partei, haben sie zuletzt gearbeitet; in welcher Position? Müde, sich an nichts erinnernde Pensionäre, die, wenn's gar nicht anders geht, alles höchstens vom Hörensagen kennen und denen ich in Berlin in der U-Bahn begegnen könnte – als Aktive sind sie vielleicht auf dem Heimweg von einem Veteranentreffen der *Landsmannschaft Warthegau* oder *Westpreußen; etwas zittrig vielleicht unterwegs zum Bowling-Abend, als Mitglieder zu einer geselligen Begegnung des *Bundes der Vertriebenen.* Feine Leute.

Wir streifen durchs Getto. Nichts ist zu sehen.

Außerhalb der einstigen Mauer, auf dem großen Platz vor den klassizistischen Palais des Finanzministers, der Polnischen Bank und der Börse, letztere ist, wiederaufgebaut, heute – wie lange noch? – *Museum für Geschichte der Revolutionären Bewegung,* steht, vom Wind gebauscht seine locker übergeworfene Bronzepelerine, Feliks Dzierżyński, entschlossen geradeaus starrend. Wohin nur?

»Ja, auch der eiserne Feliks hat sich einmal Sozialist geheißen; sogar auf Rosas Seite«, hatte Janusz, nur knapp aufs Monument deutend, kaum den Blick wendend, zu mir gesagt, als wir vor ein paar Tagen, aus dem *Ogród Saski* kommend, hier entlang spaziert sind.

Der niedere Adlige Dzierżyński, Organisator und erster Chef der 1917 gegründeten *Außerordentlichen Kommission zur Unterdrückung der Konterrevolution (Tscheka),* des berüchtigten sowjetischen Sicherheitsdienstes, heute als *KGB* bekannt, der im Auftrag Lenins, welchem vorn um die Ecke etwas in Richtung Altstadt in einem kleinen, vom Verkehr umbrandeten spätbarocken Palais mit pavillonähnlichen Eckalkoven ein Museum voller verstaubter Devotionalien eingerichtet ist, in Polen bereits hätte installieren sollen, was Stalin schließlich zustande gebracht hat, kontrolliert von seinem Sockel herab weiter den einst nach ihm benannten Platz. Kaum mehr lange, denn die blauen, weiß umrandeten Straßenschilder sind bereits ausgetauscht worden; die neuen mit dem wieder viel kürzeren ursprünglichen Namen werden allerdings, bis die Wände neu gestrichen, links und rechts noch vom Schatten des demontierten Namenszugs überragt.

Schräg gegenüber dem Denkmal dieses bluttriefenden Oberspitzels, vorn an der Ecke des früheren *Plac Bankowy,* des Banken-Platzes, hätte das erste Hochhaus Warschaus entstehen sollen; vor bald dreißig Jahren sei das beschlossen worden – und immer noch steht's nicht; immer noch ist es Baustelle. Vielleicht wird der Wolkenkratzer nie zustande kommen: er sackt nämlich immer wieder ein; eine Unfallsträhne liegt über dem Bau, aus unerfindlichem Grund stürzten immer wieder Gerüste zusammen, und immer wieder machten Brände und Explosionen die durch Materialmangel verzögerte Arbeit zunichte. –

Geht der Dibbuk um?

Aber man gibt nicht auf. Gegenwärtig, während oben am Bau als Außenhaut die Spiegelverglasung montiert wird und in einem Stockwerk die letzten Brandschäden behoben werden, am großen Loch geflickt wird, das die Druckwelle in die Fassade gerissen hatte, bemüht sich eine jugoslawische Arbeitsbrigade, den Fundamenten wieder einmal Halt zu geben.

Ein Schau-Spiel ist im Gange:

Aus einem mächtigen gelben Silowagen mit Belgrader Nummernschild – andere schwere Baumaschinen gleicher Provenienz versperren den Zugang zum dahinterliegenden Jüdischen Museum – wird vom Rand der Straße her Beton in einen Holzkänel gekippt, der die träge zähe Lava über eine größere Distanz um Armierungseisen und ein Gewirr von Gerüsten herum zur Schalung eines Pfeilers leiten sollte. Da bricht an einer Stelle der schlecht gesicherte Grubenrand; nichts Gravierendes, der kleine Erdrutsch kann dem Verteilsystem, wie wacklig es auch ausschaut, nichts anhaben; nur ausgerechnet bei einem Richtungswechsel, an neuralgischer Stelle also, fällt ein vielleicht kopfgroßer Brocken in den Känel und blockiert so den Fluß, nicht der Rede wert, denn die Arbeit geht weiter. Oben, neben dem Wagen, und unten in der Grube stehen Arbeiter, Plastikhelme auf, und schauen, auf Schaufel und Pickel gestützt, dem faszinierenden Schauspiel zu – wie wir –, lassen sich nicht aus ihrem Rhythmus werfen, scheinen sich keine großen Sorgen zu machen, rauchen ruhig ihre Zigaretten weiter; und ehe sich einer, seine Kippe wegspickend, endlich bequemt, mit einem lahmen Schaufelstich den Känel zu putzen, ist wohl die halbe Wagenladung, statt in die Verschalung für einen Stützpfeiler zu gelangen, über den Känelrand hinausgequollen und wird bis morgen im Dreck der Grube verklumpt sein, über der, man kann es nachlesen – nein auf dem Platz selber kündet keine Tafel davon –, einstmals, 1877 vom berühmten Architekten Leonard Marconi hier an der *Ulica Tłomackie* im Neo-Renaissance-Stil errichtet, die Große Synagoge gestanden hat. Genau bis zum Abend des 16. Mai 1943. Die ordnungsgemäße Sprengung des Baus, deren Vorbereitung, da erst das Innere der Synagoge auszuräumen und, weil sie sehr solide gebaut, Hunderte von Löchern in die Fundamente zu bohren waren, Tage in Anspruch nahm, damit sie vor der Kulisse brennender Häuser, in deren Licht übermüdet und rußgeschwärzt Stroops tapfere Offiziere und Mannschaften der »unvergeßlichen Allegorie des Triumphs« beiwohnten, mit einem Schlag, ein jedem Theaterregisseur phantastisches Panorama in den Himmel zaubernd – die Explosion wird die Flammen in geradezu märchenhaften Farben bis zu den Wolken emporreißen: Führer und Reichsführer hätten ihre Freude dran! –, in die Luft gehen konnte, ist vom Buchhalter in seinem Bericht zu Händen Himmlers auf die Minute genau vermerkt worden.

Der gleichen Zahlenmystik verfallen wie bei der Zahl der im Verlaufe der Großaktion Ermordeten, die er aufgelistet?

»In der Mitte die Null, an beiden Seiten zwei Sechsen, und außen je eine Fünf« – noch während der Haft nach dem Krieg, im Warten auf den ihm geknüpften Strick, kommt Stroop nicht aus dem Schwärmen heraus –, »die Fünf am Anfang und eine am Ende – wunderbar. Mit den Sechsen steht es schlechter, sind es doch keine ausgesprochenen Glückszahlen, aber als umgedrehte Neunen gelesen, sind sie es dennoch; und in der Achse, ha, die Null: das Symbol der Sonne, des Lebens ...« –

»Immerhin, das ergibt 300 000 Liter Menschenblut«, soll ihn der Mithäftling in der Zelle, Moczarski, ein Kämpfer der bei den neuen Machthabern gleichfalls verhaßten *Armia Krajowa,* unterbrochen haben.

Und wie viele der Getöteten sind nirgends aufgeführt? –

Gegenüber der Baustelle, jenseits der nach irgendeinem General mit schwer aussprechbarem Namen benannten Allee, hinter dem öffentlichen Brunnen auf dem immensen Mittelstreifen, der hier die mehrspurigen Fahrbahnen dieser Ost-West-Tangente trennt, hinter der *Drallen Käte,* wie der Brunnen heißt, die Selbstbedienungs-Bar gleichen Namens: *Gruba Kaśka;* sogar auf dem Stadtplan eingezeichnet. – In Achternbuschs Film *Das letzte Loch* wird Nil, dem Protagonisten, von einem Arzt, in dem jener nur cin Schwein sieht, zum Vergessen der Judenmorde Schnaps verschrieben, erinnert man; für jeden einen, ehe er, vor der Unmöglichkeit zur Sühne kapitulierend, um zum Totenberg der Opfer zu gehören, Selbstmord begeht, nach Italien fährt und sich dort, da er, wie er betont, nicht zum Totenberg der selbstgerechten Deutschen gehören will, mit einem zerbeulten Stahlhelm auf dem Kopf, in der Linken ein Tennisracket, um sich die Fliegen und andere Phantome vom Leib zu halten, in den Vulkan stürzt.

Wir streifen durchs Getto; eine Gegend, wo auf knapp vier Quadratkilometern zusammengepfercht, auf nicht einmal einem Zwanzigstel des Stadtgebietes, über eine halbe Million, das heißt ein Drittel der Bevölkerung – oder wie es die Statistik der *Abteilung Umsiedlung des Distrikts Warschau* in Zahlen faßt: »Die Belegung errechnet sich auf 15,1 Personen pro Wohnung und 6 bis 7 Personen pro Zimmer« – zu sterben gezwungen worden war. Falls die Folter, mit Rationen von weniger als 200 Kalorien pro Tag auskommen zu müssen – ein Schweizer erhielt zur Zeit der Rationierung täglich 2500 zugeteilt, gleich viel ein Deutscher im arischen Viertel Warschaus –, so ausgedrückt werden darf. –

Nichts ist zu sehen.

»Dort hinten der Kirchturm, der im Trümmerfeld stehengeblieben ist.«

Im Kulturpalast, nach einem schier nicht endenden Gang ums Gebäude herum – in Fassadennischen thronen, gekennzeichnet durch entsprechende Insignien, der Arbeiter, der Politiker, der Forscher und so weiter, und der Haupteingang gegen die *Marszałkowska* hin wird flankiert von den gigantischen, beinahe obligaten beiden Herren Mickiewicz und Kopernikus –, hatten wir uns zuvor im Parterre eins der Cafés angeschaut, ein Mausoleum eher: der Einrichtungsschmuck in den polnischen Nationalfarben Weiß-Rot. An der Stirnseite des fensterlosen Raumes, zwischen mächtigen dorischen Säulen mit weißem Fuß – diese Säulen ziehen sich den Wänden entlang rund um den Raum; ich habe die Echtheit des polierten rötlichen Marmors nicht geprüft –, als Sarkophag gewissermaßen eine Kühlvitrine für Getränke und Patisserie, wenn auch so gut wie leer, ja, sie scheint nicht einmal eingeschaltet zu sein; auf deren Aluminiumabdeckung, neben zwei symmetrisch plazierten, gleich Orangenscheiben in Sektkelchen auf den Rand gesteckten weiß umrandeten roten Papier-Kokarden, steht links als Leuchtkörper eine überdimensionierte, angebrochen sich dem Gast anbietende Packung Zigaretten, überspannt, von Säule zu Säule, von einer Wimpelgirlande: alternierend mit Wimpeln des Markensignets das bekannte Portrait des selbstzufriedenen Cowboys, der sich nach Sonnenuntergang vor der Kulisse des Monument Valley im Schein eines flackernden Präriefeuerchens mit angeschnipptem Zipo eine wohlverdiente Feierabendzigarette ansteckt. Um ein Säulenpaar links von der Vitrine die Theke, wie alle Einrichtungsgegenstände mit an den nicht durch Chromstahlleisten geschützten Kanten abgesplittertem beigem Resopal beschichtet; drauf ein paar Flaschen Cola und Mineral, einige Büchsen Bier made in Germany, und der Korpus ist wiederum nach strengem System mit großen Reklameklebern der gleichen amerikanischen Zigarettenmarke geschmückt: unverkennbar von unten her ins Rot vorstoßend der flache weiße Keil mit dem Markenschriftzug in jener schmalen überhöhten Fantasie-Bodoni. Etwas verloren im Raum, den Wänden entlang zwischen die Säulen gestellt – die Mitte, mit moosgrünem Nadelfilz belegt, bleibt leer –, noch einige rot gedeckte Tischchen, über Eck drauf jeweils ein kleines weißes Deckchen gebreitet, als Schmuck zwei, drei magere Nelken: Ja, über diesem Raum liegt tatsächlich ein Hauch von Freiheit und Abenteuer, bleibt einem, wenn schon keine Bedienung aufzutreiben ist, festzustellen ...

Oben im dreißigsten Stock des Palastes, vom Lift, als die vor uns anstehenden Schulklassen endlich verfrachtet waren, gegen einen bescheidenen, dem Fahrer in die Hand gedrückten Aufpreis als letzte doch noch vor der Mittagspause hochgejagt worden, schauen wir von der Aussichtsterrasse aus – dem diesigen Licht entsprechend schlecht die Sicht – über Quartiere, die es, obwohl das Gebiet wieder bebaut und bewohnt ist, nicht mehr gibt: einzig ein paar Markierungen im Asphalt, ein Stück Straßenbahnschiene, ein paar Meter Bordsteinkante erinnern da und dort noch an die alte Straßenführung.

Aus dieser Stadtanlage im Zentrum, für Riesen gebaut, oder so, daß jeder sich darin klein vorkommen muß, sich duckt, verschwindet (ja, nicht einmal erdrückt wird er auf den dreißig Meter breiten Gehsteigen im Gebiet um den Palast, er verschwindet, als Ameise, taucht unter, um durch lange verdreckte Gänge, in denen vor zerschlagenen, ausgebrannten Schaufensterkästen, vollgestopft mit Abfall, die Trümmer einiger Spielautomaten stehen, daneben der obligate *Kwiaty,* der Blumenstand, an dem die Passanten in Eile ihr Mitbringsel besorgen, ohne das keine Einladung anzutreten ist – »Vergiß nicht, Blumen mitzubringen; Blumen als eine Form des Widerstands gegen die Deprivation des Alltags«, wie mir ein Freund in Zürich vor der Reise geraten hat –, auf die Mittelinsel zur Tram-Haltestelle zu gelangen und durch ebenso lange Gänge auf die andere Straßenseite), führt mich Ana kreuz und quer durch einen heute mit gesichtslosen grauen Blocks schlecht überbauten und wieder bewohnten immensen Friedhof – über die verbaut verdrängten Ruinen einer verschwundenen Welt; vorbei auch am Denkmal für die Getto-Kämpfer, einem viel zu klobigen Klotz, mir wie alle Kriegerdenkmäler zu pathetisch.

Mordechaj Anielewicz, der Leiter der ŻOB, der jüdischen Widerstandsorganisation, Antek, Celina, Guta, Jurek – den die SS, nachdem sie ihn auf einem Erkundungsgang im arischen Viertel geschnappt hatten, über Tage und Wochen gefoltert, ohne daß er etwas preisgegeben, bevor er mit zertrümmerten Füßen und Händen zum Sterben ins Getto zurück flüchten konnte –, Lutek, Abrasza, Michal Klepfis – der sich, wenig über zwanzig, auf einem brennenden Dachboden mit seinem Körper auf das Maschinengewehr geworfen hat, so daß seine Kameraden sich im Feuerschutz durchschlagen, einen deutschen Angriff abwehren konnten –, Mira, Krzaczek, Tosia, Zygmunt – der sich aus dem Getto unter die Eisenbahner geschmuggelt, um in Erfahrung zu bringen, was mit den Transporten, mit den täglich vollgeladen vom *Danziger Bahnhof* abgehenden und leer zurückkehrenden Zügen geschieht, der Informationen zurückbrachte, die niemand der Gläubigen glauben wollte –, Kret, Marysia, Pszenny und wie die Aufständischen (die allzu wenigen Überlebenden, darunter als einziger der Anführer Marek Edelmann, der aus Zufall entkam – »Unsere Kampforganisation zählte noch zweihundert Leute. Konnte man das überhaupt einen Aufstand nennen? Es ging ja nur noch darum, daß man sich nicht abschlachten läßt, wenn sie einen holen. Es ging nur um die Entscheidung, wie man stirbt«, meint er Jahre später –, und die im Getto bis zuletzt kämpfend Untergegangenen) alle heißen – Rotblad, wie die meisten seiner Kameraden im Keller-Bunker an der Miła 18 keine zwanzig Jahre alt, wird, als es den Deutschen gelang, das durch Verrat entdeckte Versteck zu knacken, und das Gas zu den in der Falle Gefangenen einströmte, das Zyankali, das jede und jeder von ihnen für diesen äußersten Fall bei sich trug, jedoch nicht schnell genug wirken wollte, auf deren Bitten hin, ihr die Qual durch Stroops Truppen ersparend, erst seine Mutter erschießen: vier Schüsse wird er brauchen, bis sie sich nicht mehr rührt, ehe er sich selbst in den Kopf feuert –, von außen, vom polnischen Widerstand, den eigene Querelen lähmten und der sich erst im Jahr drauf, im Warschauer Aufstand, offen erheben sollte, kläglich im Stich gelassen – bis es zu spät war, bis im Getto geschossen wurde: »Wichtig war doch allein, daß wir schossen. Das wollten wir demonstrieren. Nicht den Deutschen. Die konnten das besser als wir. Aber der übrigen Welt. Die Menschheit hat befunden, daß das Sterben mit der Waffe in der Hand schöner ist als ohne Waffe. Also haben wir uns dem gebeugt« so Edelmann im Gespräch –,

ja, Mordechai und all die anderen Gettokämpfer hätten wirklich etwas Besseres verdient als dieses klobige Denkmal.

Auf der Wiese dahinter spielt ein junger Mann in Fallschirmspringerstiefeln mit einem Schäferhund, rennt durchs falbe Gras, schleudert immer wieder einen Aststrunk weg, das gepflegte Tier stürzt ihm nach, bringt ihn zurück: »Zap, Arras! Aport!«

Kreuz und quer durchs Getto hat mich Ana zur *Ulica Stawki* begleitet, hin zum UMSCHLAGPLATZ:

Ein Marmorgeviert, weiß, von den ungefähren Ausmaßen eines Güterwagens, von der Straße aus wie ein solcher durch eine schmale Türöffnung zu betreten, der Schriftzug schlicht, in klassischer Antiqua – warum nicht in Gotik? »Vielleicht gibt es Leute, die das Wort auch in Zukunft noch möchten lesen können«, entgegnet Ana; »und diese Abart der Gotik, zusammen mit den in ihr gebrandmarkten Wörtern, nein, das geht seit jener Zeit für alle Zeiten nicht mehr« –, außen an der kahlen Längswand in den Stein gehauen.

Steht man drin – nicht hineingeprügelt –, befindet man sich mit dem Gefühl des Eingeschlossenseins einer hohen Wand gegenüber, in der sich, direkt vor einem und nach links gegen die Ecke verschoben, zwar wieder Öffnungen auftun, aber es sind nur schmale Schlitze, ausweglos für jeden menschlichen Körper, und diese grellweiße Wand vor einem ist über und über bedeckt mit Namen, Vornamen von A bis Z, polnische, deutsche, russische, jiddische, die Namen der in Viehwaggons eingepfercht von diesem Platz weg ins Gas Deportierten.

»Wie lange braucht es, sich diese Namen vorzulesen, im Versuch, sich hinter jedem einen an einem vorbeiziehenden Menschen vorzustellen, ein Gesicht«, fragt mich Ana, die intensiv nach Namen zu suchen scheint.

Sie weiß, wen sie sucht – während ich einzig Namen lese.

Wie lange braucht es, die von sechstausend zu lesen?

So viele wurden allein am ersten Tag auf den Straßen zusammengetrieben, in Waggons geprügelt und weggekarrt. – »Es ist fünfzehn Uhr; viertausend sind schon bereit zur Abreise. Neuntausend sollten es bis sechzehn Uhr sein«, schließt Czerniakóws letzte Tagebuch-Eintragung.

Und wie lange bräuchte es, um die Namen von den fast vierhunderttausend zu lesen, die man, während sich vor

der Mauer als Attraktion im normal weitergehenden
Alltag kreischend ein Karussell drehte, im Sommer 1942,
ein Jahr vor dem Aufstand, während dessen Niederschla-
gung das Gebiet dem Erdboden gleichgemacht werden
wird, zwischen dem 22. Juli und dem 8. September, in
kurzen sieben Wochen also, in denen, mit Ausnahme des
zweiten Tages, als Czerniaków, der Präses der jüdischen
Gemeinde, der die Seinen nicht gerettet, sowenig wie die
anderen jüdischen Chefs, der mit seinem Tagebuch aber,
so Raul Hilberg, »ein Fenster hinterlassen, durch das wir
eine jüdische Gemeinde beim Erlöschen ihrer Existenz
beobachten können, eine Gemeinde in der Agonie, von
Anfang an zum Tode verurteilt«, gegen Abend, weil, wie
sich herausstellt, auch die Kinder, die Waisen, die letzte
Hoffnung Zukunft, nicht von der Deportation ausge-
nommen werden, und die Herren Besatzer ihn, den für
die Umsiedlung in den Osten Verantwortlichen, wie
Czerniaków in einer Notiz hinterläßt, vielmehr zwingen,
»daß ich die Kinder mit meinen eigenen Händen töte«,
Selbstmord begeht, Tag für Tag die Sonne auf den Platz
herunter brannte, aus dem Getto zusammengetrieben
oder halbverhungert, vom jüdischen Ordnungsdienst,
der als Büttel der Besatzer zu dienen hatte und in der
vergeblichen Hoffnung, damit der Deportation zu entkommen, diente, mit dem Versprechen, alle, die sich
freiwillig zur Arbeit außerhalb meldeten, bekämen drei
Kilo Brot und ein Glas Marmelade – »weißt du eigentlich, was im Getto Brot bedeutete? Wenn du es nicht
weißt, wirst du es nie begreifen, wieso Tausende und
Abertausende aus freien Stücken zusammenströmten
und im Besitz von Brot ins Lager fuhren. Bis heute hat
das noch keiner begriffen«, so Marek Edelmann –, an den
Umschlagplatz gelockt (täglich hatten an die hundert

überfüllte Waggons die Rampe zu verlassen), von hier weg nach Treblinka ins Gas *verlagert*; nicht mitgerechnet, die in den Häusern oder auf dem Weg zum Verlad erschossen worden sind oder sich in den, assistiert von Askaris, den Hilfseinheiten der SS aus lettischen, litauischen, weißrussischen und ukrainischen Lakaien, erstklassigen Soldaten, Nationalisten und Antisemiten, durchkämmten und Straßenzug um Straßenzug ordentlich nach Plan in Brand gesteckten Gevierten als lebende Fackeln aus den Fenstern stürzten, in die Garben ihrer lachenden Henker: »Immer wieder tauchte das Ungeziefer auf den Dächern und Balkonen der brennenden Häuser auf«, ereifert sich Stroop; »und wie dieses Gesindel springen mußte; meine Lieblinge, die Scharfschützen, übten das Zielschießen auf die Fallschirmspringer.« Den Blicken derer entzogen, die sich vor der Mauer mit dem Terror der Besatzer zu arrangieren versuchten. –

Mauerbau als deutsche Tradition? Es genügt, zwei Dias übereinanderzuprojizieren; der Stacheldraht, der die Mauerkrone ziert, läßt sich übersehen; er erinnert mich ohnehin an den in der Schweiz jetzt um Flüchtlingsunterkünfte gezogenen. –

Neben der Gedenkstätte eine Tankstelle: verwaist, geschlossen nach langem Streit um die Frage, was bleiben darf.

Es hat zu regnen begonnen, im Wind schwanken Straßenlampen, Reflexe auf den Gleisen, die im unratübersäten naßschwarzen Asphalt enden. –

In Kraków hätten mich in der ersten Nacht rangierende Züge aus dem Schlaf geschreckt, erzähle ich Ana. Ein eigenartiges Schlagen auf Metall. –

Benommen ans Fenster tretend, vermeinte ich draußen in der Dunkelheit Waggons auszumachen, neben der

Strecke auf Abstellgleisen ins Flutlicht geschoben. Davor, mit umgehängter Maschinenpistole auf dem Kiesstreifen auf- und abschreitend, Wache, dirigiert, aus dem Fond eines Wagens – ganz dem Klischee aus miserabelsten US-Filmen entsprechend –, von einem mit Hundepeitsche, der mit seinen Rüden spielt. Ersticktes Gebrüll, Schreie, von Musik aus einem scheppernden Grammophon überlagert, wurden über Brachland und ungepflegte, abgeerntete Gärten an den Stadtrand herübergeweht.

Für Momente glaubte ich, am Fenster stehend, dazwischen den Geiger aus dem Getto aus der *Ulica Nowolipki* zu hören, welcher, fortwährend den gleichen Ton kratzend, mit den Augen in seinem bereits toten Gesicht dem Fotografen folgt. –

Das Gegröle der in einer nahen Kneipe bis zum Morgengrauen Hochzeit Feiernden hielt mich danach wach; zwischendurch, wenn eine Gruppe unter den Fenstern vorbei nach Hause torkelte, auch mal ein schwermütiges Lied, dessen Text ich gern verstanden hätte.

Und so, wach liegend, erinnerte ich eine Geschichte, die mir mein Großvater erzählt hatte, als ich ihm als Bub einst einen Sommer lang auf der Alp Gesellschaft leistete, Großvaters Geschichte vom Geiger aus Kraków, dem es gelungen war, in die Schweiz zu fliehen, und der dort, sogleich in eins der Lager interniert, in der spärlichen Freizeit gegen das ihm von den Felswänden zurückgeworfene Echo angespielt hat, mit immer klammeren Fingern, oben in der Steinwüste hinter den Polenbarakken, die so hießen, weil während des Kriegs bei uns dort oben im Gebirge, weit abseits der letzten Dörfer, auf über 2000 Metern über Meer, polnische Flüchtlinge, von der Welt abgeschnitten, zum Bau einer sinnlosen Paßstraße ohne Anschluß gezwungen worden sind: Flüchtlinge, welche man, nachdem die im Réduit verschanzten, aus dem Gebirge ihre Anbauschlacht leitenden Strategen nach und nach zu merken schienen, daß die Alliierten rund um das, wie es hieß, volle Boot wohl die Oberhand gewännen und es darum nicht mehr nötig wäre, Deutschland länger zu besänftigen, das Regime lockernd im hilflosen und unsinnig harten »Kampf der Schweizer Behörden gegen die Komplizenschaft der Bevölkerung mit den Internierten« aus Sammellagern im Unterland ins Gebirge disloziert hatte und die dort, wo ich aufgewachsen bin, beim Schottensee oben, bevor sie vom Grat aus diesseits und jenseits den Berg hinunter mit dem Bau der Straße beginnen konnten, am Rande des Kessels eines abflußlosen tiefgrünen Gletscher- oder Schmelzwasserseeleins, eine Reihe Baracken zu erstellen hatten, die mitsamt dem von den Flüchtlingen in der Freizeit errichteten Freiluftaltar, der mich als Bub, wenn ich an Augustsonntagen mit dem Vater, der sich nach stundenlanger Wanderung durchs Carnusa-Tal beim Hirten im obersten Säß nach unseren Kälbern erkundigt hatte, von der Sonntagsweide aus Gemsen und Edelweißen nach zum See hochsteigen durfte, stutzend, daß es Dinge gibt, wie die eigenartige, seltsam beschriftete und geschmückte Kirche unter freiem Himmel, die Vater einem nicht schlüssig zu erklären verstand, ins Staunen versetzt hatte, vom Militär während eines Herbstmanövers zwischen Blauen und Roten – der Feind kommt immer aus Osten – vor Jahren alle Spuren tilgend gesprengt worden sind, um an deren Stelle Festungsunterstände in den Berg zu treiben, gut getarnt, derart, daß sie an ihrer Tarnung für jeden Berggänger weithin erkennbar sind – was soll's: immerhin, man hat die Spuren der Geschichte getilgt. –

Hier, am Umschlag-Platz, vor dieser weißen Anlage, rollten mir die endlosen Züge aus *Shoah* vor Augen, erzähle ich Ana. Ob Claude Lanzmanns Film in Polen gezeigt worden sei? frage ich. Und dazu stellte sich mir wieder wie in Kraków der Rangierlärm der Güterzüge aus Katowice ein.

Inzwischen ist es dunkel geworden.

Fernes Hundegebell.

Plötzlich, ganz nah – wir sind redend unterwegs in Richtung Tramhaltestelle:

»Heil Hitler!«

Wie ein Schlag in den Nacken trifft es mich; unvermittelt:

Cheil Chitler!

Schräg gegenüber, im Neonlicht vor dem schmutzigen Selbstbedienungsladen – die Bude habe auch nachts auf, damit Trinker sich ihren Sprit besorgen könnten –, eine Gruppe Ragazzotti, ihre rechten Arme unsicher zum römischen Gruß gereckt.

Eine Anbiederung?

KINO   Auf dem Rückweg in die Wohnung schaue ich mir in der Nähe der Haltestelle, wo ich aussteigen muß, das Programm des Kinos *Moskwa* an: Abwechselnd mit *A Fish Called Wanda*, als Nachtvorstellung nächste Woche, wenn ich bereits in Berlin sein werde: *C'era una volta il west* ...

der ungewissen klarheit
möchte er treue halten

Zbigniew Herbert:
Herr Cogito und die Phantasie

NACHSATZ Am zweiten Abend in Berlin – direkt nach Zürich zog es mich nicht; was hätte ich dort auch verloren; bis zur Abstimmung, zu der ich zurück sein wollte, obzwar trotz meiner Stimme die Armee nicht abgeschafft werden würde, hatte ich Zeit, mir die Eindrücke der vergangenen Wochen auf günstigerem Boden nochmals durch den Kopf gegen zu lassen – war ich in die Schaubühne eingeladen worden; nicht des Stücks wegen, nein, Udo Samel spiele, und wenn mir nicht nach Strauß zumute war, so freute ich mich doch auf Luc Bondys Inszenierung: *Die Zeit und das Zimmer*; ein spinniger Abend – nur, weil ich die in großartiger Präzision umwerfend komisch vorgeführten Wohlstandsleiden mit verpoltem Kopf anschaute? –, ein Abend jedenfalls, der sich bis tief in die Nacht hinziehen sollte.

Wenn ich zurückdenke, muß mir aufgefallen sein, daß sich unsere Gaststätte, in die wir uns nach der Vorstellung verzogen, an jenem Abend für Berliner Verhältnisse recht früh leerte, ziemlich plötzlich sogar. Mit dem Ruf des Lokals scheint es nicht mehr weit her zu sein, werde ich gedacht haben, zufrieden die gute Luft genießend und mich am Platz freuend, der einem für einmal von niemandem streitig gemacht wurde, auch wenn man einzig beim Wein sitzenblieb.

Irgendwie, ohne dem Auflauf weiter Beachtung zu schenken, werde ich im Auto, lange nach Mitternacht auf dem Heimweg den Ku'damm kreuzend, bestimmt auch die vielen Leute, den auffallenden Verkehr wahrgenommen haben. Nicht der Rede wert; Berlin ist nun mal eine Stadt und kein zu reiches, in strenger Abstufung polizeistundengeregeltes zwinglianisches Kaff; zudem ist es einige Zeit her, seit ich das letztemal hier langgefahren, und damals war Winter.

Am folgenden Morgen, nicht zu früh, rief ich Ingomar nochmals an: »Ruf mich morgen früh an«, hatte er am Vortag kurz angebunden gemeint.

Wann wir uns denn träfen? Zwischen Abmachungen und liebenswürdigen Bösartigkeiten – kenne ich einen scharfzüngigeren Spötter als ihn? – meine Frage nach seinem Befinden:

»Schrecklich! Wir haben uns eben wiedervereinigt.«

»Gratuliere. – Nein, ehrlich, es freut mich aufrichtig, daß ihr beide euch wieder versteht; laß Karin herzlich grüßen.«

Kaum hatte ich aufgelegt, Edelgards Anruf aus dem Büro: »Vor lauter Trabis sieht man die polnischen Kennzeichen nicht mehr; Mensch, die Mauer ist weg!« –

Hatten wir beide vergangene Nacht doch etwas viel getrunken?

Dann rief Klaus an, er komme mich holen.

Trabis, wohin man sieht; es stinkt, entschieden anders als sonst; am Großen Stern, auf der *Straße des 9. November* – hat die nicht auch schon anders geheißen? – bricht der Verkehr zusammen, und der Friedensengel blickt heute eindeutig in die falsche Richtung. Auf dem Mauerhalbrund vor dem Brandenburgertor wird getanzt, gegröl, gehämmert; die Mauerspechte beginnen ihr Werk. Am Graffito *Lieber Tee als Einheitssoße* nagen die Meißel; andere hacken an *Urbi et Gorbi: Betondemontagetechnik*, wie ein Firmentransparent die Arbeit preist.

In Chrysopolis begänne jetzt das Vergnügen der Polizeigrenadiere, überlegt man, zieht, wenn's gar ausgelassen zu und her geht, unwillkürlich – die Zeit in Polen muß zur Erholung von helvetischen Verhältnissen zu kurz gewesen sein – den Kopf ein und ist direkt erstaunt – enttäuscht? –, daß hier, in dieser wiederbelebten einstigen Wüstenei, nichts passiert, weder diesseits noch jenseits der Mauer, außer eben das, was passiert seit gestern nacht.

Auf unserem Spaziergang zur Invalidenstraße, der Spree entlang, seltsam wortkarg nebeneinanderher über Reichsufer und Kronprinzenufer hoch Richtung Lehrter Bahnhof, Klaus, wie ich bemerke, zwischendurch immer wieder zur Charité hinüberblickend, wo er 1961 gearbeitet hatte, unschlüssig, mit zwiespältigen Gefühlen, die Bauarbeiten am Schutzwall mitverfolgend, der für die Ewigkeit erstellt wie so manches in diesen Landen keine tausend Jahre halten sollte, kommen wir hinter dem Reichstag und den Kreuzen für die Toten an der Mauer an der Schweizer Botschaft vorbei; grau und wie verlassen steht sie da, am Beginn der Fürst-Bismarck-Straße, die gleich danach als Sackgasse in einem Park endet. Als einziger weit und breit – was für Gründe gab's dafür? – hat der Gebäudekomplex den Krieg überstanden, unbeschadet im Niemandsland, vom Verkehr der Entlastungsstraße umbrandet und aus den oberen Stockwerken mit bester Aussicht auf die Sperranlagen, den kalten Krieg, und er scheint auch dieses Ereignis zu verschlafen.

Am Grenzübergang *Sandkrugplatz* – so soll sich der Übergang *Invalidenstraße* offiziell nennen – quellen die Schleusen über, tatsächlich, es ist nicht Täuschung. Schultheiß und Kirche bieten Freibier und Tee an, Sekt wird gereicht, Fremde prosten Wildfremden zu, fallen sich in die Arme, als wären's die nächsten Bekannten, und Springer und die BVG verteilen Stadt- und Linienpläne. Was mir auffällt: der Blick der Leute, ihr Gang, wenn sie aus der Grenzschleuse ins Unbekannte quellen. Kopf und Füße scheinen unterschiedlich gesteuert; weit vorausschauend, ins Unbestimmte blinzelnd, in blendende Grelle, obwohl die Sonne den Ankommenden im Rücken steht, vermögen die Füße mit dem Kopf nicht Schritt zu halten; strauchelnden Gangs, mit viel zu kurzen zappelnden Schrittchen, als tappten sie wie Wanderer, die im Finstern über ungesichertes Gelände den Blick fest auf ein Ziel, einen Schimmer am Horizont heften, wanken sie daher, von Freude überwältigt, erschlagen; begafft.

Weil wir uns in der Richtung zur Siegessäule uneins sind – die Flügel spreizend müßte der protzige Engel golden durch die Bäume schimmernd eigentlich längst zu sehen sein, meine ich –, fragt Klaus im Tiergarten, auf dem Weg zurück zum Auto, zwei Rentnerinnen nach dem direkten Weg: »Aus dem Osten, wa?« die Antwort; im Englischen Garten hinter dem Schloß Bellevue unterwegs zu Tee und Kuchen – ein Gang, der zu ihrem alltäglichen Ritual gehören wird –, sich kaum besser auskennend, und was die Richtung betrifft nicht einiger als wir, wollen uns die Damen unsere Westzugehörigkeit, die Herkunft scheint sie weit mehr zu interessieren als der Weg, nach dem wir uns erkundigen, partout nicht abnehmen: »Seit heut ist es doch keine Schande mehr, und was nicht ist, wird bald werden«, meinen sie tröstlich.

Statt Erholung Tage der Hektik; freudiger Wahnsinn, der mich bereits vor dem ersten Wochenende, wo er erst recht losgeht, wo der Taumel die Stadt vollends paralysiert, wo sich vor Sparkassenschaltern, Peep-Shows und Sex-Shops rund um den Zoo, endlich ist falsche Scham überwunden, Schlangen bis weit auf den Gehsteig hinaus stauen und die Geschäfte bis in die Seitenstraßen hinein Sonntagabend nach Tagen ohne Ladenschluß aussehen wie in Polen zu schlimmsten Zeiten – der Kiosk vorn an der Schaperstraße aufs letzte Strickheft, einige Kugelschreiber und ein paar übriggebliebene Packungen Gauloises sans filtre leergekaufplündert; im Laden um die Ecke in der Joachimsthaler, protzig mit Feinkost angeschrieben, auf leergeräumten Regalen da eine Tube Zahnpasta, dort eine einsame Dose Pelati, ob als Attrappen oder aus Anstand übriggelassen, in der Gemüse- und Früchte-Auslage eine letzte schrumplige Zuckermelone –, anzuöden beginnt.

Den Kopf voller polnischer Eindrücke, hier wie dort auf der Suche nach der verschütteten Geschichte hinter dem schnellvergessenen Heute, fasziniert von der Simultanität kleiner unscheinbarer Ereignisse und Miszellen, die, wie Fernand Braudel sagt, »jede lebende Kultur wie eine Staubwolke hinter sich herzieht«, in der Hoffnung, Starrheit ginge mit Bewegung einher, das eine erkläre sich aus dem andern und umgekehrt und Braudel habe recht, ohne Bedenken könnten wir uns den Kulturen von beiden Seiten her nähern und verlören uns auch dann nicht, wenn wir sie von der scheinbar absurdesten betrachteten, bleibt mir als Rettung, um dem Trubel zu entfliehen, zwischendurch immer wieder André Thomkins, die Gedenkausstellung für ihn in der Akademie der Künste – obwohl ich mich gerade jetzt, in diesen Tagen, so gern mit ihm unterhielte, und André, der das Chaos liebte, um dessen geheimen Ordnungen nachzuspüren, all seinen offenen und verborgenen Anspielungen, Spiegelungen, Verweisen, wüßte mir gerade jetzt bestimmt so viel zu erzählen und zu erklären, das andern gar nicht erst auffällt: »Alles hängt mit allem zusammen, wir wissen nur nicht genau wie«, hat mir der *Retroworter*, dem »Reize vitaler Stiere bereits relative Zier« sind, angesichts stinkender Barrikadentrümmer und ausgedampfter Tränengaspetarden vor Jahren am Nollendorfplatz auf den Stufen vor Piscators ehemaligem Theater gesagt, sich, nachdem der Rauch der Demo verflogen, die obligate Parisienne rund ansteckend. Je öfter und länger ich zwischendurch in der Ausstellung weile, desto mehr nehme ich die Vorgänge draußen, das Strömen, Schieben, Stoßen, Stocken, diese von einem ungeheuren Druck durch Grenzschleusen gepreßten, aus U-Bahn-Schächten gespuckten, vom Sog nach gleichem Muster wiederum in Schächte und Schleusen kanalisierten Massen, den Austausch von Energien ohne sichtlichen Sinn und doch nach genauem Plan, als animierte Thomkins-Zeichnungen wahr, beginnen Andrés Blätter und Objekte, seine vertrackten Miniaturen der zum *Labyrinthspiel* gebauten Ausstellung präzise zur Situation zu sprechen, um vieles witziger und geistreicher, klarer jedenfalls als die Tagesberichterstatter, die rund um die Uhr von Scheinwerfern geblendeten TV-Brabbler am Brandenburgertor, bibbernd, auf Hebebühnen und in Krankörben recht ins Bild gehievt daherschwadronierend, deren im Gegenlicht aufsteigende Atemwölkchen weltweit als Atem der Geschichte verkauft werden: Geschichte als gigantische Unterhaltungsshow; die Stille der Gewalt, die hier bis vor Tagen manifest, vom Bilder-Lärm des Rummelplatzes abgelöst.

Auf der Station Bellevue, wo ich auf dem Heimweg, zu

faul, durch den Tiergarten zurück zu latschen, eines Abends festsitze, in der Kopf an Kopf gedrängten Menge neben mir ein Ehepaar, auf dem Weg nach Potsdam, wie ich von der Frau erfahre, nachdem wir, in den Tagen nichts Ungewöhnliches, ins Gespräch gekommen sind. Von der Friedrichstraße her naht ein Zug; durch die Wartenden wallt es; eine Gruppe von Jungen, die aufgeräumt ihre Bierflaschen schwenken – mit einem Pfeiler anstoßend, scherbelt eine Flasche; dem älteren Herrn fallen als erstes die farbigen Leibchen der Burschen auf –, quetscht sich vor, wuchtet sich an uns vorbei: *So ein Tag, so wunderschön wie heute*, oder ähnlich – wer die Melodien in die Ohren gehämmert bekommt, vermag sich an Texte bald nicht so genau zu erinnern –, und keilt sich in einen überquellenden Wagen der einfahrenden S-Bahn Richtung Zoo: Wenige Tage ist's her, und schon wird das Ereignis, zum Datum verkürzt die Silhouette der Quadriga schmückend, als beschworene Vergangenheit in Schwarzrotgold stolz auf Brust und Rücken zur Schau gestellt: *9. November – Wir waren dabei!*

»So offen haben sie es in den vergangenen einundfünfzig Jahren nie zugegeben«, sagt der ältere Herr zu seiner Begleiterin, die ihrem Deutsch nach – ich hätte sie danach fragen müssen und traute mich wieder einmal nicht – aus Galizien stammen könnte, bevor er sich abdreht, kapitulierend nicht nur, weil er es, nach dem Zwischenhalt für einen Gang durch den Tiergarten, sich mit ihr danach vom Bahnhofseingang in Zeitlupe Stufe um Stufe auf den Perron vorarbeitend, wie ich bereits den dritten Zug nicht geschafft hat, einzusteigen, und sich mit der einen, als müßte er gegen Sturm ankämpfen, seinen Hut in die Stirn pressend, an der andern die grazile Grauhaarige hinter sich her ziehend, durch die Menge zurück zu entkommen versucht.

Test the West.

Nach weiteren Zügen, in der Masse eingekeilt auf dem Bahnsteig kontinuierlich vorgeschoben, irgendwann in einen Wagen hinein, schaffe ich es doch zum Zoo; vor dem Bahnhof, rund um die Gedächtniskirche und soweit man sieht ein Meer Promenierender; die Gegend temporär Fußgängerzone. Unten am Ku'damm-Eck, wo auf der – laut Reklame – größten Wandzeitung Berlins zur Uhrzeit hinzu zwischen Reklameschlagzeilen laufend die Meßdaten für Temperatur, Luftdruck und Luftfeuchtigkeit aufscheinen und viertelstündlich die neuesten Besucherzahlen bekanntgegeben werden, dem Café Kranzler gegenüber, auf dessen Dachrondell neben Schwarzrotgold die Schweizer Flagge weht, vor einem Reisebüro und den Schaltern einer Fluggesellschaft an der Ecke Joachimsthaler, verdichtet sich die Menge.

Eine Beobachtung beschleunigt meinen Schritt: Über den Köpfen ein Wald hochgereckter Arme, in bekannter Manier: keine geballten Fäuste – aber wer erwartet denn Fäuste? –, die Finger auch nicht, was durchaus verständlich wäre, zum Victory-Zeichen gespreizt, nein, wieder und wieder schnellt der Wald gereckter Arme hoch, mit flach ausgestreckten Händen alle in die gleiche Richtung weisend, auf die Fenster über dem Eingang des Reisebüros, wie mir von der Kant-Straße aus scheint.

Nun drehen sie reihum durch! Das Bild vor Augen drängle ich mich nach kurzem Stutzen an Bilka vorbei die Joachimsthaler hinunter, dem Wahnsinn entgegen kaum einen Blick übrig für die von Menschentrauben umstellten Marktschreier, die im Nu die unreifsten Bananen und Kiste um Kiste geschmacklosester, trockenster Apfelsinen losschlagen ...

Ist das schon alles? ertappe ich mich dann: Ums Eck, meinem Blick bislang entzogen, steht ein VW-Bus, auf dessen Dachträger ein Surfbrett mit aufgespanntem Reklame-Segel montiert ist, und dort oben, sich zwischendurch stolz an den Mast lehnend, ein kleiner Bub, schwarzhaarig und gedrungen, vom Aussehen der Kinder, die in Kreuzberg auf dem Mariannenplatz Fußball spielen, sonntags, während sich ihre Eltern nebenan unterhalten, die Männer in Gruppen herumstehend, die Frauen im Kreise im Gras sitzend, der in luftiger Höhe in rotweißer Reklamewindjacke mit sichtlichem Vergnügen in einer umgehängten riesigen Plastiktasche, jetzt sehe ich's deutlich, nach Müsterchen grabscht, Hand um Hand aus dem Sack zieht, in die Menge zielt, so tut, als schmeiße er, einmal, mehrmals, bis die um den Bus Gedrängten ihm für sein Empfinden die Hände gierig genug entgegenrecken, ehe er sich, wie von einer Welle erfaßt und als ob ihm die Gischt ins Gesicht klatschte, blitzschnell umdreht und seine Zigarettenmüsterchen tatsächlich schmeißt, in unvorhergesehener Richtung die ergebene Menge fütternd: »Test the West.«

Das wär' aber wieder eine andere Geschichte –

Jetzt, gut ein Jahr später, geht in Polen mit der Wahl eines neuen Staatspräsidenten ein Abschnitt der Geschichte zu Ende, indem an der Urne die eingängige Dummheit eines daherschwadronierenden charismatischen Vereinsvorsitzenden, der Wunsch nach einer starken Hand über die Vernunft gesiegt hat. Wenn schließlich auch unterliegend, hatte es im ersten Wahlgang mit den Stimmen jener, die sich für eine Flucht aus der tristen Realität in die Utopie, wie gefährlich die auch sein mag, entschieden haben, sogar irgendein polnisch-kanadisch-peruanischer Dollar-Millionär mit exotischer Frau am Arm, ein Mann aus dem Nichts, der es aus tiefster Armut zu immensem Reichtum gebracht und damit das erreicht haben will, was sich viele Polen erträumen (und das Zehntausende des sogenannten Zweiten Polens, des Polens der Kleinstädte und Dörfer, der ungebildeten Arbeiter und kleinen Händler, wenn es im Lande nicht zu haben ist, vom Wort *Business* erotisiert, knisternde Seidendessous und Dollarbündel vor Augen, im Ausland zu erreichen versuchen), kurz: ein hergelaufener reicher Onkel aus Übersee, den bis vor wenigen Wochen niemand gekannt hat, als neuer Messias ohne Kompetenz noch Programm außer der verfänglichen Botschaft: »Seht, so reich mach' ich euch, wenn ihr mir die Stimme gebt«, dazu im Gepäck als stärksten Trumpf ein angeblich selbstverfaßtes Buch mit dem Titel *Heilige Hunde*, aus dem er zur Anheizung der Massen zitiert (»Um alle Menschen, in deren Adern polnisches Blut fließt, zu verbinden mit dem Geist der gemeinsamen Tat, muß man ein Ziel wählen, das ihren Herzen und Köpfen nah ist, und ein solches Ziel, das die Polen der Welt vereinen kann zu gemeinsamer Aktion, ist der Krieg«, heißt es da etwa, und dem Einpeitscher, dem Strahlemann, der behauptet, die Atombombe habe das Leben seiner Mutter gerettet, ist auch klar, welche Waffen Polen braucht, um diesen Krieg, den wirtschaftlichen Überlebenskampf, zu gewinnen: »intelligente Raketen mittlerer Reichweite mit einem Atomsprengkopf von der Stärke einer Megatonne«), auf Anhieb geschafft,

Mazowiecki, den Premier jener Regierung, welche ohne falsche Versprechungen in Polen die Wende herbeiführte, zu übertrumpfen und aus dem Rennen zu kippen; in einer Wahl, die bereits das Ende der demokratischen Erneuerung bedeuten könnte, denn Volkstribune haben das Zeug zu Despoten; der Elektriker müßte es nicht auch noch beweisen.

Der Erfolg des Manns aus dem Nichts, auch wenn er jenem nicht zum Sieg reichte, könnte, wie Ryszard Kapuściński meint, ein Signal sein, daß der Frühling der Intellektuellen bald überall zu Ende sein wird, daß die Stunde populistischer Führer anbricht; in Ost wie in West.

»Es hätte freilich nicht zu diesem Fiasko geführt, dem die einzige Regierung im ehemaligen Ostblock zum Opfer fiel, die mit dem Übergang zur westlichen Marktwirtschaft wirklich ernst gemacht hat«, schreibt ein Freund, »wenn der Westen Polen – also Mazowiecki – mit Geld, mit Investitionen statt mit markigen Sprüchen geholfen hätte«.

Als Trost, wieder einmal, wie zu Napoleonischen Zeiten, die Hymne: *Jeszcze Polska nie zginęła, póki my żyjemy* …

Mir bleibt zu danken:

Großen Dank schulde ich zunächst der Pro Helvetia und im besonderen Maß der Zeitschrift *du*. Pro Helvetia verdanke ich diese für mich ungemein eindrückliche Reise durch Polen, Hanna Zweifel genaugenommen, die alles organisiert hat; das Buch wäre aber nie zustande gekommen, wenn mir Dieter Bachmann nicht am Tag vor der Abreise den Floh ins Ohr gesetzt hätte, doch etwas länger unterwegs zu bleiben, um für *du* eine Reportage über Warszawa zu schreiben.

Im weiteren – aber keine Angst, ich habe weder den lichtscheuen Staatspräsidenten noch den Premierminister getroffen, noch dessen seinerzeitigen heimlichen Konkurrenten und heutigen offenen Gegner, der sich, da er ständig für all die Leute da zu sein hat, die ihm die Hand schütteln wollen, auch wenn sie mit Arbeitern sonst nicht viel am Hute haben, bereits im vergangenen Jahr mit Terminen schwertat – gilt mein inniger Dank all jenen, deren Freundlichkeit ich in Polen über die eigentlichen Lesungen und Veranstaltungen an den Universitäten von Kraków, Lublin, Toruń und Warszawa hinaus in Anspruch nehmen durfte, die sich, als wäre es selbstverständlich, Zeit für mich genommen hatten, mich über Land und durch ihre Städte begleiteten, die mir unermüdlich geholfen, mir dolmetschten und erzählten; im einzelnen vor allem Cezary Jenne, Karol Sauerland, Barbara Surowska, Anna Wołkowicz, Iwona Kuczkowska, Andrzej Szczypiorski, Ryszard Matuszewski, Winfried Lipscher, Barbara Dąbrowa, Edmund Rozner, Izabella und Janusz Golec, Tomasz Waszak, Bolesław Fac, Jerzy Afanasjew, Jánina Wieczerska, Stefan Zablocki.

Nicht geringerer Dank all den polnischen Autorinnen und Autoren, den toten wie den lebenden, die mir in ihren Werken neben Reiseführern, Chroniken und Stadtplänen über die Jahre hinweg vielfältigste Facetten ihrer und der Geschichte ihres Landes erzählten; allen voran Bruno Schulz, Stanisław Ignacy Witkiewicz, aber auch Zbigniew Herbert, Czesław Miłosz, Tadeusz Borowski oder Hanna Krall.

Darüber hinaus möchte ich ganz besonders Rudolf Staub danken, bei dem ich in Warszawa nicht nur ein offenes Ohr, sondern stets ein offenes Haus gefunden, vor allem aber der Steinberg-Stiftung, insbesondere Elio

Fröhlich, für das großzügige Wohnrecht während der Ausarbeitung des Manuskripts.

Des weiteren schließlich all jenen, die mir bei der Durchsicht des Textes geholfen haben.

Zum Schluß eine kleine Auswahl von Büchern:

Die Passagen aus *Der andere Herbst* wurden zitiert nach dem in der *Polnischen Bibliothek* erschienenen Band: Bruno Schulz, *Die Mannequins und andere Erzählungen.* Hrsg. von Jerzy Jarzębski, aus dem Polnischen von Joseph Hahn, Frankfurt 1987. Die umfassendste Schulz-Ausgabe ist als Taschenbuch erhältlich: *Die Zimtläden und alle anderen Erzählungen.* Aus dem Polnischen von Joseph Hahn, mit einem Nachwort zur Gesamtausgabe von François Bondy, Frankfurt 1981.

Stanisław Ignacy Witkiewicz' Roman *Unersättlichkeit,* deutsch von Walter Tiel, mit einem Nachwort von Witold Gombrowicz, ist 1986 in der Serie Piper neu aufgelegt worden. In der von Karl Dedecius begründeten *Polnischen Bibliothek* ist 1985 unter dem Titel *Verrückte Lokomotive* ein Witkiewicz-Lesebuch mit Bildern des Autors erschienen.

Ebenfalls in jener wunderschönen Reihe: Kazimierz Brandys, *Warschauer Tagebuch, Die Monate davor, 1978–1981,* Frankfurt 1984. Das Buch von Alfred Döblin, *Reise in Polen,* ist von dtv neu aufgelegt worden, München 1987.

Von Zbigniew Herbert als Auswahl: *Inschrift,* Gedichte aus zehn Jahren, 1956–1966, übertragen von Karl Dedecius, Frankfurt 1967; *Ein Barbar in einem Garten,* übersetzt von Walter Tiel und Klaus Staemmler, Frankfurt 1977; *Das Land, nach dem ich mich sehne,* Lyrik und Prosa, Auswahl und Vorwort von Michael Krüger, Nachwort von Jan Błonski, Frankfurt 1987.

Zu Chrysopolis: Guido Morselli, *Dissipatio humani generis,* Milano 1977 (deutsche Ausgabe: *Dissipatio humani generis oder Die Einsamkeit,* aus dem Italienischen von Ragni Maria Gschwend, Frankfurt 1990).

Zum Getto und zum Zweiten Weltkrieg: Neben dem *Stroop-Bericht,* 1977 als Luchterhand Taschenbuch erschienen, und Interviews mit Marek Edelmann unter anderem: Hanna Krall, *Schneller als der liebe Gott,* aus dem Polnischen von Klaus Staemmler, Frankfurt 1980; Kazimierz Moczarski, *Gespräche mit dem Henker,* deutsch von Margitta Weber, Düsseldorf 1978; *Warszawskie Getto,* Warszawa 1988; Günther Schwarberg, *Das Getto,* Göttingen 1989; Leonard Sempolinski und Emilia Berecka, *Warszawa 1945,* Warszawa 1985; Stanisław Kopf, *Lata Okupacji.* Kronika Fotograficzna Walczącej Warszawy, Warszawa 1989.

Die im Text erwähnte Dokumentation zum Fall Popiełuszko, *Das war Popiełuszko,* herausgegeben von Georg Motylewicz, ist bei Herder in Wien erschienen.

Ende November 1990

Zur Aussprache der polnischen Namen

Alle Vokale spricht man im Polnischen kurz und offen aus, Doppelvokale (au, eu) getrennt, ie als je.

Von seltenen Ausnahmen abgesehen, liegt die Betonung immer auf der vorletzten Silbe.

Anders als im Deutschen spricht man folgende Buchstaben aus:

ą	= Nasal, on, in französisch: ballon, salon
ę	= Nasal, in franz. bassin, teint, fin
ć	= z, auch vor k, wie Zeit
c od. ci	= flüchtiges, weiches tsch, mehr zu tch tendierend
ch	= hart, wie Dach
cz	= tsch, wie Peitsche, Quatsch
dź	= weiches, stimmhaftes, dz, gegen ds
h	= ch, wie Dach
ł	= ähnlich engl. w, water, what
ń	= nj, wie spanisch, señor, cañon
ó	= u
rz	= stimmhaftes sch, franz. journal
s	= ß
ś od. si	= flüchtig gesprochenes, weiches sch, gegen ch tendierend, weicher als Licht
sz	= sch, Schule
szcz	= schtsch, Chruschtschow
z	= stimmhaftes s, Rose
ż	= stimmhaftes sch, franz. journal, jalousie

Inhalt